Italia lunare

ITALIAN MODERNITIES

VOL. 29

Edited by
Pierpaolo Antonello and Robert Gordon,
University of Cambridge

PETER LANG
Oxford · Bern · Berlin · Bruxelles · New York · Wien

Italia lunare

Gli anni Sessanta e l'occulto

Fabio Camilletti

PETER LANG

Oxford · Bern · Berlin · Bruxelles · New York · Wien

Bibliographic information published by Die Deutsche Nationalbibliothek
Die Deutsche Nationalbibliothek lists this publication in the Deutsche
Nationalbibliografie; detailed bibliographic data is available on the Internet
at http://dnb.d-nb.de.

A catalogue record for this book is available from the British Library.

Library of Congress Control Number: 2017957254

Cover image by Ivan Cenzi.

Cover design by Peter Lang Ltd.

ISSN 1662-9108
ISBN 978-1-78707-462-0 (print) • ISBN 978-1-78707-463-7 (ePDF)
ISBN 978-1-78707-464-4 (ePub) • ISBN 978-1-78707-465-1 (mobi)

© Peter Lang AG 2018

Published by Peter Lang Ltd, International Academic Publishers,
52 St Giles, Oxford, OX1 3LU, United Kingdom
oxford@peterlang.com, www.peterlang.com

Fabio Camilletti has asserted his right under the Copyright, Designs and
Patents Act, 1988, to be identified as Author of this Work.

This publication has been peer reviewed.

Printed in Germany

Indice

Nessun organismo vivente può mantenersi a lungo sano di mente in condizioni di assoluta realtà.

— SHIRLEY JACKSON

Gli unici che ce l'hanno con l'evasione sono i carcerieri.

— NEIL GAIMAN (CITANDO J. R. R. TOLKIEN)

Ringraziamenti

Ho iniziato a progettare questo libro nell'autunno del 2012 nel contesto del gruppo di ricerca *Roman Modernities*, finanziato dallo Arts and Humanities Research Council tramite un *networking grant*; la stesura materiale è stata il lavoro di due estati, fra il 2015 e il 2016. Ringrazio Pierpaolo Antonello e Robert Gordon per aver creduto in questa idea sin dal principio e averla accolta nella collana *Italian Modernities*; la School of Modern Languages and Cultures dell'università di Warwick e Alison Ribeiro De Menezes, capo della School e direttrice del GPP Connecting Cultures, per averne reso possibile la pubblicazione; gli anonimi revisori, per i loro preziosi consigli; e Ivan Cenzi, a.k.a. *Bizzarro Bazar* (<http://bizzarrobazar.com/>), per la splendida immagine di copertina.

Nel corso della ricerca, ho potuto beneficiare dei consigli e del supporto di numerosi amici e colleghi. Il mio primo ringraziamento va a Sergio Bissoli, Giuseppe Lippi e Franco Pezzini, maestri che – direttamente o indirettamente – hanno ispirato questo lavoro, in primo luogo con l'esempio. Ringrazio Fabrizio Foni, Paola Roccella, Gabriele Scalessa e Mariano Tomatis per la loro attenta lettura, i loro suggerimenti, la loro amicizia; Massimiliano Boschini e Anna Preianò per la curiosità intellettuale e l'amore per 'l'illecito, l'estraneo, il represso, il bizzarro, l'ignoto'; Simone Brioni, Giulio Luciano Giusti e Annalisa P. Cignitti per aver nutrito questo libro di suggestioni. Stefano Lazzarin mi ha fatto gentilmente dono del suo libro appena uscito; Antonio Bibbò ha condiviso con me in anteprima un suo articolo sulle prime traduzioni italiane di *Dracula*; i membri del gruppo Facebook *I racconti di Dracula* mi sono stati d'aiuto e ispirazione in più occasioni.

Ringrazio soprattutto i miei genitori, per l'interesse e l'attenzione con cui hanno letto e commentato i capitoli man mano che li stendevo in forma definitiva; e Alessandra Diazzi, la novecentista della famiglia, per essere stata una fantastica compagna di scorribande nel mio primo progetto di ricerca in cui bancarelle, mercatini e librerie dell'usato si sono rivelati altrettanto, se non più importanti, del lavoro di biblioteca.

Cosa che, del resto, sapevo già: è stato tra le pile di una rivendita di libri usati, quella che Emilio Morettini teneva sulla piazza principale del paese dove sono cresciuto, che ho incontrato per la prima volta l'Atlantide e Gustavo Rol, Pier Carpi e *Pianeta*. È a quel caos carico di promesse, a quell'odore di polvere e di meraviglia, che devo la mia prima impressione del mondo che ho cercato di raccontare qui: ed è alla memoria di Morettini, scomparso nell'estate del 2015, che questo libro è dedicato.

Dove non specificato altrimenti, le traduzioni sono mie.

Introduzione

Perché, mentre l'uomo pone piede sulla luna, i giovani aspettano l'Era dell'Acquario?

— OCCHIELLO BOMPIANI (1972)

Hai diciott'anni e non ricordi [...]
all'università tua madre era bellissima.

— BAUSTELLE, *L'Era dell'Acquario* (2017)

Cento campane

La sera del 28 marzo 1971 il professor L. E. Forster dell'università di Cambridge tenne una conferenza presso la sede romana del British Council. Sul tema – 'Byron a Roma' – Forster aveva avuto accesso a fonti di prima mano, ma dai diari del poeta, quella sera, si limitò a prendere lo spunto per raccontare una storia molto diversa. Parlò di un orafo romano in odore di negromanzia, Ilario Brandani, nato in quello stesso giorno del 1734 e morto, sempre il 28 marzo, nel 1771; del talismano che questi aveva cesellato e che gli era stato sottratto da un musicista, un certo Baldassarre Vitali; e di come costui, prima di morire a sua volta, avesse occultato il manufatto celando le indicazioni per ritrovarlo in un brano da lui composto, il Salmo XVII o 'della Doppia Morte'. La casa di Vitali, proseguì Forster, era stata acquistata da Sir Percy Delaney, un amico di Byron, e lì il poeta, nel 1817, doveva aver assistito a qualche manifestazione soprannaturale: un''esperienza indimenticabile [...]' – avrebbe registrato nei suoi diari – fatta di 'musica celestiale, tenebrose presenze'. Qualche decennio dopo, il pittore Marco Tagliaferri – uno dei tanti *bohémien* che affollavano la via Margutta di metà Ottocento, ma anche un fervente spiritista – si era messo sulle tracce del talismano: con Brandani, Tagliaferri condivideva la data di nascita – 28 marzo 1834, esattamente cento anni dopo – e avrebbe condiviso anche quella di morte, lo stesso giorno del 1871. Tagliaferri aveva anche dipinto su tela il luogo dove Vitali aveva nascosto il misterioso oggetto, già descritto da Byron come una 'piazza con rudere di tempio romano, chiesa rinascimentale, fontana con delfini, messaggero di pietra'. Nessuno, Forster aveva scoperto, era più in grado di seguire quelle indicazioni: la piazza era andata distrutta nel primo dopoguerra, e ora il palazzo appartenuto a Delaney dava su un anonimo incrocio di strade e case di nuova costruzione. E però, nei mesi dell'occupazione tedesca, in quel palazzo era stato acquartierato un ufficiale della Wehrmacht, un aristocratico appassionato di letteratura romantica e di occultismo. Possibile che il conte Von Hessel avesse scoperto il segreto?

Questa, in sintesi – e senza rivelare la conclusione, a beneficio del lettore –, la trama de *Il Segno del comando* di Daniele D'Anza, sceneggiato prodotto dalla Rai nel 1971 e andato in onda dal 16 maggio al 13 giugno di quell'anno.[1] *Mystery* a sfondo esoterico, venato di soprannaturale, *Il Segno del comando* recuperava l'intera panoplia del gotico ottocentesco e nordeuropeo – ville infestate, ritratti perturbanti, fantasmi a lume di candela, sedute spiritiche, reincarnazione, alchimia – calandola in un contesto apparentemente incongruo come quello delle strade di Roma. Immortalata nei suoi luoghi-simbolo, da Trinità dei Monti alle viuzze di Trastevere, Roma finiva per essere, di quella serie, la protagonista non dichiarata: la storia narrata da Forster (Ugo Pagliai), del resto, era anche una storia delle metamorfosi della città, dall'Antico Regime alla Restaurazione papalina, dall'annessione al Regno d'Italia alla riorganizzazione urbana del Ventennio e dalla 'città aperta' del 1943–1944, infine, alla metropoli in espansione degli anni Sessanta, che nel momento *clou* dell'ultima puntata irrompe d'un tratto, con forza straniante, sotto le spoglie di un cantiere della metropolitana. I fantasmi che infestano lo scettico Forster sono in primo luogo quelli della città scomparsa, le molteplici temporalità che coesistono nel perimetro urbano di Roma e di cui l'emblema perfetto è la piazza descritta

---

1   Inutile specificare che l'intera storia è pura invenzione (ma Byron soggiornò realmente a Roma nell'aprile del 1817). L'adattamento letterario successivamente pubblicato dallo sceneggiatore Giuseppe D'Agata diverge in alcuni punti dalla versione televisiva, e in particolare nel finale: *Il Segno del comando* (Milano: Rusconi, 1987).

da Byron, coi suoi ruderi antichi, la chiesa rinascimentale e la fontana con delfini – un'architettura, cioè, borrominiana, del genere della Fontana delle Tartarughe in Piazza Mattei o della Fontana della Terrina in Piazza della Chiesa Nuova.² La geografia de *Il Segno del comando* disegna una Roma in cui il tempo è diffranto, e la città svanita sopravvive in maniera fantasmatica, nelle memorie di chi l'ha conosciuta o in forma di spettri ben più letterali.³ È solo un vecchio melomane, cieco sin dalla giovinezza, a ricordare la piazza dipinta da Tagliaferri, ed è grazie a lui – per il quale Roma non è cambiata, e che dalla propria finestra vede con gli occhi del ricordo ciò che non è più – che Forster giunge alla soluzione del mistero. Nemmeno per l'enigmatica Lucia (Carla Gravina), una ragazza che sembra provenire da un'altra epoca (o forse solo da un ospedale psichiatrico), Roma è mutata: la città 'non è grande', dichiara a un allibito Forster, 'in meno di un'ora la si attraversa tutta'.⁴ Vagando con lei per i vicoli di Trastevere si può giungere a una taverna che di giorno sarà impossibile ritrovare, ed è proprio quella scena – Forster che insegue Lucia 'nel cuore della Roma più misteriosa e corrusca'⁵ – ad aprire ogni puntata, scandita dalle note di *Cento campane* di Romolo Grano e Fiorenzo Fiorentini. A inseguire fantasmi, a Roma ci si perde.

---

2   Come notano Dom Holdaway e Filippo Trentin, il paesaggio romano è un territorio dialettico, in cui temporalità diverse si intersecano e si scontrano reciprocamente: 'Introduction' a *Rome: Postmodern Narratives of a Cityscape*, a cura di Dom Holdaway e Filippo Trentin (London: Pickering & Chatto), pp. 1–18 (p. 8). *Il Segno del comando*, peraltro, segue di pochi anni la prima edizione di *Roma barocca* di Paolo Portoghesi (Roma: Carlo Bestetti, 1966), volume decisivo nella rivalutazione del volto anticlassico della città.

3   È uno schema narrativo che caratterizza intimamente le rappresentazioni di Roma nel cinema giallo, horror o gotico – da Mario Bava a Dario Argento e oltre – e che altro non è se non una variante della narrazione ricorrente (almeno sin da Petrarca) di Roma come simbolo e 'vittima' del tempo e delle sue ingiurie (Peter Bondanella, *The Eternal City. Roman Images in the Modern World* (Chapel Hill: University of North Carolina Press, 1987), p. 5).

4   D'Agata, *Il Segno del comando*, p. 34.

5   Ibid. p. 36.

Il Segno del comando raggiunge picchi di quindici milioni di telespettatori, entrando di diritto nella storia della televisione italiana: il 13 giugno, in coincidenza con le elezioni amministrative, molti scrutatori portano direttamente i propri apparecchi televisivi al seggio, per non perdersi l'ultima puntata della serie.[6] È un dato che può stupire, specie pensando a quanto – in prospettiva storica – tendiamo ad associare a quel periodo: instabilità politica, i primi segni della crisi economica, la contestazione, gli anni di piombo. Il 13 giugno 1971, lo stesso giorno della messa in onda dell'ultima puntata, il settimanale *L'Espresso* pubblica una lettera aperta in cui intellettuali, giornalisti e uomini politici chiedono l'allontanamento di chi, a loro dire, ha contribuito a insabbiare le cause della morte di Giuseppe Pinelli, un anarchico trattenuto illegalmente – e poi morto in circostanze mai chiarite – nei locali della questura di Milano, nei giorni successivi alla strage di Piazza Fontana. Poco meno di un anno dopo il commissario Luigi Calabresi, apertamente accusato dalla lettera di essere il mandante (se non direttamente l'assassino) di Pinelli, verrà freddato da un commando davanti alla propria abitazione milanese. Nel marzo 1971 il ministero dell'Interno rende noto il fallimento, quattro mesi prima, di un tentativo di colpo di stato promosso dal principe Junio Valerio Borghese; da un anno almeno, mentre *Il Segno del comando* va in onda, si è formato il primo nucleo delle Brigate Rosse.

Cosa teneva gli spettatori incollati alla tv in un anno del genere? Si trattava solo di un (peraltro comprensibile) desiderio di evasione? Possibile, certo: ma si può anche ipotizzare che quello sceneggiato, a cui la Rai si era inizialmente opposta (la prima sceneggiatura di Giuseppe D'Agata e Flaminio Bollini risaliva al 1968, sull'onda del successo della serie francese *Belfagor*), rispondesse in qualche modo a necessità più profonde. Della dimensione politica de *Il Segno del comando*, e delle angosce che – per quanto indirettamente – la serie riusciva a catturare, parleremo più diffusamente nella conclusione; basti notare, per ora, come l'atmosfera 'occulta'

---

6   Si veda la scheda de *Il Segno del comando* disponibile sul portale Rai: <http://www.rai. it/dl/PortaliRai/Programmi/ContentItem-ea3ae8ad-d9cf-4fe2-a6e4-e9c78bcaa687. html> [ultimo accesso 19 dicembre 2017].

di cui era impregnata fosse assai meno inattuale di quanto potremmo supporre.[7] Ricorda D'Agata:

> Un'ondata di interesse per le scienze occulte era salita in quegli anni in tutti i settori dell'industria culturale internazionale, dal cinema all'editoria, ma la richiesta di 'tuffi' nel mistero, che anche il pubblico italiano esprimeva, non aveva ancora trovato una risposta nei programmi televisivi; d'altra parte, senza una prova concreta, era impossibile risolvere gli interrogativi di molti sull'ampiezza reale di quella voga culturale: fenomeno di élite per alcuni, scoperta di massa per altri. [...] L'accoglienza, più che lusinghiera, della grande platea televisiva – vero giudice della moderna cultura di massa – dimostrò che il bisogno di mistero apparteneva, e appartiene, alla coscienza collettiva piuttosto che alla raffinatezza snobistica del gusto individuale.[8]

Ennesimo capitolo del pluriennale scontro fra 'apocalittici' e 'integrati', il successo de *Il Segno del comando* dimostrava come il pubblico italiano non fosse in nulla diverso dalle platee francesi, inglesi, statunitensi: gli

---

7   Il successo de *Il Segno del comando* inviterà la Rai a produrre e trasmettere, per tutti gli anni Settanta, sceneggiati ispirati alla narrativa popolare, fra giallo, gotico, fantascienza e *feuilleton*: possiamo almeno ricordare qui *A come Andromeda* di Vittorio Cottafavi (1972), *ESP* di Daniele D'Anza (1973), ispirato alla vita del sensitivo olandese Gerard Croiset, *Il dipinto* di Domenico Campana (1974), *Ho incontrato un'ombra* di Daniele D'Anza (1974), *Gamma* di Salvatore Nocita (1975), *Ritratto di donna velata* di Flaminio Bollini (1975), *L'amaro caso della baronessa di Carini* di Daniele D'Anza (1975), *Il fauno di marmo* di Silverio Blasi (1977). Nel 1973 Dario Argento coordina la miniserie *La porta sul buio*, quattro episodi indipendenti l'uno dall'altro e realizzati da Lugi Cozzi, Roberto Pariante, Mario Foglietti e dallo stesso Argento. Fra fine anni Settanta e inizio anni Ottanta la Rai produce infine diverse serie tratte da opere e racconti di carattere gotico-fantastico, come *Nella città vampira. Drammi gotici* di Giorgio Bandini (1978), *I racconti fantastici di Edgar Allan Poe* di Daniele D'Anza (1979), *Il fascino dell'insolito. Itinerari nella letteratura dal gotico alla fantascienza* di vari registi (1980–1982) e *I giochi del diavolo* di Giulio Questi, Mario Bava, Piero Nelli, Marcello Aliprandi e Tomaso Sherman (1981). Consulente di produzione di quest'ultima è Italo Calvino, e si rimarcherà in generale l'impianto letterario e dotto di queste ultime incursioni televisive, in un momento in cui anche in Italia inizia una riflessione accademica sul tema. In proposito si veda Leopoldo Santovincenzo, Carlo Modesti Pauer e Marcello Rossi, *Fantasceneggiati. Sci-Fi e giallo magico nelle produzioni RAI 1954–1987* (Bologna: Elara, 2016).

8   D'Agata, *Il Segno del comando*, pp. 5–6.

anni Sessanta, del resto, avevano visto fiorire la grande stagione del gotico cinematografico di Mario Bava, Antonio Margheriti e altri, un genere che a esperimenti come *Il Segno del comando* aveva in larga parte preparato la strada.[9] D'Agata, Bollini e D'Anza facevano, tuttavia, di più. Se il gotico italiano – genere, comunque, di nicchia – ricorreva, a parte qualche sporadica eccezione, ad ambientazioni nordiche o anglosassoni, essi, in una grande produzione diretta a un pubblico di massa, decidevano di calare il genere in un contesto scopertamente italiano; ed era proprio un accademico inglese – la figura più convenzionale, cioè, della *ghost story* d'oltremanica[10] – a constatare, con amara ironia, come l'opposizione fra un'Inghilterra brumosa e spettrale e un'Italia 'paese del sole' non fosse, appunto, che un *cliché*. 'Noi in Inghilterra', commenta Powell, funzionario dell'ambasciata britannica a Roma, 'abbiamo dei buoni fantasmi': 'Sì,' gli risponde la sua segretaria italiana, 'ma non sono prodotti di esportazione. [...] L'aria di Roma è troppo limpida per ospitare certe fantasie nordiche'.[11] Tocca a

9   Si vedano anzitutto: Gordiano Lupi, *Storia del cinema horror italiano da Mario Bava a Stefano Simone. Vol. 1: Il Gotico* (Piombino: Il Foglio, 2011); Roberto Curti, *Fantasmi d'amore. Il gotico italiano tra cinema, letteratura e tv* (Torino: Lindau, 2011) e *Italian Gothic Horror Films, 1957–1969* (Jefferson, NC: MacFarland & Co., 2015); e Simone Venturini, *Horror italiano* (Roma: Donzelli, 2014). Convenzionalmente si data l'inizio della stagione del 'gotico italiano' a *I vampiri* di Riccardo Freda (1957, ma realizzato nel 1956) e la si può dare per conclusa, precisamente, fra il 1969 e il 1971, quando pellicole come *Contronatura* di Margheriti (1969), *L'uccello dalle piume di cristallo* di Dario Argento (1970) e *Reazione a catena* di Mario Bava (1971) marcano il trascorrere 'dal filone gotico degli anni sessanta ai nuovi orrori degli anni settanta' (Venturini, *Horror italiano*, p. 113). Steve Della Casa e Marco Giusti, tuttavia, parlano di gotico anche per l'horror degli anni Settanta, spingendo la loro analisi fino al 1979: *Gotico italiano. Il cinema orrorifico 1956–1979* (Roma: Centro sperimentale di cinematografia, 2014).
10   In M. R. James – per molti versi l'autore canonico del genere – i protagonisti 'sono spesso accademici di un tipo o dell'altro': sono 'in linea col ventesimo secolo nel loro approccio pratico, scettico, alla vita' e 'nutrono un disinteressato entusiasmo per la conoscenza (o forse una fatale curiosità [...])' (Julia Briggs, *Visitatori notturni. Fantasmi, incubi, ossessioni nella letteratura inglese*, trad. di Marina Bianchi (Milano: Bompiani, 1988), p. 154).
11   D'Agata, *Il Segno del comando*, p. 95.

Forster, suo malgrado, scoprire che non è vero, e che Roma – e l'Italia in genere – possiede spettri decisamente autoctoni. Di giorno, ammette Forster, l'aria di Roma può forse sembrare limpida; di notte, però, 'pare che sia una città piena di presenze, di vibrazioni...'.[12]

Nei film di genere di quegli anni, tocca spesso a un forestiero scoprire l'anima occulta, delittuosa, impregnata di mistero delle città italiane. Un anno prima de *Il Segno del comando* era uscito nelle sale *L'uccello dalle piume di cristallo*, film d'esordio di Dario Argento. L'occulto non c'entrava, ma anche in quel caso uno straniero – un americano – si trovava coinvolto, a Roma, in una serie di eventi tali da sfidare la sua comprensione. Il regista ricorda come avesse dovuto battersi per lasciare alla pellicola la sua ambientazione romana: 'ma davvero lo vuoi ambientare in Italia?', gli obbiettavano i produttori; 'comunque sarebbe meglio l'America'; 'e se lo firmassi con uno pseudonimo inglese?'.[13] Argento era stato irremovibile, confortato da un precedente – *La ragazza che sapeva troppo* di Mario Bava (1963) – in cui una turista americana si trovava, ugualmente, a essere involontaria testimone di una serie di delitti nel cuore della *Dolce vita*. È un crinale, peraltro, su cui l'horror italiano, gotico o giallo, si muove sin dagli esordi. Da un lato, assistiamo a opere italianissime smerciate con titoli e ambientazioni nordiche o anglosassoni, spesso tratte da inesistenti racconti di autori reali – come Edgar Allan Poe, fintamente accreditato come soggettista (e presente come personaggio) in *Danza macabra* di Antonio Margheriti (1964) – o fittizi anch'essi, come nel caso de *Il mulino delle donne di pietra* di Giorgio Ferroni (1960), sedicente adattamento da uno *pseudobiblion* come i *Racconti fiamminghi* dell'altrettanto inesistente Peter Van Weigen.[14] Dall'altro, opere – come quelle di Bava, Argento e D'Anza, ma anche di Federico Fellini (*Toby Dammit*, del 1968) – in cui una prospettiva esterna, forestiera e *altra* viene chiamata a smontare i *cliché* dall'interno: e percepire, dietro alla maschera sorridente e solare del 'Bel paese', il suo lato più oscuro, sotterraneo e lunare.

12   Ibid.

13   Dario Argento, *Paura*, a cura di Marco Peano (Torino: Einaudi, 2014), pp. 88–89.

14   Su questo gioco intertestuale e 'postmoderno' che caratterizza il gotico italiano fin dagli esordi si veda Curti, *Fantasmi d'amore*, p. 51.

Tintarella di luna

'Per un'Italia lunare': così nell'aprile del 1970, da Parigi, la scrittrice triestina Ornella Volta intitolava un suo pezzo per il periodico milanese *Horror*. A quell'articolo, e alla rivista che lo ospitava, il titolo di questo libro intende rendere omaggio.

Sgombriamo subito il campo da un possibile equivoco: questo *non* è un libro sul fantastico italiano, e non soltanto perché sarebbe l'ennesimo,[15] ma perché la nozione di fantastico sarebbe inadeguata a dar conto del fenomeno che qui esamino. Impostasi nel dibattito critico sull'onda del celebre saggio di Tzvetan Todorov sulla *littérature fantastique*, uscito nel 1970 ma tradotto in italiano nel 1977,[16] l'idea di fantastico italiano tuttora prevalente viene di fatto elaborata in un quinquennio – tra il 1983 e il 1988 – in cui 'tre modelli teorici [...] risultano atti a saldarsi reciprocamente, formando un amalgama di abbagliante prestigio': 'il fantastico "colto" e *mainstream*' di Enrico Ghidetti e Leonardo Lattarulo, che nel 1984 danno alle stampe i due volumi di *Notturno italiano*; il 'fantastico "intellettuale"' teorizzato da Italo Calvino in vari saggi e conferenze; e il 'magico-surreale "intelligente" e "ironico"' antologizzato da Gianfranco Contini in *Italie magique* (1946), che proprio nel 1988 viene per la prima volta riproposta in lingua italiana.[17] Modelli prestigiosi, certo: ma forse proprio per questo particolarmente invasivi, nell'aver imposto un'immagine del fantastico italiano che resta in larga parte infondata da un punto di vista storico, viziata da quello ideologico

---

15   L'entità del dibattito è testimoniata dalle quasi mille pagine della ponderosa bibliografia commentata messa insieme da un'équipe guidata da Stefano Lazzarin: *Il fantastico italiano. Bilancio critico e bibliografia commentata (dal 1980 a oggi)* (Firenze: Le Monnier, 2016). Il dato è tanto più impressionante quando si consideri come l'attenzione critica al fantastico italiano sia un fenomeno relativamente recente, databile a partire dalla fine degli anni Settanta: e di appena trentasei anni, dal 1980 al 2016, è l'arco temporale coperto dall'opera.

16   Tzvetan Todorov, *La letteratura fantastica*, trad. di Elina Klersy Imberciadori (Milano: Garzanti, 1977).

17   Stefano Lazzarin, 'Trentacinque anni di teoria e critica del fantastico italiano (dal 1980 a oggi)', in Lazzarin *et al.*, *Il fantastico italiano*, pp. 1–58 (p. 31).

e restrittiva da un punto di vista critico. Il fatto è che questo fantastico esclusivamente letterario e 'alto', intellettualistico e razionale, taglia precisamente fuori – e l'elisione non è innocente – la contaminazione con altri codici e la cultura 'popolare', il manieristico e l'irrazionale: e si può, certo, ammonire di non mescolare il la letteratura fantastica 'con una quantità di altri prodotti letterari, anche della letteratura più bassa e di consumo' che ne inquinerebbero una presunta 'identità';[18] ma con la consapevolezza, così facendo, di perdere di vista la complessità di un fenomeno caratterizzato proprio dal suo costante muoversi tra 'basso' e 'alto', nutrendosi di suggestioni esterne anche, e spesso, delle più triviali. Ciò è tanto vero per il 'fantastico romantico' di cui parla Remo Ceserani – le cui origini si intersecano con quelle della stessa, moderna industria culturale – quanto per il Novecento: il 'nuovo interesse' per il gotico e il fantastico che, sostiene Marco Belpoliti, attraversa l'Italia degli anni Ottanta come peculiarissimo sintomo di riflusso e disimpegno,[19] appare nuovo solo quando si considerino esclusivamente autori ed editori illustri e canonizzati.

In realtà, come intendo qui dimostrare, il fenomeno deve essere retrodatato almeno di venticinque anni; e lo stesso saggio di Todorov, più che un punto di partenza, pare essere l'approdo di una più ampia rivalutazione – in Francia come in Italia, e spesso, come vedremo, *tra* Francia e Italia – del romanticismo 'nero' in tutte le sue declinazioni, iniziata alla fine degli anni Cinquanta tra suggestioni tardo-surrealiste e la ventata di novità portata dalla Hammer Film. L'articolo di Volta – che tra Francia e Italia vive, e che scrive nello stesso anno di Todorov – è in questo senso emblematico. Volta non percepisce fratture fra Ottocento e Novecento, e di fantastico non parla; la silloge che propone mescola deliberatamente codici e linguaggi, dalla letteratura – Giacomo Leopardi, Emilio Praga, Dino Campana, Tommaso Landolfi – alla critica di Mario Praz e alla storia delle religioni di Elémire Zolla, e dal cinema di Federico Fellini a suggestioni etnografiche ispirate agli studi di Ernesto De Martino o agli scritti dell'ultimo Pavese. Lo stesso, anarcoide eclettismo caratterizza la rivista che la ospita, un pionieristico ibrido di fumetti e rubriche culturali nato dall'incontro fra l'editore

---

18   Remo Ceserani, *Il fantastico* (Bologna: Il Mulino, 1996), p. 10.
19   Marco Belpoliti, *Settanta* (Torino: Einaudi, 2001), p. 173.

Gino Sansoni – marito di Angela Giussani, la creatrice di Diabolik – e
l'istrionico Pier Carpi, regista, occultista e romanziere. Il primo numero
esce a fine novembre 1969, pochi giorni dopo l'esordio del quotidiano *Lotta
continua* (1 novembre) e a ridosso della strage di Piazza Fontana: nella sua
breve vita editoriale – appena ventidue numeri – *Horror* raduna il *gotha*
del fumetto italiano, da Dino Battaglia a Marco Rostagno, assieme a 'molte
penne prestigiose, da Ornella Volta a Orio Caldiron, da Piero Zanotto a
Emilio de' Rossignoli, passando per i lovecraftiani Gianfranco De Turris
e Sebastiano Fusco; c'è pure spazio per un imberbe Luigi Cozzi, con le sue
interviste pionieristiche ai protagonisti del cinema horror italiano,'[20] e per
collaboratori estemporanei come Forrest J. Ackerman o Dino Buzzati. Le
parole chiave sono quelle che campeggiano in copertina a ogni numero, il
'terrore', la 'magia', l'"incubo' e il 'mistero': in una parola, l'"insolito',[21] 'termine
oggi infelicemente desueto',[22] ma sotto il quale si poteva, all'epoca, sussumere
di tutto – i film dell'orrore, la parapsicologia, l'esoterismo – sullo sfondo
di un interesse per l'occulto che in Italia trova uno dei suoi laboratori più
illustri e imprevedibili.[23]

---

20   Roberto Curti, 'La guerra di Pier', *Blow Up*, 223 (dicembre 2016), 160–69 (p. 161).

21   Dal numero 15, meno di un anno prima di chiudere, *Horror* si farà appunto chia-
       mare 'La rivista dell'insolito a fumetti'. Nell'ottobre del 1970, in occasione del Salone
       Internazionale dei Comics di Lucca, il critico cinematografico Ernesto G. Laura
       azzarda una definizione e un bilancio di quella che egli chiama 'riscoperta dell'in-
       solito': il termine, scrive, 'è […] più indefinito e perciò più affascinante di "orrore"
       e abbraccia l'arcano in tutte le sue direzioni, il fantastico, il visionario, il magico, il
       metafisico. Se la cultura del '45, maturata dalle sofferenze della guerra e dalla volontà
       di non ricadere negli errori storici, pagati a caro prezzo, che si chiamarono fascismo e
       nazismo, ci orientò alla realtà e ci ancorò, dopo i fasti idealistici, ad un sano realismo,
       oggi si assiste ad una forte inversione di tendenza' (Ernesto G. Laura, 'Riscoperta
       dell'insolito', *Horror*, 11 (ottobre 1970), 44). Laura cita Borges, Calvino, Buzzati,
       Fellini e Bergman, prima di notare come i fumetti, 'scoprendo il "nero", lo spettrale,
       l'orrore, si inserisc[ano], come sempre nella loro storia, nella vicenda viva della cul-
       tura, magari senza averne l'aria'.

22   Danilo Arona, 'In viaggio con Emilio', in Emilio De Rossignoli, *Io credo nei vampiri*
       (Roma: Gargoyle, 2009), pp. 7–18 (p. 9).

23   È un fenomeno ancora solo marginalmente cartografato, e quel poco che è stato
       fatto riguarda soprattutto l'ambito anglosassone. Una testimonianza in diretta è

Italia lunare analizza questo discorso relativo all'occulto nella sua natura multiforme e porosa, capace di scombinare linguaggi e gerarchie culturali e di mettere in dialogo esperienze fra le più diverse: il gotico cinematografico e il paranormale da rivista, i tascabili *pulp* e la letteratura 'alta', suggestioni junghiane e paccottiglia parapsicologica, l'Italia misteriosa del cinema di genere e quella, altrettanto 'insolita', che affiora nel discorso accademico su folclore e classi subalterne. È un discorso sull'occulto che non rimane fossilizzato nella nicchia di una sottocultura, ma che attraversa i linguaggi e le forme comunicative, a volte come suggestione, altre come concessione alla moda del momento, altre volte ancora in modo più strutturato: e per il quale Christopher Partridge ha, se non coniato, quantomeno reso celebre il termine 'occultura' (*Occulture*), che definisce la sopravvivenza e la riarticolazione dell'occulto in epoche di (presunta) secolarizzazione.[24] È una definizione rischiosa, nota Partridge, poiché l'occulto stesso è più un termine onnicomprensivo per una serie di pratiche discorsive anche molto diverse fra loro (e non tutte relative al soprannaturale) che un apparato concettuale unitario:[25] fra gli esempi da lui riportati stanno, e non sono gli unici, la *Magick* di Aleister Crowley, l'esoterismo di estrema destra, l'ecologismo radicale, gli angeli, la cristalloterapia, la fanta-archeologia, la Wicca e l'ufologia.[26] E tuttavia, per i nostri scopi – che non sono quelli dell'antropologia religiosa, ma degli studi culturali – è sufficiente notare come la fluidità che caratterizza l'occultura' non vada a scapito di una sua immediata riconoscibilità, ma ne sia proprio uno dei marchi distintivi:

quella di Nat Freedland, *The Occult Explosion* (London: Michael Joseph, 1972), che parla, come da titolo, di un'esplosione dell'occulto'; sul tema si è dilungato, più di recente, Adam Scovell, *Folk Horror. Hours Dreadful and Things Strange* (Leighton Buzzard: Auteur, 2017), pp. 121–64.

24 Nel suo *The Re-Enchantment of the West: Alternative Spiritualities, Sacralization, Popular Culture, and Occulture* (London: T&T Clark, 2004), pp. 67–68, Christopher Partridge definisce il termine, ipotizzando che possa risalire in una formulazione embrionale al musicista e occultista britannico Genesis P-Orridge. Sulla scivolosità del concetto di secolarizzazione si vedano le pp. 8–16.

25 Clarke, Peter B., 'The Occult and Newly Religious in Modern Society', *Religion Today*, 7, 2 (Spring 1992), 1–3 (p. 1).

26 Partridge, *The Re-Enchantment of the West*, p. 70.

quando l'editore Sugar lancia la collana 'Universo Sconosciuto' (1964) o la Corrado Tedeschi Editore pubblica *Il Giornale dei Misteri* (1971) stanno facendo riferimento a un apparato discorsivo che è intelligibile al pubblico non tanto a dispetto della pluralità dei saperi che coinvolge, ma proprio *a causa* di quella natura eclettica, deliberatamente confusionaria. Ne *Il pendolo di Foucault* (1988), l'unico romanzo – assieme a *Magia Rossa* di Gianfranco Manfredi (1983) – ad affrontare in modo organico l'"occultura' degli anni Sessanta e Settanta, Umberto Eco assegna questa presa di coscienza all'editore Garamond. Intellettualmente rozzo ma acutissimo, Garamond non riesce nemmeno a definire la moda culturale che lo circonda; che qualcosa stia avvenendo, tuttavia, gli è perfettamente chiaro, e ne ha avuto conferma parlando con un certo Bramanti, un esoterista dilettante che gli ha suggerito di lanciare una collana dedicata alle scienze occulte:

> 'Qui ci sono tre volumi usciti in questi anni, e tutti di successo. Il primo è in inglese e non l'ho letto, ma l'autore è un critico illustre. E che cosa ha scritto? Guardate il sottotitolo, un romanzo gnostico. E ora guardate questo: apparentemente un romanzo a sfondo criminale, un best seller. E di che cosa parla? Di una chiesa gnostica nei dintorni di Torino. Voi saprete chi sono questi gnostici...' Ci fermò con un cenno della mano: 'Non importa, mi basta sapere che sono una cosa demoniaca... Lo so, lo so, forse vado troppo di fretta, ma non voglio parlare come voi, voglio parlare come quel Bramanti. In questo momento faccio l'editore, non il professore di gnoseologia comparata che sia. Cos'ho visto di lucido, promettente, invitante, dirò di più, curioso, nel discorso del Bramanti? Quella straordinaria capacità di mettere tutto insieme, lui non ha detto gnostici, ma avete visto che avrebbe potuto dirlo, tra geomanzia, gerovital e radames al mercurio. E perché insisto? Perché qui ho un altro libro, di una giornalista famosa, che racconta di cose incredibili che accadono a Torino, Torino dico, la città dell'automobile: fattucchiere, messe nere, evocazioni del diavolo, e tutto per gente che paga, non per le tarantolate del meridione. Casaubon, Belbo mi ha detto che lei viene dal Brasile e ha assistito a dei riti satanici di quei selvaggi di laggiù... [...] Il Brasile è qui, signori. Sono entrato l'altro giorno in prima persona in quella libreria, come si chiama, fa lo stesso, era una libreria che sei o sette anni fa vendeva dei testi anarchici, rivoluzionari, tupamari, terroristi, dirò di più, marxisti... Ebbene? Come si è riciclata? Con le cose di cui parlava Bramanti.[27]

---

27   Umberto Eco, *Il pendolo di Foucault* (Milano: Bompiani, 1988), p. 208.

Eco suggerisce qui – e la tesi si fa, nel libro, progressivamente strada[28] – che l''occultura' abbia una relazione a doppio taglio con la violenza politica, quasi ne fosse una prosecuzione con altri mezzi: l'occultismo e la lotta armata sono due strade, altrettanto goffe, di dare un senso a un mondo che ne appare privo, e terroristi e maghi sono accomunati dalla ricerca di soluzioni facili di fronte all'urgenza di cambiare il mondo (come la mette uno dei personaggi con una *boutade*, 'la gente mette le bombe sui treni perché è alla ricerca di Dio').[29] È una prospettiva che mi trova d'accordo – ne parlerò più diffusamente nella conclusione –, ma che mi permetto di non leggere in senso unicamente negativo: l''occultura' non è solo una risposta a buon mercato a bisogni di trascendenza o di consolazione: è anche un modo di liberare energie, prendere la parola, esplorare possibilità inedite di incidere sul reale.

Mariano Tomatis nota come la popolarità del sensitivo israeliano Uri Geller, salito alla ribalta proprio nel 1971 – prima negli Stati Uniti, quindi in Europa[30] – vada non solo contestualizzata in un momento in cui 'i laboratori di parapsicologia vivono un periodo di grande ottimismo', lasciando intravedere una prossima sinergia fra scienza e paranormale, ma sul più ampio sfondo della controcultura degli anni Sessanta, delle sperimentazioni psichedeliche e della conquista dello spazio.[31] Da questo punto di vista, l'emergere dell''occultura' finisce per coincidere, interamente, con il cambiamento radicale che attraversa gli anni Sessanta – decennio che non

---

28 La relazione fra 'occultura' e terrorismo risalta con particolare vividezza esaminando gli scritti di Eco tra il 1977 e il 1983, poi raccolti in *Sette anni di desiderio* (Milano: Bompiani 1983): si spazia dal caso Moro agli Orixà dei culti brasiliani, dalla rievocazione di Cagliostro tentata a San Leo nell'estate del 1978 alle teorizzazioni dei brigatisti sullo 'Stato Imperialista delle Multinazionali'. Eco sta terminando *Il nome della rosa*, ma la nebulosa del *Pendolo* è già definita.

29 Eco, *Il pendolo di Foucault*, p. 253.

30 Era stato lo statunitense Adrija Puharich a 'scoprire' Geller, in Israele: il suo libro, *Uri: A Journal of the Mystery of Uri Geller* (New York: Doubleday, 1974) viene tradotto in Italia immediatamente, *Uri Geller* (Milano: Armenia, 1975).

31 Mariano Tomatis, *La magia della mente. Poteri, suggestioni, illusioni* (Milano: Sugarco, 2009), pp. 149–50. Nel 1973 è addirittura la Boringhieri di Torino a pubblicare un *Aspetti scientifici della parapsicologia*, curato dal chimico romano Roberto Cavanna.

a caso si era aperto con la pubblicazione de *Il mattino dei maghi* di Louis
Pauwels e Jacques Bergier (1960), vero e proprio manifesto dell''occultura'
che in Italia arriva nel 1963.[32] In quel libro, presto divenuto un best seller,
gli autori si erano ambiguamente (e in piena coscienza) mossi sul crinale
fra il possibile e l'impossibile, che la fisica post-einsteniana e la tecnologia
contemporanea avevano d'un tratto reso varcabile: se Arthur C. Clarke,
in quegli stessi anni, sosteneva che 'qualunque tecnologia sufficientemente
avanzata è indistinguibile dalla magia',[33] Pauwels e Bergier si spingevano
più oltre, immaginando un futuro più vicino ai sogni degli alchimisti che
alle speculazioni scientifiche dell'età positivista. *Il mattino dei maghi* aveva
così dato la stura a quello che lo scrittore di fantascienza e occultista Colin
Wilson avrebbe definito nel 1975 'il più diffuso revival dell'occulto della
storia' ('the most widespread occult revival in history'): i giovani, scriveva
Wilson, erano rimasti attratti dall'idea di un mondo più ricco e magico
di quanto la scienza lasciasse presagire, e altri autori – fra cui egli stesso –
avevano proseguito in quella direzione.[34] Esperimenti musicali come *Sgt*

32   Louis Pauwels e Jacques Bergier, *Le Matin des magiciens. Introduction au réalisme
      fantastique* (Paris: Gallimard, 1960); la traduzione italiana, di Pietro Lazzaro, esce
      nel 1963 per Mondadori (*Il mattino dei maghi. Introduzione al realismo fantastico*:
      in questa sede cito dall'edizione tascabile uscita negli 'Oscar' nel 1971). Sulla fortuna
      italiana de *Il mattino dei maghi* si veda *infra*, pp. 121–23.

33   Affermazione, celebre, che appare in Arthur C. Clarke, *Profiles of the Future* (London:
      Victor Gollancz, 1962), p. 24 ('any sufficiently advanced technology is indistingui-
      shable from magic').

34   Colin Wilson e Roy Stemman, *Mysterious Powers/Spirits and Spirit Worlds* (London:
      Aldus Books, 1975), pp. 122–24. Sullo stesso fenomeno – che egli chiama, semplice-
      mente, 'il Revival' – ha scritto di recente pagine fondamentali Franco Pezzini, che
      individua correttamente il brodo di coltura del rifiorire dell'occulto 'nel successo
      planetario, alla fine degli anni Cinquanta [...] dei primi film horror della casa inglese
      Hammer [...]. La riappropriazione da parte del cinema popolare britannico di un'e-
      redità gotica già sfruttata e buttata dagli americani [...] si accompagna in effetti alla
      costruzione, film dopo film, di una vera e propria liturgia di misteri pagani. [...] E
      tutto ciò attraverso storie che sempre più innervano i classici gotici di concessioni
      cinematograficamente inedite a tutta una cultura del magico (riti, culti, sette...), in
      realtà covata nelle Isole Britanniche fin dall'Ottocento e rinverdita dai fasti popo-
      lari delle tesi negli anni Venti/Trenta di Margaret Murray sul presunto "dio delle

Pepper's Lonely Hearts Club Band dei Beatles e *Their Satanic Majesties Request* dei Rolling Stones (1967), o cinematografici come *Il serpente di fuoco* di Roger Corman (1967), erano – anche – dirette filiazioni del revival dell'occulto aperto da Pauwels e Bergier e del loro rifiuto di considerare statiche le barriere del possibile, sullo sfondo della *Summer of Love*.

All'altro capo del decennio, nel marzo del 1971 (*Il Segno del comando* apparirà sugli schermi due mesi dopo), arriva nelle edicole italiane *Il Giornale dei Misteri*. Il primo numero si apre con un pezzo sulla psicologia come forma di magia contemporanea che risente dell'influenza di Pauwels e Bergier – 'tutti gli uomini di buon senso possono essere o diventare maghi' –; prosegue con un lungo articolo sul diavolo (più che mai d'attualità dopo *Rosemary's Baby* e i massacri della cerchia di Charles Manson) e un aneddoto paranormale occorso a Milano nel 1930; seguono un pezzo sulla radiestesia effettuata col pendolino, un articolo sui sogni in cui Iginio Ugo Tarchetti si affianca a Sigmund Freud, un'incursione nel macabro con le tecniche di mineralizzazione delle mummie messa a punto dall'egittologo ottocentesco Girolamo Segato, un articolo su Atlantide e uno sulle campane di Carpegna (uno dei più celebri fenomeni paranormali del tempo, occorso nel 1970); e c'è spazio, infine, anche per un pezzo sui fantasmi inglesi, prima di dare la parola ai lettori e ai loro reportage. Niente

---

streghe" e dal successo dei romanzi vendutissimi di Dennis Wheatley –. [...] questo riemergere dal passato di gotico & magia si abbina in modo curioso alla primavera di una Swinging London in ascesa (la definizione sarà del '66), e che la rende per una breve stagione centro del mondo. Minigonne e mantelli di Dracula, esposizioni d'arte moderna e riti magici si abbinano così in una rilettura pop, insieme tranquillizzante e trasgressiva, della cultura vittoriana [...]. Un successo', prosegue Pezzini, 'che influisce con forza anche sull'immaginario del cinema degli altri paesi: e per esempio una conseguenza è che in quei primi anni Sessana, che preparano il botto provocatorio del Revival, si rafforzi (ma c'erano già dei precedenti) e si definisca quale fenomeno autonomo, il gotico cinematografico italiano, pieno di streghe e di magia. Ma in parallelo sulle scrivanie degli editori, dalla saggistica colta ai fumetti più popolari e maliziosi, iniziano a trovare sempre più credito temi (in senso lato) esoterici...' ('Cinquanta sfumature di occulto. Magia & segreto nell'immaginario di genere contemporaneo', in Danilo Arona *et al.*, *Il pensiero magico. Mito, storia e scienza* (Torino: Yume, 2017), pp. 47–65 (pp. 49–50)).

è vero – sembra suggerire la rivista –, ma tutto è possibile, o quantomeno *pensabile*: la possessione demoniaca e la precognizione, i fantasmi e le campane che suonano da sole, l'ipnosi e il continente perduto, sono tutti modi di mettere in crisi il principio di realtà e di pensare alternative all'esistente, intercettando qualcosa che – negli anni intorno al 1968 – doveva possedere una consistenza ben più che metaforica. Lo slogan del Maggio francese, 'Siamo realisti, pretendiamo l'impossibile' ('Soyons réalistes, exigeons [o demandons] l'impossible'), si rivela, se letto da questa angolatura, qualcosa di più di una *boutade* di gusto surrealista. In Francia, del resto, la rivista di Pauwels e Bergier, *Planète*, usciva ogni due mesi dal 1961, arrivando a oltrepassare le 100,000 copie vendute; e qualcosa di simile era successo in Italia con l'equivalente *Pianeta*, in edicola e in libreria dal 1964.

Non era, d'altronde, la prima volta. Come ha mostrato meglio d'ogni altro Robert Darnton, mesmeristi e magnetizzatori avevano contribuito alla Rivoluzione Francese tanto quanto i teorici dell'*Encyclopédie*. Capaci di raggiungere un pubblico ben più vasto grazie alla meraviglia e all'incanto delle loro dimostrazioni, i seguaci di Franz Anton Mesmer erano riusciti a veicolare, ben più di molta pubblicistica filosofica di ispirazione rousseauiana, idee riformatrici e radicali per mezzo di 'sciami di fascinazioni – eteree, nebulose e talvolta impercettibili'.[35] 'È quindi possibile', conclude Darnton, 'volgersi al mesmerismo, la più grande moda culturale degli anni Ottanta del XVIII secolo, capendo in che modo il movimento rivoluzionario si aprì un varco nelle menti degli autori francesi'. Sostituire 'Marcuse' a 'Rousseau', 'Louis Pauwels' a 'Mesmer' e 'anni Sessanta' ad 'anni Ottanta del XVIII secolo' è l'esperimento che qui ho voluto tentare, sondando le ramificazioni dell''occultura' italiana, dal 1958 al 1971, come una cartina di tornasole delle tensioni e dei desideri di un paese in trasformazione.

---

35   Robert Darnton, *Il mesmerismo e il tramonto dei Lumi*, trad. di Roberto Carretta e Renato Viola (Milano: Medusa, 2005), pp. 49–50. Peraltro, la prima edizione del libro è del 1968, in pieno 'Revival'.

Lontano, lontano nel tempo

1956: i fatti d'Ungheria determinano una crisi lacerante alla base del PCI. Nel 1958 muore Pio XII. Inizia a sgretolarsi il progetto di un'egemonia culturale della sinistra nel segno del neorealismo letterario e cinematografico, mentre – in parallelo a un più diffuso benessere economico e a un più generalizzato accesso alla cultura d'intrattenimento – si allenta il controllo di intellettuali e parrocchie sui consumi culturali delle 'masse'. È l'inizio di quella che Giacomo Manzoli chiama la 'seconda modernizzazione' dell'Italia – immediatamente successiva alla prima, localizzata da David Forgacs e Stephen Gundle nell'arco temporale 1936–1954[36] – e che durerà sino alla fine degli anni Settanta: una fase caratterizzata da una prima esplosione consumistica e da una tensione 'verso il postmoderno', e a sua volta suddivisibile in un periodo 'euforico' (1958–1966) e uno 'disforico' (1967–1976).[37]

Ipotesi di partenza di questo libro è che il discorso relativo all'occulto, proprio nella sua pervasiva fluidità, agisca – nel corso dei lunghi anni Sessanta, dal 1958 al 1971 – come un prisma: riflettendo e incorporando tensioni politiche, sociali, esistenziali, esso determina una loro rileggibilità e una loro ricodificazione al di fuori dei regimi discorsivi di provenienza, delineando forme di analisi (e anche di critica) spesso precluse a opere più rigidamente ingabbiate in senso ideologico. Sono stati gli studi di cinema – in Inghilterra, e in parte in Italia – a svolgere, in questo senso, un ruolo pionieristico, rimarcando, da prospettive anche differenti, come il cinema popolare sia, nell'Italia del benessere, una forma pienamente funzionale di cinema politico.[38] Il mio intento è allargare questa prospettiva in termini di

---

36   David Forgacs e Stephen Gundle, *Cultura di massa e società italiana (1936–1954)*, trad. di Maria Luisa Bassi (Bologna: Il Mulino, 2007) [*Mass Culture and Italian Society from Fascism to the Cold War* (Bloomington and Indianapolis: Indiana University Press, 2007)].

37   Giacomo Manzoli, *Da Ercole a Fantozzi. Cinema popolare e società italiana dal boom economico alla neotelevisione* (Roma: Carocci, 2012), pp. 23–24 e 24 n. 11.

38   Oltre al testo di Manzoli, che ho già avuto modo di citare, hanno contribuito a nutrire questo libro – più nello spirito che nel metodo – i contributi di Alan O'Leary (*Tragedia all'italiana. Italian Cinema and Italian Terrorism, 1970–2010* (Oxford:

genere, e farlo nel comune segno dell'occultura' e delle sue manifestazioni:
nella coscienza che fra 'occultura' e seconda modernità italiana – come
vedremo in modo specifico nel capitolo 1 – una relazione esiste, e profonda.
Anche a non voler rimarcare la perfetta coincidenza cronologica fra boom
economico e nascita dell'horror cinematografico italiano – è nel novembre del 1956 che Riccardo Freda, o più probabilmente il suo assistente di
regia Mario Bava, porta a termine le riprese della pellicola capostipite del
genere, *I vampiri*[39] – è eloquente che uno dei primi sintomi della 'seconda
modernizzazione' sia proprio un interesse spasmodico, da parte del pubblico
italiano, per il vampirismo, catalizzato dal film di Terence Fisher *Dracula
il vampiro*, prodotto dalla Hammer e con protagonista Christopher Lee
(1958).[40] La pellicola di Freda aveva fatto da battistrada, ma è la popolarità
del Dracula interpretato da Lee ad aprire, in senso letterale, una diga: è sulla
scia del successo di *Dracula* che le case di produzione italiane decidono
di volgersi al gotico, ed è per cavalcarne il successo che nascono collane
di romanzi popolari – come le romane *I racconti di Dracula* e *KKK* – che
dietro pseudonimi anglosassoni e copertine fra il macabro e l'ammiccante
nascondono opere di autori italiani. *Dracula il vampiro* invita gli editori
italiani a riscoprire e tradurre – spesso per la prima volta – i grandi classici
stranieri del gotico, della *ghost story* e della letteratura dell'orrore, mentre
un interesse diffuso per tematiche 'occulte' – parapsicologia, esoterismo,
magia – inizia a farsi strada nella pubblicistica della penisola.[41] Se il capitolo

---

Peter Lang, 2009) e *Fenomenologia del cinepanettone* (Soveria Mannelli: Rubbettino,
2013)); Ruth Glynn, Giancarlo Lombardi e Alan O'Leary (Ruth Glynn, Giancarlo
Lombardi e Alan O'Leary, *Terrorism Italian Style: Representations of Political Violence
in Contemporary Italian Cinema* (London: Institute of Germanic & Romance Studies,
2012)); e di Andrea Pergolari e Guido Vitiello (*Ha visto il montaggio analogico? Ovvero
dieci capolavori misconosciuti del cinema italiano minore scelti per la rieducazione del
cinefilo snob* (S. Angelo in Formis: Lavieri, 2011)).

39   Venturini, *Horror italiano*, p. 103.

40   Manzoli dedica un intero capitolo al 1958 come anno di svolta per il cinema italiano,
senza però menzionare il successo di *Dracula* (*Da Ercole a Fantozzi*, pp. 83–95).

41   È peraltro la stessa periodizzazione che adotta Stephen King nel suo saggio *Danse
macabre*: che eloquentemente si apre con la data del 4 ottobre del 1957, quando gli
americani ricevono la notizia – non meno traumatica, dopo anni di maccartismo, di

2 è dedicato ai fantasmi e ai modi in cui la *ghost story* italiana adopera i tropi della spettralità per esprimere la propria, ambigua relazione con il passato, esamino questa diffusione dell'occultura' nel capitolo 3, mostrando come essa generi un'attenzione all'Italia più autenticamente 'lunare', periferica e provinciale, con esiti simili – nell'intento se non nei risultati – a quelli del cosiddetto, e più tardivo, *folk horror* britannico. Il capitolo 4 è dedicato al diavolo e alla possessione, temi ben noti a una cultura intrisa di cattolicesimo come quella italiana ma che, a ridosso del '68, servono a catturare un timore ben più concreto. Come nota Mark Gatiss nel documentario per la BBC *A History of Horror*, diretto da John Das e Rachel Jardine, la gioventù acqua e sapone (*clean-cut youth*) degli anni Sessanta stava lasciando il posto a ragazzi e ragazze decisamente più arrabbiati: 'a posteriori', dichiara Gatiss, 'è chiaro perché questo tema sia diventato popolare [...]. Una frattura generazionale pareva aprirsi fra la classe dirigente e i giovani. [...] E questi qui sembravano quasi... posseduti (*It was like they had become... possessed*)'. La conclusione riprende questa connessione fra occulto e politica, tra l'attentato di piazza Fontana – il 12 dicembre del 1969 – e *Il Segno del comando*. In questo lasso di tempo relativamente breve, che corrisponde anche – come abbiamo visto – alla breve vita della rivista *Horror*, avviene il passaggio, ritengo, dall''Italia dei misteri' degli anni Sessanta, luogo di spettri e di maciare di campagna, ai 'misteri d'Italia' dei Settanta, narrazione gotico-gnostica che ancora infesta il presente. Ogni capitolo prende le mosse da uno o più testi, adottati come punti di partenza da cui interrogare relazioni e questioni più ampie: *Io credo nei vampiri* di Emilio De Rossignoli e *Il Vampiro* di Ornella Volta (capitolo 1), *Storie di spettri* di Mario Soldati

---

quella della repressione sovietica della rivolta d'Ungheria – 'che i russi hanno spedito un satellite spaziale in orbita intorno alla Terra. Lo chiamano... *spootnik*' (*Danse macabre*, a cura di Giovanni Arduino, trad. di Edoardo Nesi (Roma: Frassinelli, 2016), p. 17). Da due anni l'*horror* cinematografico aveva conosciuto una seconda giovinezza, grazie alle pellicole della American-International Pictures: il cinema e la letteratura facevano da casse di risonanza a un'angoscia politica e sociale. Voglio peraltro dichiarare qui, e fin d'ora, il debito profondo che questo libro ha con quello di King: si tratta, semplicemente, del più grande libro sull'horror che sia mai stato scritto, e mi è impossibile dare pienamente conto di tutto ciò che da esso è filtrato nella mia scrittura.

(capitolo 2), *I misteri d'Italia* di Dino Buzzati (capitolo 3), la sceneggiatura di *Toby Dammit* di Bernardino Zapponi e Federico Fellini (capitolo 4) e *Il Segno del comando* di D'Anza come sintomo di un''occultura' divenuta *mainstream* (conclusione). E, volendo, si può anche leggere *Italia lunare* alla maniera di certi prontuari dell'insolito, nello stile de *Il mondo misterioso di Arthur C. Clarke* o dei dizionari allegati agli speciali di *Martin Mystère*, in cui ogni capitolo è dedicato a una tema 'misterioso': i vampiri, i fantasmi, le streghe, il diavolo, i signori dei complotti.[42]

Prima di concludere, tre avvertenze: che si spera, tuttavia, corrispondano anche ad altrettanti, impliciti punti di forza del libro.

Anzitutto, questo è il lavoro di uno studioso di letteratura: l'analisi di testi avrà dunque la preminenza su quella di altre fonti, e un approccio di tipo critico-testuale sarà comunque – di necessità – prevalente. Del resto, come si è detto, a un'ingente mole di studi relativi al settore cinematografico non è corrisposto un'eguale interesse nei confronti dei prodotti letterari dell'età in questione: con l'eccezione di pochi, isolati autori – Tommaso Landolfi, Dino Buzzati, Mario Soldati – le diramazioni del gotico nella stampa italiana della 'seconda modernizzazione' restano in larga parte tutte da indagare, per non dire della variegata presenza di tematiche 'occulturali'. Il campo letterario, d'altra parte, si presta bene ad 'abbattere i muri dell'estetica e [...] indurre lo studioso (accademico) a trattare congiuntamente figure che appartengono a classi diverse secondo la gerarchia letteraria' in virtù della 'relazione che le opere intrattengono con "l'ambiente e il costume"':[43] l'approccio, cioè, che aveva guidato Mario Praz nello stendere il suo influente saggio su *La carne, la morte e il diavolo nella letteratura romantica* (uscito per la prima volta nel 1930), per me sia un'imprescindibile fonte primaria (avendo il libro di Praz stabilito molte delle coordinate con cui la cultura italiana del Novecento si rapporta al vasto corpus del 'nero' ottocentesco) che un modello dall'attualità metodologica disarmante. È solo combinando analisi d'ampio respiro e filologia del dettaglio che si possono

---

42   O secondo una scansione cronologica (1959–1961; 1962; metà anni Sessanta; 1968; 1969–1971), o ancora per aree geografiche (Milano; Torino; la provincia italiana; Roma, quindi di nuovo a Milano); e via di questo passo.

43   Manzoli, *Da Ercole a Fantozzi*, p. 67.

veramente scardinare le più consolidate gerarchie culturali, al di fuori di griglie concettuali prefabbricate: Carlo Fruttero e Franco Lucentini, Mario Soldati e Federico Fellini, Dino Buzzati e Bernardino Zapponi, per dire, coabitano lo stesso spazio – geografico, editoriale, culturale – di Riccardo Freda, Mario Bava, Ornella Volta, Emilio De Rossignoli, Libero Samale e Peter Kolosimo. Un racconto di Lucentini, pubblicato sotto pseudonimo anglosassone alla maniera degli autori *pulp*, ispira un episodio de *I tre volti della paura* di Bava (1963); un altro episodio del film viene da un racconto russo riscoperto da Ornella Volta; Volta assiste Fellini sul set di *Toby Dammit*, sceneggiato da Zapponi, di cui il regista aveva scoperto e divorato l'antologia gotica *Gobal* (1967); Fellini e Buzzati trascorrono l'estate del 1965 alla scoperta dell'Italia lunare, fra guaritrici, case infestate e cartomanti, la stessa Italia che pochi anni dopo lo scrittore Pier Carpi percorrerà per stendere *I Mercanti dell'Occulto* (1973); e quando Pier Carpi, assieme a Gino Sansoni, concepisce il progetto di *Horror*, vorrà sulle pagine della rivista Volta e De Rossignoli, mentre De Rossignoli scrive per lui l'introduzione al volume *La magia* (1970).

In secondo luogo, questa è la prima incursione nel Novecento italiano da parte di un ottocentista: di conseguenza, sono stato più o meno inconsciamente portato a vedere fenomeni di continuità e lunga durata dove altri hanno individuato cesure nette, o una complessiva assenza di legami fra diciannovesimo e ventesimo secolo.[44] In realtà, come vedremo, tale impressione è dovuta in larga parte alla natura del *corpus* esaminato: obbiettivamente, se si guarda alla tradizione 'nera' dell'Ottocento italiano, i riferimenti puntuali scarseggiano. Non manca però, da un lato, un'atmosfera comune, che Roberto Curti individua nelle influenze congiunte – e mai definitivamente tramontate nella cultura italiana – 'del melodramma, del tardoromanticismo e del romanzo d'appendice':[45] un immaginario

---

44 'I film del filone gotico [...] non costituirebbero [...] un'improvvisa fioritura di inquietudini di origine gotica e tardo-ottocentesca nel cinema italiano, semmai formerebbero una sorta di "addensamento" e di progressiva riemersione di ombre e oscurità che pervadevano produzioni di vario tipo fin dai primi anni quaranta' (Venturini, *Horror italiano*, p. 7). Più vicino al mio approccio Curti, *Fantasmi d'amore*, p. 23.

45 Curti, *Fantasmi d'amore*, p. 23.

condiviso, al crocevia di istanze nazionalistiche, sentimentalismo lacrimevole e di una sottostante (e mai completamente erasa) matrice cattolica, che contribuisce a rielaborare modelli forestieri in commistioni inedite. E se l'italianistica di scuola anglosassone ha più o meno sempre consciamente teso – per comprensibili motivazioni storiche – a ridurre il cattolicesimo a morale sessuale o ingerenza politica, diagnosticando in esso la causa principe del presunto 'ritardo' italiano, troveremo qui un cattolicesimo assai più problematico e complesso: che, ad esempio, contribuisce a indirizzare la riflessione di molti degli autori qui analizzati, sotto lo schermo dell'horror e del gotico, verso il problema del male. Non è un caso, come vedremo, che nel 1972 il pontefice Paolo VI ribadisca pubblicamente l'esistenza fisica e concreta di Satana come chiave per comprendere la contemporaneità.

Dall'altro lato, è inevitabile notare l'influenza – spesso sotterranea, certo estravagante rispetto ai percorsi della critica letteraria 'ufficiale' – degli autori italiani più 'canonici', a partire da Leopardi e Manzoni. A pensarci bene, visto che si parla di 'Italia lunare' e di 'gotico', pare quasi ovvio: l'Italia lunare – una provincia segreta in cui la memoria dell'antico sopravvive intatta, illuminata dalla flebile luce della luna – è sostanzialmente un'invenzione leopardiana,[46] laddove l'esperimento di Manzoni è per molti versi un confronto con la grande tradizione del romanzo gotico europeo che raschia ma non cancella la propria origine, delineando forme di adattamento e negoziazione che s'innestano, in forme imprevedibili, nella tradizione nazionale.[47] *Questo* Leopardi e *questo* Manzoni, ovviamente, non sono quelli della critica accademica, che negli anni che prendiamo in esame tende anzi a un'ideologizzazione esasperata di entrambi:[48] sono modelli introiettati in altre forme – anzitutto attraverso la

---

46   Rimando al cap. 3, *infra*, pp. 117–50.

47   Pionieristico, da questo punto di vista, il saggio di Mariarosa Bricchi, '"Come una magnifica veste gittata sopra un manichino manierato e logoro": i *Promessi sposi*, il gusto gotico e Ann Radcliffe', *Autografo*, XII, 31 (ottobre 1995), 29–70.

48   Testimoniata dalla pubblicazione – fra il 1975 e il 1976 – del saggio di Sebastiano Timpanaro 'Antileopardiani e neomoderati nella sinistra italiana' sulla rivista *Belfagor* (per cui si veda l'edizione in volume: *Antileopardiani e neomoderati nella sinistra italiana* (Pisa: ETS, 1982)). Timpanaro vede nel rinnovato interesse della critica militante per Manzoni un riflesso dei tentativi di 'compromesso storico' di Enrico Berlinguer con la DC, di cui farebbe le spese proprio il 'materialista' (e dunque, dal

scuola – che finiscono per operare come *funzioni*, delineando due antitetici modi di concettualizzare la relazione fra razionale e irrazionale, l'estetica del sublime e dell'orrore, il problema della natura umana e del male. 'Avete mai pensato', scriverà Giorgio Manganelli nel 1989, ma forse pensando proprio a quella stagione, 'che si potrebbe leggere in modo illegale *I promessi sposi*? Forse è una fantasia, ma Manzoni mi sembra un lucumone in attesa del suo notturno tombarolo.'[49] Ecco: esplorare l'Italia lunare è anche un modo di (ri) leggere in modo *illegale* i suoi classici.

In terzo luogo – e mi si perdoni la considerazione personale – questo è il libro di una persona nata nel 1977: che non ha quindi minimamente conosciuto in modo diretto l'epoca di cui parla, ma che è cresciuta in un universo letteralmente saturo dei segni, delle narrazioni e (letteralmente) dei rimpianti e dei traumi irrisolti di quegli anni. Ne è derivato uno sguardo obliquo, come accade di necessità quando ci si rivolge a un passato prossimo: un passato, cioè, che – come i manuali di grammatica insegnano – è relativamente distante, ma continua a influire sul presente.[50]

Influire, tuttavia, in che modo? Facciamo un salto in avanti, verso un anno-chiave della storia italiana (e non solo) come il 1992. Il 17 febbraio di quell'anno inizia la stagione nota come Tangentopoli, che spazza via l'universo partitico che aveva governato l'Italia dal 1948; a giugno, Rai 3 trasmette un documentario, realizzato dalla BBC e dedicato all'organizzazione paramilitare Gladio – attiva dal 1956 – che fa sì che l'opinione pubblica riveda in un'altra luce i molti 'misteri' che avevano costellato la storia del paese dal

---

punto di vista di Timpanaro, *naturaliter* di sinistra) Leopardi. Di grande interesse, per ricostruire il clima politico di quegli anni, anche il *Dossier Manzoni* a cura di Paola Alberti, Giovanna Franci e Rosella Mangaroni (Bologna: Cappelli, 1977), ironico *collage* di dichiarazioni pubbliche e articoli a stampa in occasione del centenario della morte di Manzoni.

49 Giorgio Manganelli, 'Così noti così clandestini', in Giorgio Manganelli, *Il rumore sottile della prosa*, a cura di Paola Italia (Milano: Adelphi, 1994), pp. 83–84 (p. 84). Il testo era apparso sulle pagine de *Il Messaggero* il 15 aprile 1989.

50 Ho affrontato il problema del 'passato prossimo', anche se da un'altra angolatura, in Fabio Camilletti, 'Present Perfect. Time and the Uncanny in American Science and Horror Fiction of the 1970s (Finney, Matheson, King)', *Image and Narrative*, 11/3 (2010), 25–41.

1969 alla fine degli anni Settanta, dall'attentato di Piazza Fontana al tentato Golpe Borghese, dal terrorismo neofascista all'attività delle Brigate Rosse e al sequestro di Aldo Moro. Se è proprio nel 1992 che Francis Fukuyama rende popolare – con il saggio *The End of History and the Last Man* – l'idea di una 'fine della storia' che caratterizzerebbe il blocco occidentale, l'Italia appare – in tale quadro geopolitico – decisamente un'eccezione: col 1992 comincia infatti una massiccia revisione della storia italiana del dopoguerra, che dominerà e domina ancora il dibattito, ponendo la classe politica della cosiddetta 'Seconda Repubblica' in una posizione di perenne posteriorità rispetto a un passato storico percepito come fondativo (nelle parole del collettivo Wu Ming, 'post-fascisti, post-comunisti, post-postmoderni, [...] eccetera').[51]

Si tratta di una storia, tuttavia, fatta (o dipinta) più di ombre che di luci, più di misteri che di fatti accertati: una storia pienamente *gotica* – società segrete, omicidi, intrighi di palazzo – in cui non stupirà, allora, che abbiano un posto di rilievo gli spettri; e tra essi lo spettro di quel terzo dell'elettorato – uomini e donne che votavano PCI – costretti per decenni a una condizione, appunto, spettrale, di impossibilità, cioè, di imporsi politicamente e di tradurre il proprio voto in esperienza di governo. Certo, non è all'Italia che Jacques Derrida pensava in particolare nello stendere, un anno dopo il saggio di Fukuyama, *Spettri di Marx*: ma se c'è un paese che quell'infestazione conosce meglio d'ogni altro, quello è l'Italia, 'la più filosovietica delle provincie dell'impero americano' – per riprendere il manifesto programmatico dei CCCP Fedeli alla Linea – in cui i comunisti svolgono per decenni il ruolo di corpo estraneo, stato nello Stato – nelle parole di Pier Paolo Pasolini – o minaccia più o meno larvata; e in cui la mancata concretizzazione dell'utopia marxista ha reso Karl Marx presenza tanto più forte quanto più latente, soggetta a rimozioni e ritorni, tentazione sottostante a molteplici esperienze politiche, e riferimento – infine – che non cessa di dettare la propria ingiunzione alla giustizia sociale, tanto più sbandierata quanto svuotata di senso e ridotta a simbolo inerte.[52]

51   Wu Ming, *New Italian Epic. Letteratura, sguardo obliquo, ritorno al futuro* (Torino: Einaudi, 2009), p. 74.

52   Basti citare il *Bentornato Marx!* di Diego Fusaro (Milano: Bompiani, 2009), che fin dal titolo sembra presupporre una prolungata assenza di Marx in un paese che fino

Certo, le ben note prevenzioni dell'accademia italiana (fra cui, cosa di cui c'è solo marginalmente da stupirsi, l'arroccarsi di una sua parte su posizioni ortodossamente – e spesso ottusamente – marxiste) hanno impedito che il saggio di Derrida contribuisse al crearsi, in Italia, di quello *Spectral Turn* della critica che altrove ha dato i propri, più compiuti frutti.[53] È stata però la scena musicale *underground* – per il tramite di un saggio divulgativo ma denso come *Retromania* del critico inglese Simon Reynolds – a raccogliere l'eredità di Derrida e del suo invito a considerare la storia della cultura come una *hauntologie*.[54] Pubblicato nel 2010 e uscito in Italia l'anno dopo, il saggio di Reynolds ha intercettato il nascere di una scena musicale dispersa ma compatta che Antonio Ciarletta – dalle pagine del periodico *Blow Up* – definiva già nel 2012 'Italian Occult Psychedelia':[55] 'una scena – anzi, meglio, [...] una nebulosa –', ricorderà Ciarletta due anni dopo, 'formata da personaggi e da gruppi dalle più svariate provenienze geografiche e dalle più eterogenee inclinazioni sonore, a cui faceva da collante un approccio comune. Tale approccio', prosegue Ciarletta,

> si concretizzava in una serie di musiche che condividevano, pur in forma diversa, il gusto per una psichedelia cupa, misterica e in alcuni casi sottilmente maligna. Ma, punto di convergenza ancor più caratterizzante era l'aspetto hauntologico. Vale a dire, i gruppi e i musicisti presi in esame dimostravano di aver interiorizzato le suggestioni provenienti da una memoria collettiva quintessenzialmente italiana. Un mondo dove Ernesto De Martino, Ennio Morricone, Pier Paolo Pasolini e il meglio della cinematografia italiana di serie B venivano scaraventati nell'immaginario del presente da una macchina del tempo che andava avanti e indietro senza seguire alcun filo conduttore preciso.[56]

---

al 2008 ha avuto almeno un partito dichiaratamente comunista in parlamento e in cui un quotidiano a diffusione nazionale – *Il Manifesto* – porta ancora la dicitura 'quotidiano comunista'.

53   Si veda almeno María Del Pilar Blanco ed Esther Peeren (a cura di), *The Spectralities Reader. Ghosts and Haunting in Contemporary Cultural Theory* (London: Bloomsbury, 2013), panorama completo dello *Spectral Turn* sull'arco di due decenni di teoria critica.

54   Simon Reynolds, *Retromania. Musica, cultura pop e la nostra ossessione per il passato*, trad. di Michele Piumini (Milano: ISBN Edizioni, 2011).

55   Antonio Ciarletta, 'Italian Occult Psychedelia', *Blow Up*, 164 (gennaio 2012), 56–63.

56   Antonio Ciarletta, 'I nuovi occulti', *Blow Up*, 191 (aprile 2014), 22–29 (p. 23).

È il gotico italiano a fornire all''Italian Occult Psychedelia' – ma anche a esperimenti estranei eppure collaterali al genere come l'album *Fantasma* dei Baustelle (Warner 2013) – il proprio apparato simbolico: non a caso, il primo esperimento unitario della scena psichedelico-occulta è stato un doppio vinile, *Nostra Signora delle Tenebre* (Backwards 2015), in cui gli artisti più rappresentativi della corrente si sono cimentati con cover delle colonne sonore di *Nuda per Satana* di Luigi Batzella e *Toby Dammit* (e l'album, emblematicamente, si chiude con una rivisitazione spettrale di *Cento campane*, il brano che apriva ogni episodio de *Il Segno del comando*). Da questo punto di vista, è proprio 'l'aspetto hauntologico' a far sì che l''Italian Occult Psychedelia' non si riduca a un recupero – magari filologicamente corretto – dei materiali sonori del gotico italiano, ma finisca per diventare un vettore temporale in cui passato e presente si contaminano fra loro, illuminandosi reciprocamente e riportando alla luce connessioni remote. L'*hauntologie*, ricorda Adam Scovell, non ha solo a che fare con ciò che non è più, ma anche con ciò che *non è ancora* accaduto: la nostalgia 'hauntologica' non è tanto relativa a un'epoca scomparsa, ma piuttosto al trauma della sua scomparsa, percepita come assenza nel potenziale culturale dell'oggi.[57] La coesistenza di De Martino, Morricone e Pasolini assieme a Fellini, D'Anza e Lucio Fulci va dunque al di là della ricostruzione storica: è un dialogo coi fantasmi dei propri padri da parte di una generazione sradicata, una risposta – da parte di Amleto – alla domanda (qualunque essa sia) che lo spettro del padre non cessa di porre, ponendo al tempo stesso un veto alla sua realizzazione nel concreto. In questo senso, questo libro è un primo tentativo di *Spectral Turn* relativo al caso italiano: ma anche, e soprattutto, può essere letto come un esperimento di 'Italian Occult Psychedelia' nel campo della critica letteraria, un modo di rianimare, interrogare – e forse, infine, di pacificare – i fantasmi.

Filottrano
19 dicembre 2017

---

57 Scovell, *Folk Horror*, pp. 122–23.

Dracula cha cha cha. Vampirismo e modernità

A la vérité je crois qu'on ne parlera pas du psychanalyste dans la descendance [...] de mon discours [...] analytique. Quelque chose d'autre apparaîtra qui [...] sera... [...] PESTE. Un discours qui serait enfin vraiment pesteux, tout entier, voué, enfin, au service du discours capitaliste.
— JACQUES LACAN, *Du discours psychanalytique* (Milano, 12 maggio 1972)[1]

[In realtà, non credo che si parlerà di psicoanalisi nella discendenza [...] del mio discorso analitico. Qualcosa d'altro apparirà che [...] sarà... [...] PESTE. Un discorso che sarà, insomma, veramente pestilenziale, votato del tutto al servizio del discorso capitalistico.]

Well, I spied a girl and before she could leave
'Let's go and play Adam and Eve'
I took her by the hand and my heart it was thumpin'
When she said, 'Hey man, you crazy or sumpin'
You see what happened last time they started'
— BOB DYLAN, *Talkin' World War III Blues* (1963)

[Allora ho scorto una tipa. Prima che sparisse l'ho presa per mano, il cuore mi batteva: 'Andiamo a giocare ad Adamo ed Eva'. Ma lei ha detto: 'Ma che, sei matto? Non hai visto che hanno combinato l'ultima volta?']

1   Giacomo B. Contri (a cura di), *Lacan in Italia 1953–1978 En Italie Lacan* (Milano: La Salamandra, 1978), p. 36.

1959. Lucy Westenra a Pico Farnese

Nell'aprile del 1959, nella sua casa di Pico Farnese, Tommaso Landolfi stende un breve ma compiuto abbozzo narrativo – un 'fogliolino', come li chiama lui:

> Donde vengano certi rumori o moti notturni nessuno saprà mai, ed io sospetto. Per es. ora (e non è la prima volta) una mano, una mano e non una folata di vento, ha spinto dal di fuori il mio balcone. E perché l'ospite ha rinunciato e rinuncia poi a entrare? O forse vuole soltanto rammentarmi…? Quando vorrà entrare lo farà senza più; e sa del resto che io stesso, sebbene morendo d'orrore, gli (le) aprirei le imposte.[2]

Letto così, il frammento è un perfetto esempio di quel fantastico cerebrale che è costume collegare a Landolfi. Si avverte un rumore notturno, ma forse è solo immaginazione; si presagisce una minaccia, ma forse è solo l'ombra di un desiderio inespresso. Lo stile è vigile, asciutto; la tensione si stempera in melanconia, senza cessioni – a parte quello stereotipato, deliberatamente melodrammatico 'mor[ire] d'orrore' – a facili effetti.

Proviamo però a leggere questo brano attraverso due filtri un po' inconsueti. Il primo è il lungo monologo di Van Helsing sui poteri del vampiro nel *Dracula* di Bram Stoker (1897). Landolfi poteva naturalmente aver avuto accesso all'originale o a una delle due traduzioni italiane apparse in precedenza,[3] ma è sintomatico che il frammento preceda di appena tre

---

2   Tommaso Landolfi, *Rien va* (Milano: Adelphi, 1998), p. 139.

3   *Dracula* era già apparso nel 1922 nella collana 'I racconti misteriosi' di Sonzogno – in una traduzione incompleta, realizzata da Angelo Nessi su una versione francese e non sull'originale di Stoker – ed era poi stato pubblicato in edizione integrale, nella traduzione di Riccardo Selvi, dall'editore Fratelli Bocca di Milano (nel 1945, nella collana 'Romanzi Occulti', e quindi nel 1952 nella serie 'I Romanzi dell'Occulto'). Sulle prime edizioni italiane di *Dracula* si veda Simone Berni, *Dracula di Bram Stoker. Il mistero delle prime edizioni* (Macerata: Biblohaus, 2014), pp. 60–61; sulle traduzioni di Nessi e di Selvi e le loro strategie manipolative si veda Antonio Bibbò, 'Dracula's Italian Hosts: the Manipulation of Bram Stoker's Novel in Early Italian Editions', *Perspectives. Studies in Translation Theory and Practice*, 26, 1 (2018), 1–14. Si noterà, peraltro, come l'edizione Bocca inserisca già il *Dracula* in un contesto di

mesi quella che sarà per molti anni l'edizione di *Dracula* più diffusa in Italia, pubblicata da Longanesi nella versione di Adriana Pellegrini. Così argomenta Van Helsing:

> Il vampiro viene con i raggi di luna [...]. Può, una volta trovata la via, uscire da qualsiasi cosa o entrare in qualsiasi cosa [...]. Ah, ma ascoltatemi ancora. Può fare tutte queste cose e tuttavia non è libero. È più prigioniero dello schiavo o del pazzo nella sua cella. [...] *Non può entrare ovunque, a meno che qualcuno della casa non lo chiami; poi può venire quando vuole.*[4]

Il vampiro di Stoker necessita dunque di una sorta di cooperazione da parte della sua vittima, di qualcuno che – per parafrasare Landolfi – gli 'apr[a] le imposte', 'sebbene morendo d'orrore'. In *Dracula*, questo era stato l'errore di Lucy Westenra, amica della protagonista Mina: aprendo le finestre, Lucy aveva implicitamente invitato l''ospite' a entrare, segnando così il proprio destino.

'occultura', complice anche una prefazione dello spiritista (e antifascista) Remo Fedi: per Fedi, il romanzo testimonia 'una delle più misteriose tradizioni occulte', marginalizzata dal 'materialismo' 'tra le superstizioni di cui la scienza ha già fatto giustizia'; e se pure è difficile non guardare alle storie di vampiri come a 'pure e semplici fiabe', un romanzo come quello di Stoker può aprire prospettive inedite 'sull'assillante problema del male, i cui addentellati magici e metapsichici sfuggono alla maggior parte degli uomini d'oggi. Il "mistero del sangue", in cui hanno la loro radice tante forme patologiche dinanzi alle quali la nostra mente si arresta perplessa, è senza dubbio in intima relazione con l'attività dei "vampiri"' (Remo Fedi, 'Prefazione', in Bram Stoker, *Dracula*, trad. di Riccardo Selvi (Milano: Fratelli Bocca, 1945), pp. v-vii). È da rimarcare l'insistere sulla relazione tra vampirismo e problema del male, che prenderà nuovi accenti negli anni Sessanta; e la connessione, anche questa destinata a divenire una costante nelle trattazioni italiane del problema, tra vampirismo, sete di sangue e memoria degli orrori della guerra. Il libro, del resto, esce il 15 settembre 1945: per Fedi, 'far leggere al pubblico dei lavori come il "Dracula" di Bram Stoker, significa apportare un contributo a quella spiritualizzazione effettiva di cui i popoli, dopo il passato periodo di tenebre, sentono imperioso il bisogno' (p. vii). L'edizione del 1952 spingerà più marcatamente sul pedale dell''occultura', attraverso una fascetta promozionale che – pur presentando il libro come opera d'invenzione – lo smercia come testimonianza della 'più misteriosa delle tradizioni occulte "Il vampirismo"'.

4   Cito da Bram Stoker, *Dracula il vampiro*, trad. di Adriana Pellegrini (Milano: Longanesi, 1966), p. 208 (corsivi miei).

La sfumatura di erotismo che percorre il frammento di Landolfi – e che fa slittare il pronome relativo all''ospite' dal maschile al femminile, allo stesso modo in cui, nel libro, Dracula lascia momentaneamente il posto a una Lucy contagiata dal morbo e divenuta vampira a sua volta – resta tuttavia enigmatica se non consideriamo un'altra mediazione. Per noi contemporanei, che il mito del vampiro abbia un significato prevalentemente sessuale è scontato: non così per i vittoriani, né per i lettori di *Dracula* sino alla fine degli anni Cinquanta.[5] È il 17 novembre 1957, quando Terence Fisher inizia a girare *Dracula il vampiro* negli studi di Bray, che il vampiro cambia volto, abbandonando la mostruosità del *Nosferatu* di Murnau (1922) e le movenze da magnetizzatore di Bela Lugosi per far posto all'algido, aristocratico disdegno di Christopher Lee. Sull'orlo della bancarotta, la Hammer Film si era da poco rivolta all'horror. Un budget risicato, problemi di diritti d'autore e l'incubo della censura avevano costretto i produttori a scelte drastiche: ma avevano anche permesso di liberare energie. La regia di Fisher, la sceneggiatura di Jimmy Sangster e la fotografia di John Asher cambiano per sempre la ricezione del *Dracula*, dando del romanzo una lettura fedele ma al tempo stesso profondamente attualizzata. Il realismo delle ambientazioni, l'estetica vittoriana reinventata in chiave pop e la scelta del rosso sangue – assieme al suo complementare, il verde dell'assenzio – come tonalità dominanti, sono più in linea di quanto si pensi con la voglia di sperimentalismo di una Londra che sta uscendo dalla depressione post-bellica

---

5   Prima del 1958, nota Roger Luckhurst, la critica relativa a *Dracula* tendeva a considerarlo sostanzialmente un esempio, per di più mediocre, di neogotico vittoriano: quanto all'erotismo, non veniva minimamente considerato un tema-chiave del romanzo, come dimostra (tra l'altro) l'assenza totale di Stoker dal quadro patologico-letterario realizzato da Praz ne *La carne, la morte e il diavolo*. È a partire dagli anni Sessanta che la critica inizia a vedere in Dracula una minaccia, anzitutto, di ordine sessuale, e nell'immagine del vampiro una valvola di sfogo della supposta 'repressione' vittoriana dei costumi: Roger Luckhurst, 'Hammer's *Dracula*', in *It Came From the 1950s! Popular Culture, Popular Anxieties*, a cura di Darryl Jones, Elizabeth McCarthy e Bernice M. Murphy (Basingstoke: Palgrave Macmillan, 2011), pp. 108–34 (pp. 127–29).

e si sta avviando a diventare *swingin'*.[6] Di quella Londra, soprattutto, il
Dracula di Fisher condivide la spregiudicatezza. L'erotismo domina, tanto
più crudo quanto rimane alluso: e il vampiro interpretato da Lee non si
presenta più tanto come mostro, quanto come demone amante.[7]

Intervistato pochi anni dopo dai francesi della rivista *Midi-Minuit
fantastique*, Fisher citerà significativamente la scena di Lucy (Carol Marsh)
e della finestra come paradigma di ciò che egli e Sangster hanno inteso
fare: perché il 'materialismo fantastico' (*matérialisme fantastique*) da lui
proposto – un approccio, cioè, tanto lontano dalle architetture metafisiche
dell'espressionismo quanto dagli effetti speciali stile Universal – è, dichiara
Fisher, il 'solo modo onesto di rinnovare il genere'; ma sono importanti
anche 'l'aspetto freudiano [e] quello sessuale', il 'mostrare [...] sia la passione,
il fascino provato dalle vittime per il loro carnefice, sia la repulsione. Credo
che questa dualità si senta nella scena in cui Lucy attende Dracula'.[8] È altrettanto eloquente che la scena in questione sia un contributo completamente
originale di Sangster. Nel libro, la 'seduzione' di Lucy avviene fuori scena, e
nelle pellicole precedenti l'influsso di Dracula appariva più come una sorta
di influsso mesmerico che toglieva alle vittime il controllo di sé. Sangster
e Fisher suggeriscono invece un rapporto ambiguamente consensuale. Per
rendere l'espressione di chi è appena uscita da un *tête-à-tête* con Dracula,
il regista consiglia a Melissa Stribling – che interpreta Mina – di immaginare una notte di sesso sfrenato ('one whale of a sexual night').[9] Quanto
a Marsh, la fa abbigliare in modo scopertamente bambinesco – la *Lolita*

6   Franco Pezzini e Angelica Tintori, *The Dark Screen. Il mito di Dracula sul grande e
     piccolo schermo* (Roma: Gargoyle, 2008), p. 236; in generale, sul *Dracula* Hammer, si
     vedano le pp. 231–59. Per un'analisi in larga parte ancora valida sul cinema di Fisher,
     si veda Teo Mora, *Storia del cinema dell'orrore*, 2 voll. (Roma: Fanucci, 1978), vol. II,
     pp. 13–44.

7   Luckhurst, 'Hammer's *Dracula*', p. 117.

8   Bertrand Tavernier e Jacques Prayer, 'Entretien avec Terence Fisher', *Midi-minuit
     fantastique*, 7 (septembre 1963), 9–12 (p. 11). La traduzione italiana è in Mora, *Storia
     del cinema dell'orrore*, vol. II, p. 44.

9   Cit. in Denis Meikle, *A History of Horrors: The Rise and Fall of the House of Hammer*
     (Plymouth: Scarecrow Press, 2009), p. 49.

di Nabokov, del resto, è di appena tre anni prima – e le chiede di simulare
l'attesa virginale di una prima notte di nozze:

> LUCY'S BEDROOM, later the same night.
> Medium close-up, Lucy in a four-poster bed, in a blue chiffon night-dress, her hair
> in plaits. She is agitated.
> CUT TO:
> The French windows in Lucy's bedroom. One of them is open.
> CUT TO:
> Close-up, Lucy is more agitated. She feels the two scars on her neck.
> CUT TO:
> Close-up, swirling autumn leaves just outside the open window. [...]
> CUT TO:
> Extreme close-up, Dracula's face, with key light on his eyes, as he stands at the French
> windows. [...]
> CUT TO:
> Long shot. In the foreground is Lucy in the four-poster bed. Over her, standing in
> the open window, is Dracula. He walks forward, coming round the foot of Lucy's
> bed, finally reaching her. Pulling up his cape, Dracula conceals her from view. The
> black cape fills the screen.[10]

> [CAMERA DI LUCY, più tardi, la stessa sera. Piano medio, Lucy in un letto a bal-
> dacchino con una vestaglia celeste di chiffon e i capelli raccolti in trecce. È agitata.
> STACCO: il finestrone della camera di Lucy. Un'anta è aperta. STACCO: primo
> piano, Lucy è più agitata. Sente le due punture sul collo. STACCO: primo piano,
> foglie secche che turbinano fuori dalla finestra aperta. [...] STACCO: primissimo
> piano, il volto di Dracula con gli occhi illuminati mentre sta in piedi contro il fine-
> strone. [...] STACCO: campo lungo. Sullo sfondo c'è Lucy nel letto a baldacchino.
> Su di lei, in piedi contro la finestra aperta, sta Dracula. Viene avanti, costeggia il
> capezzale di Lucy e infine la raggiunge. Sollevando il mantello, Dracula la nasconde
> alla vista. Il mantello nero riempie lo schermo.]

Scomposta nei suoi elementi costitutivi, la scena scritta da Sangster è la
stessa che appare nel frammento di Landolfi: un enigmatico visitatore che
attende alla finestra, la minaccia che si insinua nel perimetro familiare della
casa, un misterioso vento che forse è qualcosa d'altro. I due testi delineano

---

10   Il copione di Sangster è andato perduto: riproduco qui la ricostruzione di Luckhurst,
      'Hammer's *Dracula*', pp. 117–18.

così un'immagine profondamente dialettica, che sublima – nel misto di terrore e desiderio del soggetto chiuso nella stanza – il paradossale coesistere di passioni contrapposte.

La data 1958 non è inessenziale. Come notano Pezzini e Tintori, i film Hammer sono anch'essi, a loro modo, sintomi di una Gran Bretagna in trasformazione, tra mai sopite nostalgie vittoriane e imperiali e l'emergere di una generazione anticonformista e spregiudicata. Anche l'Italia del dicembre 1958 – quando *Dracula* sbarca nelle sale cinematografiche, anche se la popolarità vera e propria arriverà l'anno successivo – è un paese che sta cambiando e non lo sa.[11] Il *boom* economico è dietro l'angolo, ma governo e opposizioni parlano ancora di crisi, disoccupazione, crescita bloccata. A ottobre è morto Pio XII, e l'elezione al Soglio di Angelo Roncalli inizia un processo che cambierà la Chiesa per sempre. Anche il Partito Comunista sta attraversando una metamorfosi. Nel 1956, Nikita Chruščëv ha iniziato il processo che prenderà il nome di 'destalinizzazione'; nello stesso anno, l'invasione sovietica dell'Ungheria ha prodotto una crisi lacerante fra iscritti e militanti. Tramonta il sogno di un'egemonia culturale della sinistra nel segno del neorealismo narrativo e cinematografico: quell'estate, il successo di vendite de *Il Gattopardo* – più di 100,000 copie in pochi mesi – farà parlare i critici militanti di vittoria delle destre, di offensiva del Capitale e finanche di una rivincita del fascismo.[12]

Che sia la figura del vampiro – in Italia come in Inghilterra – a intercettare la fluidità del momento, fra sguardo rivolto al passato e fame di futuro, deve solo limitatamente stupire. Sin dagli esordi, il mito del vampiro è sempre stato legato a filo doppio al moderno e alle sue contraddizioni. Da un lato, il vampiro incarna il terrore occidentale per quanto di superstizioso e di arcaico sopravvive ai margini del mondo sedicente

---

11   Guido Crainz data al 1958 l'inizio del *boom*, e lo definisce 'Un anno di confine' (*Storia del miracolo italiano. Culture, identità, trasformazioni fra anni cinquanta e sessanta* (Roma: Donzelli, 2005), pp. 57–86).

12   Sono espressioni, non tutte pensate in spirito di paradosso, di Alberto Moravia, Vasco Pratolini, Carlo Cassola e Pier Paolo Pasolini: si veda Alberto Anile e Maria Gabriella Giannice, *Operazione Gattopardo. Come Visconti trasformò un romanzo di 'destra' in un successo di 'sinistra'* (Milano: Feltrinelli, 2014), pp. 87–100.

'civile'. Dai casi settecenteschi di vampirismo che giungono a Vienna dalla periferia dell'Impero[13] allo stesso Dracula che, dalla Transilvania, muove alla conquista di Londra, il vampiro è spesso l'*Altro* che – da quell'enigma che l'Europa dell'Est rappresenta per l'immaginario coloniale[14] – minaccia ed erode l'Occidente moderno e 'illuminato'.[15] Dall'altro, è quella stessa modernità ad apparire – già ai contemporanei – intimamente *vampiresca*, e a un livello ben più crudo di quanto avvenga negli sperduti villaggi dei Balcani. Nel pubblicare la notizia di un caso di vampirismo in Serbia, nel 1732, il periodico londinese *Gentleman's Magazine* paragona i salassi dei vampiri alle tassazioni del governo *Whig*: è la prima occorrenza in inglese del termine 'vampyre', ma il concetto è già pronto a farsi metafora politica.[16] Pochi anni dopo, ironizzando sui vampiri ormai di moda, uno scettico Voltaire commenterà che i veri succhiasangue non vanno cercati fra i contadini della Serbia, ma fra gli sfruttatori e gli usurai delle grandi città.[17] Di lì l'immagine arriva sino a Karl Marx, per il quale il capitale altro non è che 'lavoro morto, che si ravviva, come un vampiro, soltanto succhiando lavoro vivo e più vive quanto più ne succhia'.[18]

La fortuna del vampiro coincide dunque e s'interseca con la nascita e lo sviluppo del capitalismo, e di conseguenza della moderna industria culturale. Emblema, secondo la celebre analisi di Franco Moretti, della natura

---

13   Tommaso Braccini, *Prima di Dracula. Archeologia del vampiro* (Bologna: Il Mulino, 2011), pp. 14–16.

14   Si veda Matthew Gibson, *Dracula and the Eastern Question. British and French Vampire Narratives of Nineteenth-Century Near East* (Basingstoke: Palgrave Macmillan, 2006).

15   Per Friedrich Kittler (il saggio è del 1982, composto in morte di Jacques Lacan) Dracula è precisamente l'Altro lacaniano, il Padrone che – emblema di un potere arcaico e feudale – viene infine sconfitto dal nuovo ordine borghese dell'Inghilterra imperiale: 'Draculas Vermächtnis', in Id., *Draculas Vermächtnis. Technische Schriften* (Leipzig: Reclam, 1993), pp. 11–57.

16   Anon., 'Political Vampyres', *The Gentleman's Magazine, or, Monthly Intelligencer*, II (May 1732), 750–52.

17   Voltaire, 'Vampires', in *Questions sur l'Encyclopédie par des amateurs, neuvième partie* (s.l. 1772), pp. 310–17.

18   Cito da Karl Marx, *Il Capitale. Libro primo*, trad. di Delio Cantimori (Roma: Editori Riuniti, 1968), p. 267.

predatoria del capitale, ma anche incarnazione del terrore borghese per il capitalismo selvaggio,[19] il vampiro abita sin dagli esordi gli spazi della cultura di massa, sfruttandone le potenzialità e le tecnologie con la pervasività di un contagio. La letteratura di consumo s'impossessa fin da subito del tema, dal racconto 'The Vampyre' di John Polidori (1819) – inizialmente attribuito a Lord Byron – alla *Carmilla* di Joseph Sheridan Le Fanu (1872) e fino a Stoker, passando per esperimenti narrativi dalla struttura centrifuga e caotica che, come il romanzo-fiume *Varney the Vampire* (1845–1847), usano il vampiro come risorsa energetica per esplorare il potenziale e le tecniche della stampa seriale.[20] Il vampiro attraversa i media. Il racconto di Polidori ispira un seguito non autorizzato e un melodramma (forse) di mano di Charles Nodier, trovando infine la sua dimensione più propria nel teatro, con adattamenti, *sequel* più o meno incoerenti e almeno due opere liriche (lo stesso *Dracula*, molti anni dopo, verrà inizialmente pensato per la scena).[21] E infine, com'è noto, il vampiro tracima nel cinema, le cui metamorfosi come genere vengono scandite da altrettante incarnazioni del mito vampirico: dal cinema muto (*Nosferatu*) al passaggio al sonoro (*Dracula* di Tod Browning e Karl Freund, 1931; *Vampyr* di Carl Theodor Dreyer, 1932) e fino al 3-D del recentissimo *Dracula* di Dario Argento (2012).

Figura cannibalica e parassitaria a livello tematico, il vampiro denota così, al tempo stesso, un modello predatorio e contagioso di trasmissione culturale: un modello di autorialità fluida e performativa – e di cui gli autori di età romantica si mostrano perfettamente consci, adoperando il termine 'vampiro' come metafora per indicare il plagio[22] – che vive di

19   Franco Moretti, 'The Dialectic of Fear', *New Left Review*, 136 (November–December 1982), 67–85 (pp. 72–78).

20   Franco Pezzini, *Victoriana. Maschere e miti, demoni e dei del mondo vittoriano* (Bologna: Odoya, 2016), pp. 124–30.

21   Si vedano Roxana Stuart, *Stage Blood: Vampires of the 19th Century Stage* (Bowling Green, OH: Bowling Green State University Popular Press, 1994) e Fabio Giovannini, 'La carriera di Lord Ruthwen', in Charles Nodier, *Lord Ruthwen il Vampiro* (Roma: Stampa Alternativa, 2010), pp. 184–95.

22   Sotirios Paraschas, 'The Vampire as a Metaphor for Authorship from Polidori to Charles Nodier', in *Trans-National Gothic*, a cura di Fabio Camilletti, *Compar(a)ison*, 1–2 (2015), 83–97.

riscritture, adattamenti e incessanti variazioni. Non deve stupire, allora, che già un romanzo come *Dracula* incorpori elementi – intertestualità, ironia, autocoscienza della propria dimensione finzionale, contaminazione fra 'alto' e 'basso', *bricolage* e vocazione all'intermedialità – che oggi ascriveremmo tranquillamente al postmoderno:[23] né che il ritorno del vampiro nella cultura popolare del secondo Novecento – il cui punto di partenza è proprio il *Dracula* del 1958 – corrisponda cronologicamente e geograficamente a quella 'svolta inavvertita' che, nelle parole di Remo Ceserani, segna lo spartiacque fra il moderno dell'immediato secondo dopoguerra e la post-modernità.[24] Eloquente che Ceserani, nello scegliere una data di confine, scelga proprio quell'anno: 'il vero cambiamento, quello che ci ha trasformato radicalmente nei nostri modi di vivere, di conoscere, di sognare, di immaginare, di comunicare con gli altri, di pensare a noi stessi nel passato e nel futuro, è avvenuto [...] negli anni cinquanta'.[25] Tra i riferimenti culturali di Ceserani – Pasternak, Lampedusa, Fellini, il *New Criticism*, Godard[26] – il *Dracula* di Fisher è prevedibilmente assente, ma non è forse improprio vedere in quel film uno dei sintomi di quella 'frontier[a] temporal[e] oltre l[a] qual[e] nulla più è stato simile del tutto a come era prima.'[27] Del resto, lo scrittore veronese Sergio Bissoli – anch'egli, come Ceserani, originario della provincia padana – si esprime in termini complessivamente analoghi: la differenza è che Ceserani è nato nel 1933, Bissoli nel 1946, ed è dunque – benché di poco – uno di quelli che Stephen King chiama i

23   John S. Bak, 'Introduction', in *Post/Modern Dracula. From Victorian Themes to Postmodern Praxis*, a cura di John S. Bak (Cambridge: Cambridge Scholars), pp. xi–xxiv (p. xxi).

24   Remo Ceserani, *Raccontare il postmoderno* (Torino: Bollati Boringhieri, 1997), p. 9.

25   Ibid. p. 13.

26   Ibid. pp. 13–14.

27   Ibid. p. 16. Dall'orizzonte di *Raccontare il postmoderno*, del resto, l'horror è curiosamente assente, e basti citare il caso di *Dylan Dog* – una delle architravi del postmoderno italiano, che peraltro inizia le pubblicazioni nel 1986 e non, come erroneamente riportato nel testo e non corretto nemmeno nella ristampa del 2013, nel 1992 – inserito tra le 'scritture di genere satirico', e Tiziano Sclavi tra i 'vignettisti o produttori di strisce', seguendo un pregiudizio antico (p. 208).

'figli della guerra'.[28] Per costoro – lo stesso King è del 1947 – è l'aspetto più scopertamente pop della cultura di fine anni Cinquanta ad avere un ruolo centrale, segno e sintomo di un benessere che coincide, anzitutto, con la conquista della disponibilità del proprio tempo libero. Le novità provenienti dagli Stati Uniti, e in seguito dalla Gran Bretagna, rappresentano quindi la chiave di volta per una liberazione del corpo e della mente:

> nel 1959 la mia piccola Italia provinciale e semplice cominciò finalmente a cambiare: arrivarono i primi blue jeans, il cerchio dell'hula hop, il giochino dello scoubidou e, finalmente, i dischi a 45 giri con le canzoni trascinanti di quel folle cantante americano che si chiamava Elvis Presley, subito seguito dai pezzi di Adriano Celentano, di Paul Anka, della Mina ribelle e urlatrice e di Fred Buscaglione, mentre per mia madre finiva l'epoca dei panni da lavare a forza di braccia con il sapone grosso perché al suo posto giunsero i primi detersivi in polvere: Omo, Olà, Tide, Persil.[29]

Indagare le metamorfosi italiane del vampiro a partire dalla primavera del 1959, quando il Dracula interpretato da Lee consegna all'Italia del *boom* la sua prima icona pop, significa dunque, anche, scavare nell'inconscio di un paese lanciato nella post-modernità senza aver mai fatto veramente i conti con il moderno, diviso tra nostalgia del passato e curiosità del proibito, tra legge e godimento. 'Sempre in guardia contro cambiamenti "innaturali"', ha scritto David Punter sulla relazione tra gotico e società borghese, 'la classe media è perfettamente raffigurata sotto forma dell'uomo seduto rigidamente

28   King, *Danse macabre*, p. 19.

29   Sergio Bissoli, 'Io, la provincia italiana e l'arrivo dei "Racconti di Dracula"', in *La storia dei 'Racconti di Dracula'*, a cura di Sergio Bissoli e Luigi Cozzi (Roma: Profondo Rosso, 2013), pp. 25–71 (p. 30). Il testo, un sorprendente memoriale che combina educazione letteraria e sentimentale, bibliografia e autobiografia, è la versione ridotta di un testo al quale Bissoli ha ripetutamente rimesso mano nel corso degli anni: una narrazione *naturaliter* postmoderna che fornisce nomi, luoghi e date ma si dichiara 'opera di fantasia'; e un eccezionale spaccato della modernità italiana vista attraverso il romanzo di formazione di un giovane della provincia veneta, appassionato di horror e di occultismo. Dopo una prima stesura nel 1993, Bissoli ha rivisto il testo nel 2000 e quindi nel 2012, quando è apparso (col titolo di 'Vita di scrittore') nella raccolta *Il paese stregato*, a cura di Giuseppe Lippi (Milano: Edizioni Hypnos, 2012), pp. 255–369; nel novembre 2012, quindi, Bissoli l'ha pubblicato in proprio come *Autobiografia di scrittore*.

nella stanza al buio mentre delle facce mostruose premono contro le finestre.'[30] E tuttavia, ricorda Roger Luckhurst, scrivendo così Punter non fa altro che reiterare la scena scritta quarant'anni prima da Jimmy Sangster (e, aggiungeremo noi, da Tommaso Landolfi).[31] Il gotico rappresenterà dunque la forza esterna e nemica che minaccia la società del benessere, ma anche – e soprattutto – qualcosa che, 'sebbene morendo d'orrore', si *desidera*. Del resto, nella sua più elementare formulazione lacaniana, l'inconscio è sempre qualcosa di esterno: qualcosa di pienamente esposto alla vista – fino ad apparire inessenziale, persino innocuo – ma per cui vale, come ammonisce Slavoj Žižek, il celebre slogan di *X-Files*, 'la verità è là fuori'.[32] Forse, i fremiti che gli italiani cercano nei cinema del 1959 – di paura, godimento, di entrambe le cose – sono sintomi di un fremito più profondo, ugualmente inafferrabile ma altrettanto, paradossalmente, esplicito.

La *Dolce vita* di Dracula

Il pianoforte snocciola note a cascata, mentre le ragazze – in body, calze nere e tacchi alti – accennano piroette. Un po' in disparte, Luisa (Hélène Rémy) fuma con fare languido. La musica acquista tonalità lugubri, sottolineate da lunghe, tetre note prodotte al theremin. Le ragazze si muovono con gesti lenti, sotto lo sguardo della mostruosa figura a stucco posta sul caminetto: le gambe incrociate, Luisa continua a fumare, mentre il ritmo accelera, sfociando in un blues indiavolato. Anche la danza somiglia ora a un sabba: il balletto improvvisato sul tema dei 'vampiri' proposto dal coreografo (Gino Turini) ha riportato alla luce la sensualità repressa che alberga nel microcosmo del corpo di ballo. Al tempo stesso, un vampiro ben più

---

30   David Punter, *Storia della letteratura del terrore. Il 'gotico' dal Settecento ad oggi* (Roma: Editori Riuniti, 2006), p. 409.

31   Luckhurst, 'Hammer's *Dracula*', p. 130.

32   Slavoj Žižek, *Che cos'è l'immaginario*, trad. di Gabriele Illarietti e Marco Senaldi (Milano: il Saggiatore, 2016), p. 17.

letterale sta facendo affiorare una Luisa diversa dalla timida ragazza che conoscevamo, una donna dallo sguardo sfrontato che fuma sigarette – gli atteggiamenti, cioè, con cui nel 1960 si esprime l'idea di emancipazione femminile.

È la sequenza più celebre de *L'amante del vampiro* di Renato Polselli (1960): ma anche una formidabile allegoria del modo in cui i vampiri, da appena un anno, hanno conquistato le platee italiane, portandone alla luce un lato edonistico e civettuolo che al mito dell'umile Italia' (tanto caro a sinistra quanto a destra) è radicalmente antitetico. La crisi concomitante di Chiesa e PCI ha momentaneamente sparigliato le carte, allentando il controllo di intellettuali e gerarchie ecclesiastiche sui consumi culturali del grande pubblico. *Dracula il vampiro* è probabilmente il primo film su cui l'Italia del benessere proietta il proprio bisogno di intrattenimento e di emozioni. Del resto, come sostiene Stephen King, l'horror è scarsamente popolare in fasi storiche particolarmente drammatiche, ma conosce i suoi periodici picchi di popolarità in 'momenti di serie difficoltà politiche ed economiche': film e libri 'riflettono', scrive King, 'le vaghe ansie [...] che accompagnano problemi gravi ma non mortali'.[33] L'Italia – isolata dalla censura fascista – si era persa il boom dell'horror degli anni Trenta, quello delle pellicole con Boris Karloff e Bela Lugosi, ma non può sottrarsi a quello dei Cinquanta: attraverso i film della Hammer passa non tanto un modo di esorcizzare la paura, ma di esercitare (la distinzione, ancora, è di King) 'quelle emozioni che la società ci impone di tenere sotto controllo'.[34]

L'industria cinematografica nazionale, in quel momento al suo zenit,[35] coglie l'occasione. Se *I vampiri* di Freda precede di un anno la pellicola di Fisher, è la popolarità di *Dracula* a porre le basi per il fiorire del gotico italiano, con film che esplorano più o meno direttamente il tema vampirico: *La maschera del demonio* di Bava (1960), *Seddok, l'erede di Satana* di Anton Giulio Majano (1960), *La strage dei vampiri* di Roberto Mauri (1962), *I tre volti della paura*, ancora di Bava, e *La cripta e l'incubo* di Camillo Mastrocinque (entrambi del 1964); non mancano nemmeno le parodie

---

33 King, *Danse macabre*, p. 39.
34 Ibid. p. 43.
35 Manzoli, *Da Ercole a Fantozzi*, pp. 83–95.

(*Tempi duri per i vampiri* di Steno, del 1959) o i tentativi di ibridare l'horror con generi già popolari come il *peplum* (*Maciste contro il vampiro* di Sergio Corbucci e Giacomo Gentilomo ed *Ercole al centro della terra* di Bava, entrambi del 1961).[36]

I vampiri entrano nella cronaca e nel costume. Nell'estate del 1959 i paparazzi inseguono Christopher Lee per le strade di Roma. Il 19 giugno un quattordicenne milanese, Achille Canosi, si suicida con la canna del gas, proclamandosi 'il figlio del diavolo' e inneggiando a 'Dracula e Frankenstein':[37] nelle case popolari del quartiere Mazzini, a poca distanza dallo svincolo dell'Autostrada del Sole – nel 1958 ne è stata completata la prima tratta, da Milano a Piacenza – i mostri della Hammer hanno tranquillamente preso il posto di archetipi ben più sedimentati. Sempre a Milano, il 5 novembre, i carabinieri arrestano il diciannovenne Giuliano Ballerini, che nei mesi precedenti ha aggredito almeno tre donne e che la stampa ha soprannominato 'il "Dracula di Porta Genova"'.[38] I cinema di provincia addobbano gli ingressi con bare, ceri e drappi funebri, inconsapevolmente riecheggiando le furbe strategie di marketing adottate, a un oceano di distanza, dalla American International Pictures.[39]

Nel 1959 la RAI manda in onda *Il vampiro*, uno spettacolo radiofonico curato da Silvio Bernardini per la regia di Giorgio Morandi, con la voce – tra gli altri – di Alberto Lupo. È una piccola rivoluzione, per la Rai castigata di quegli anni, che sotto lo schermo del tema vampirico veicola contenuti – morte, sangue, seduzione – che non supererebbero altrimenti il vaglio della censura. La compagnia di Raimondo Vianello, Sandra Mondaini e Gino Bramieri mette in scena la rivista *Un juke-box per Dracula*, fin troppo esplicita – sin dal titolo – nel creare un cortocircuito

---

36   Sia nel film di Steno che in *Ercole al centro della terra* il vampiro è interpretato da Christopher Lee.

37   C. M., 'Per i brutti voti si uccide con il tubo del gas in bocca', *La Stampa* (20 giugno 1959), 7.

38   Anon., 'Arrestato il "Dracula milanese" dopo un'altra tentata aggressione', *La Stampa* (6 novembre 1959), 3.

39   Emilio De Rossignoli, *Io credo nei vampiri* (Milano: Luciano Ferriani Editore, 1961), p. 349.

tra la moda dei vampiri e i nuovi riti della fruizione musicale, nell'anno che vede il boom dei cosiddetti 'urlatori' (e al cinema esce *I ragazzi del juke-box*, di un Lucio Fulci ancora al di qua dell'horror). Uno dei successi estivi di quell'anno è la canzone *Dracula cha-cha-cha* di Bruno Martino, mentre il vampiro sbarca nei luoghi della *Dolce vita* e nei locali dell'*underground* milanese. In via Veneto si organizzano feste a tema; a Milano, la cantante Rossana contamina le 'canzoni della mala' portate al successo da Ornella Vanoni con temi horror, su musiche del compositore Piero Trombetta; qualche anno dopo, lo *chansonnier* Roberto Brivio si guadagnerà il sopran-nome di 'Cantamacabro', innestando nel repertorio del quartetto I Gufi canzoni ironiche come *Cipressi e bitume*, *Il cimitero è meraviglioso*, *Vampire Twist*, *Cimitero Raccapriccing Song* e *Vampira Tango*.

I vampiri invadono librerie ed edicole, a partire, ovviamente, dal *Dracula* di Stoker. La nuova edizione Longanesi appare nella collana 'La Ginestra', una serie lanciata appena un anno prima ed esplicitamente pen-sata per il grande pubblico. La traduzione è di Adriana Pellegrini, cele-bre traduttrice dall'inglese e protagonista, assieme al marito Giovanni Nuvoletti, della Versilia più mondana (si toglierà la vita sette anni dopo). Il titolo è modellato su quello del film, *Dracula il vampiro*, e la copertina intende chiaramente evocare la sequenza, già iconica, di Dracula e Lucy: per questioni (probabilmente) di diritti, Longanesi non adopera però un fotogramma del film, e ricorre invece a un immagine ricolorata presa con ogni probabilità da un non meglio identificato film muto.[40]

È solo l'inizio. Nell'aprile 1960 è addirittura Feltrinelli a irrompere sul mercato, con un'elegante antologia intitolata *I vampiri tra noi*. Anche questo libro esce al traino di un film, ma in questo caso si tratta di una pellicola 'd'autore': *Il sangue e la rosa* di Roger Vadim, coproduzione italo-francese tratta da *Carmilla*. A dispetto dell'intento commerciale, il prodotto è cura-tissimo. Feltrinelli ha affidato il compito a Valerio Riva, cofondatore della casa editrice e più avanti membro del Gruppo 63: ma Riva ha avuto il fiuto di contattare Ornella Volta, una trentatreenne cosmopolita che ha studiato regia al Centro sperimentale di cinematografia di Roma, ha lavorato con

---

40   Devo il suggerimento a Giuseppe Lippi.

Luigi Comencini, e che dal 1957 abita a Parigi, delusa tanto dai fatti d'Ungheria quanto dal 'terribile clima democristiano' che si respira a Roma.[41]

Volta, di vampiri, non sa nulla, ma è lesta a imparare, anzitutto nella saletta della *Cinémathèque française* e poi nelle cerchie di quel che resta, nella Parigi anni Cinquanta, dell'utopia surrealista: 'in quegli anni il fantastico non veniva dato per scontato e se ne interessavano personaggi singolari: io ne ho conosciuti molti, dalla redazione di *Midi-Minuit fantastique* a grandi eccentrici come Jean Boullet, l'artista che finì per impiccarsi allo scopo di generare una mandragola.'[42] Da questi studi Volta ricaverà nel 1961 un libro in francese sul vampiro – tradotto in italiano tre anni dopo – e nel 1965 un'antologia, *Frankenstein & Company*, dedicata ai mostri del cinema. Ma già *I vampiri tra noi* è un'opera seminale, che introduce per la prima volta in Italia testi altrimenti inediti, da Polidori a Thomas Narcejac, passando per *Carmilla*. Da questo panorama è assente *Dracula*, a malapena nominato: omissione che se, da un lato, denota la volontà dei curatori di disseppellire un altro filone della fortuna letteraria del vampiro – una linea in certo modo più nobile, precorritrice delle atmosfere decadenti del film di Vadim – dall'altro è una maniera di differenziarsi dal *pulp* letterario che il successo della Hammer ha portato con sé.[43] La scelta attirerà le critiche di Emilio De Rossignoli, giornalista e critico cinematografico che nel 1961 pubblica il saggio *Io credo nei vampiri*. L'antologia di Volta e Riva, scrive De Rossignoli, è stata assemblata 'senza amore', 'al solo scopo di gettare sul mercato un prodotto momentaneamente richiesto': questo spiega 'talune dimenticanze incredibili' e la 'liquidazione brillante' di autori come Stoker o Richard Matheson, sacrificati in favore di 'grandi nomi' come Maupassant

---

41   Dichiarazione raccolta in Giuseppe Lippi, 'Al di là. Ornella Volta alla ricerca del fantastico', *Robot*, 52 (2007), 101–08 (p. 105).

42   Ibid. p. 106.

43   Rimandando l'antologia in libreria con una nuova sovraccoperta, a cinque anni di distanza, i curatori spiegano in terza di copertina che 'L'unica vera lacuna in questa antologia è il *Dracula* di Bram Stoker: che nel suo genere è un piccolo capolavoro. Singole pagine, episodi sciolti darebbero un suono falso' (e si noti la specificazione 'nel suo genere', probabilmente una risposta obliqua alle critiche di Emilio De Rossignoli). La frecciata è forse a Edmondo Aroldi, che nel 1962 cura un'antologia di *Romanzi e racconti neri* (Milano: Sugar) in cui è compreso un episodio dal romanzo di Stoker.

o Gogol'.[44] È un giudizio ingeneroso (quanto a Volta, ne *Il vampiro*, ricambierà il favore, ignorando del tutto il suo predecessore), ma non difficile da comprendere. Il libro di De Rossignoli è tanto *pulp* e anglosassone quanto il lavoro di Volta è raffinato e francesizzante. Nati entrambi dalla passione per il cinema, *Io credo nei vampiri* e *Il vampiro* prendono, come vedremo, strade divergenti, distanti fra loro quanto lo sono le proiezioni diurne nei cinematografi milanesi dalla saletta della *Cinémathèque*. E la loro fortuna sarà antitetica, come antitetici sono i due autori. De Rossignoli è aristocratico, dalmata e anticomunista, non esattamente le patenti migliori per accreditarsi presso l'intellighenzia franco-italiana di cui Volta fa parte: col suo vero nome scrive reportage sulla vita delle dive nei settimanali femminili, e sotto pseudonimo pubblica romanzi polizieschi per l'editore milanese Franco Signori. *Io credo nei vampiri*, a differenza del libro di Volta, vende pochissime copie:[45] tanto basta, tuttavia, per attirare l'attenzione di un *talent*

---

44   De Rossignoli, *Io credo nei vampiri*, pp. 298–99.

45   Sergio Bissoli ricorda che 'nell'aprile 1965 alle bancarelle dei libri usati a Verona, c'erano pile di un libro strano, invenduto e che nessuno voleva', e che era proprio *Io credo nei vampiri* (*Conferenze Letteratura 2012* (stampato in proprio, 2012), p. 65); De Rossignoli in persona raccontò a Luigi Cozzi di essere rimasto 'molto deluso per la sorte avuta da quel suo libro [...] che in pratica [...] non era nemmeno stato distribuito nelle librerie ma semplicemente mandato direttamente dall'editore sulle bancarelle, passando così totalmente inosservato' (Luigi Cozzi, 'I miei tre incontri con Emilio De Rossignoli', in *L'uomo che credeva nei Vampiri*, a cura di Massimiliano Boschini, Fabio Camilletti e Anna Preianò (Roma: Profondo Rosso, 2018), pp. 301–09 (p. 307)). Diversa, almeno a credere ai curatori, la fortuna incontrata da *I vampiri tra noi*: responsabile, a dir loro, addirittura della 'voga vampirica degli anni Sessanta', *I vampiri tra noi* – scrivono Volta e Riva nella nuova quarta di copertina del 1965 – 'è già diventato un classico della letteratura fantastica. Gli esperti vi si riferiscono come a un testo fondamentale; il lettore curioso lo tiene al posto d'onore nei suoi scaffali'. L'antologia, proseguono, 'è piaciuta a tutti, da Henry Miller a Johnny Halliday [sic]. In una intervista a "Cinémonde", nell'estate del '63, infatti, l'idolo yé-yé ha dichiarato che non gli sarebbe mai riuscito di prender sonno la sera senza perlomeno sfogliare qualche pagina de *I vampiri tra noi*. Tanto bastò perché i suoi fans si gettassero istericamente ad invadere, per una volta, le librerie. È dunque anche un libro che promuove l'alfabetizzazione'. Ciò vale soprattutto, però, per la Francia (dove l'antologia esce come *Histoires de vampires* per Robert Laffont, nel 1961) e l'Inghilterra (dove viene tradotta come *The Vampire: An Anthology* nel 1963; ma Valerio Riva diventa

scout formidabile come Pier Carpi. Nel 1969 sia Volta che De Rossignoli vengono arruolati – senza mai incontrarsi di persona – fra gli articolisti di *Horror*. A De Rossignoli tocca la rubrica 'Orizzonti del fantastico', in cui ricicla brani dal suo libro, ormai fuori commercio.[46]

È forse Sergio Bissoli, all'epoca adolescente, a lasciarci – in un lungo memoriale che mescola educazione sentimentale e scoperte letterarie – l'immagine più vivida del panorama editoriale schiuso dal *Dracula* Hammer: un mercato un po' piratesco, fatto di collane e di editori dalla vita effimera e da pubblicazioni poco curate ma dal facile impatto grafico. È come se quel film avesse aperto una breccia, spingendo l'industria culturale a esplorare un mondo fino ad allora marginalizzato: e dando la stura a un vero e proprio diluvio di pubblicazioni che rimettono in circolo i classici del gotico, introducono per la prima volta autori contemporanei fino ad allora sconosciuti in Italia – da Lovecraft a Jean Ray –, e che creano, soprattutto, le condizioni per la nascita di un nuovo gotico in lingua italiana. È un mercato poroso, che non conosce 'alto' e 'basso'. Il giovane Bissoli divora *Un secolo di terrore*, antologia curata da Bruno Tasso per Sugar nel 1960 – uno degli editori più attivi in questo campo[47] – come le *Storie di fantasmi* raccolte da

---

Valeria Riva...). In Italia il successo deve essere stato sensibilmente minore, se nel 1965 Feltrinelli si trova a dover rimandare in libreria le rese, limitandosi a cambiare la sovraccoperta.

46 Nel 1984, di passaggio a Milano, Fabio Giovannini riuscì a rintracciare De Rossignoli al telefono: 'Volevo chiedergli se sapeva come trovare una copia di *Io credo nei vampiri*. Rispose con grande gentilezza, mi spiegò che l'editore non esisteva più [...] e che lui stesso non ne possedeva copie. Mi disse, sempre affabilmente, che non c'erano molte speranze di trovarlo, nemmeno sulle bancarelle o nei negozi di libri fuori commercio. Aveva una voce calma, ma con qualcosa di triste' (Fabio Giovannini, 'Ricordi di un vampirologo', in Boschini, Camilletti e Preianò, *L'uomo che credeva nei Vampiri*, pp. 277–78 (p. 277)). De Rossignoli sarebbe morto pochi mesi dopo, il 28 dicembre 1984.

47 Fondata nel 1957, Sugar esordisce subito nel campo dell'insolito pubblicando in quello stesso anno un libro di Alfred Gordon Bennett dedicato ai misteri dell'universo. Fra 1960 e 1961 Bruno Tasso cura *Un secolo di terrore* e un'antologia dedicata al diavolo (per cui cfr. *infra* pp. 180–81); nel 1962 è la volta del già menzionato Aroldi, che con *Romanzi e racconti neri* offre una silloge che spazia da Horace Walpole a Bram Stoker. Nel 1963 Sugar lancia la storica collana 'Olimpo nero', che presenta al

Carlo Fruttero e Franco Lucentini, sempre nel 1960, per Einaudi;[48] ma fa lo stesso con *Io credo nei vampiri*, così come con tutte quelle pubblicazioni *pulp* che editori avventurosi immettono sul mercato a velocità crescente, in un momento in cui – ricorda Alfredo Castelli in un'intervista ad Anna Preianò – 'l'editoria era la gallina dalle uova d'oro. Era il momento dei cosiddetti "neri" e pure il fornaio sotto casa lasciava il suo lavoro e si metteva a fare l'editore'.[49] Uno di questi è Gino Sansoni, soprannominato '"il pirata Nero", [...] in quanto rifiutava ogni convenzione sui diritti d'autore – degli altri – e pubblicava quel che voleva piratandolo dalle riviste di tutto il mondo': marito di Angela Giussani – una delle creatrici di Diabolik – Sansoni 'faceva un'infinità di pubblicazioni vergognose', ma resta (anche per questo) uno dei padri nobili dell'horror italiano. Prima di patrocinare la rivista *Horror*, Sansoni lancia a giugno del 1962 il mensile *I racconti del terrore* e, nel 1963, la collana 'I libri dell'ossessione'.[50] È a questa fase che deve datarsi l'inizio della collaborazione di Sansoni con Pier Carpi, allora poco più che ventenne: occultista, in seguito vicino a Licio Gelli (risulterà tra gli iscritti alla loggia P2), Carpi attraversa gli anni Sessanta e Settanta cimentandosi, sostanzialmente, con ogni linguaggio e forma espressiva: la letteratura, la saggistica, il giornalismo, il fumetto, il teatro, il cinema.[51]

Se Sansoni opera a Milano, è a Roma che troviamo – con la stessa data di nascita, 1959 – due delle fucine più feconde del gotico nostrano. La prima nasce su iniziativa del produttore Marco Vicario, di sua moglie – l'attrice Rossana Podestà – e di suo fratello Alfonso. Per finanziare i propri

---

pubblico italiano autori come Edgar Allan Poe, Pétrus Borel e Ann Radcliffe, e – nel 1966 – una riedizione del *Dracula* a cura di Remo Fedi.

48   Bissoli, 'Io, la provincia italiana e l'arrivo dei "Racconti di Dracula"', p. 66.

49   Anna Preianò, 'Personaggi Horror. Intervista ad Alfredo Castelli', in Boschini, Camilletti e Preianò, *L'uomo che credeva nei Vampiri*, pp. 273–76 (p. 274).

50   Nei suoi otto numeri di vita, *I racconti del terrore* presenta al pubblico italiano autori 'classici' come Poe o Le Fanu, affiancati da contemporanei come Roald Dahl e Cornell Woolrich e – soprattutto – da autori italiani: Francesco Paolo Conte e Barbara Branduardi, nonché la misteriosa 'Dorothy Saint Cross' (quasi certamente uno pseudonimo) che figura quasi in tutti i numeri. Tra 'I libri dell'ossessione', degna di menzione l'antologia *Racconti neri*, curata nel 1963 da Pier Carpi.

51   Per un profilo di Pier Carpi si veda per ora Curti, 'La guerra di Pier'.

film, Vicario si è improvvisato come uno degli 'editori "d'assalto" romani', specializzati nell'imitazione di collane edite a Milano come 'Urania' e 'Giallo' Mondadori.[52] Grazie all'aiuto di Giuseppe Ciarrapico, che coi fondi della Cassa del Mezzogiorno gestisce a Cassino una società tipografica dalle strutture all'avanguardia ma dai costi bassissimi, Vicario riesce a raggiungere tirature nazionali contenendo i prezzi: fiutata l'aria, a giugno lancia la collana 'KKK – I classici dell'orrore'.[53] Inizialmente i 'KKK' sono versioni romanzate di pellicole americane che si apprestano a uscire al cinema, di cui Vicario può ottenere i copioni o addirittura proiezioni in anteprima;[54] più avanti, i romanzi si sposteranno verso il *thriller* psicologico, seguendo sempre la moda cinematografica corrente, senza mai rinunciare alla centralità di elementi pruriginosi.[55] Il rapporto con il cinema – la casa editrice è del resto l'altro volto della Atlantica Cinematografica dei fratelli Vicario – è una delle caratteristiche specifiche della collana: relazione a filo doppio, tant'è che uno dei romanzi, scritto da Maddalena Gui nel 1960, ispirerà tre anni dopo *La vergine di Norimberga* di Anthony Dawson (cioè Antonio Margheriti, che di Vicario è amico). L'altra caratteristica è la massiccia presenza femminile che gravita intorno alla redazione, a partire da Leonia Celli. Giornalista, direttore responsabile dell'intera prima serie, Celli è anche autrice di molti dei romanzi, firmandosi con pseudonimi che sono anagrammi del suo vero nome – Lionel Cayle, Clay O'Neil o Colley Lane.[56] Ma non è l'unica: nelle varie metamorfosi subite dalla collana, nomi ricorrenti sono quelli della già menzionata Gui, di Maria Luisa Piazza e – soprattutto – della sceneggiatrice genovese Laura Toscano, che esordisce, appena diciannovenne, nel 1963.[57]

52   Bissoli e Cozzi, *La storia dei 'Racconti di Dracula'*, p. 9.
53   Luigi Cozzi (a cura di), *Incubi sul Tevere. KKK – I classici dell'orrore* (Roma: Profondo Rosso, 2013), p. 21.
54   Ibid. p. 37.
55   Ibid. p. 74.
56   Ibid. p. 43. È un'abitudine diffusa: uno degli pseudonimi di Emilio De Rossignoli era Emil D. Ross.
57   Ibid. pp. 66–67.

L'altro esperimento debutta a dicembre del 1959. Sulla scia dei 'KKK', il barone catanese Antonino Cantarella, sempre del giro di conoscenze di Ciarrapico, lancia in edicola 'I racconti di Dracula': la prima serie conoscerà il suo picco nei primi anni Sessanta, iniziando a decadere intorno al 1966 e concludendosi nel 1968, in concomitanza con l'esaurirsi del gotico cinematografico.[58] Cantarella recluta professionisti della scrittura – come Franco Prattico (*alias* Morton Sidney), giornalista de *L'Unità* che coi 'Racconti' arrotonda lo stipendio, o sceneggiatori di Cinecittà come Giovanni Simonelli (Art Mitchell) e Mario Pinzauti (Harry Small) – oppure personaggi per cui scrivere è un *divertissement*: i fratelli Pino e Carlo Belli (Max Dave), aristocratici, l'uno protagonista della *Dolce vita* romana e l'altro medico, o lo psichiatra Libero Samale (Frank Graegorius), autore, nel 1956, di un trattato di *Psicologia medica*.

È il vampiro a tenere a battesimo esperimenti editoriali come questi, operazioni spregiudicate e innovative che mettono a nudo il lato crudamente industriale del lavoro culturale: postmoderne prima che di postmodernismo si inizi persino a parlare, queste pubblicazioni fanno della letteratura menzogna e consapevole gioco, svelandone il volto artigianale e combinatorio. Gli editori pagano bene – Cantarella 55,000 lire a romanzo, Vicario arriva a 60,000 – e gli autori si fanno pochi problemi: Simonelli si fa dare i soggetti al telefono e improvvisa, Prattico e Celli completano un romanzo in una settimana. Colpisce l'estrazione sociale di gran parte degli autori – ceto medio-alto, in qualche caso, come i fratelli Belli, addirittura aristocratici –, come è degna di nota la loro collocazione professionale, spesso dietro le quinte dell'industria culturale: giornalisti, sceneggiatori, cronisti (e giornalisti sono anche, a Milano, De Rossignoli e Pier Carpi).

L'attenzione alla qualità del prodotto è ovviamente scarsissima: l'inventiva viene messa soprattutto al servizio del marketing, con copertine commissionate a cartellonisti cinematografici come Mario Caria e Mario Ferrari (per i 'Racconti') o pensate per promettere abissi di sesso sfrenato (Vicario arriva a pubblicare *La Peau de chagrin* di Balzac come *La pelle viva*, sbattendo in copertina una ragazza discinta). E c'è, ovviamente, il rapporto

---

58   Bissoli e Cozzi, *La storia dei 'Racconti di Dracula'*, p. 11.

ambivalente con il cinema: scritti al traino dei primi Hammer, mentre l'industria italiana del cinema sta per iniziare la sua originale e personalissima incursione nei territori del gotico, questi romanzi vivono a stretto contatto con l'orrore cinematografico, mutuandone temi, ambientazioni e scelte sintattiche. Il risultato è una combinazione paradossale tra convenzionalità e sperimentalismo, resa ancora più deflagrante dai ritmi impietosi della produzione e dall'assenza pressoché totale di *editing*. Stretti tra i cascami della narrativa popolare ottocentesca – un bagaglio tematico e stilistico da cui gli autori del primo *pulp* italiano rimangono complessivamente influenzati – e le suggestioni del cinema coevo, gli autori de 'I racconti di Dracula' e 'KKK' danno vita a narrazioni citative e smagate, spesso ambientate in un'Inghilterra da cartolina dietro cui traslucono, obliquamente, le profonde metamorfosi che l'Italia sta attraversando.[59] Lo si vede anzitutto dai temi: la sopravvivenza del 'mondo magico', il conflitto tra città e campagna, gli scrupoli della bioetica, l'erotismo, la memoria della guerra. Ma è lo stesso mezzo, a ben vedere, a esemplificare più d'ogni altra cosa la relazione che questi prodotti intrattengono col mondo circostante: tascabili dalle copertine ammiccanti, venduti a poco prezzo, ricopertinati e smerciati nei luoghi di vacanza, pubblicazioni come i 'Racconti' e 'KKK' parlano di un paese dall'alfabetizzazione crescente, di un pubblico dall'autonomia sempre più ampia nella gestione del proprio tempo libero, di una ricerca generalizzata di svago. Che può, a volte, prendere la forma della paura.

La peste a Milano

Ma perché proprio i vampiri? I contemporanei provano, in maniera brancolante, a spiegarlo, stupiti loro per primi dal fascino che una superstizione balcanica riesce ad esercitare sul pubblico italiano dell'era atomica. Dalle

---

59   Si veda la splendida analisi di Davide Rosso, 'I racconti di Dracula dagli abissi dei Sessanta e Settanta', *La zona morta* <http://www.lazonamorta.it/lazonamorta2/?p=13730> [ultimo accesso 19 dicembre 2017].

colonne de *La Stampa*, il 2 giugno 1959, Emilio Servadio evoca 'fantasie di incorporazione orale ("cannibalistiche")', capaci di rivelare 'cosa può ancora ribollire nelle caverne interiori dell'uomo cosiddetto civile'.[60] Servadio è un esperto di parapsicologia, e il suo nome ricorre fin dagli anni Trenta nel mondo della divulgazione metapsichica: ma è anche, e soprattutto, uno psicoanalista, tra i fondatori della Società Psicoanalitica Italiana e traduttore di Freud.[61] Nello spiegare la moda dell'horror, Servadio ricorre alla nozione freudiana di compensazione: l'interesse per 'vampiri e vampiresse, lemuri notturni, profanatori di tombe' non si spiega solo come un tentativo grossolano di solleticare l'attenzione del pubblico, ma anzitutto come un bisogno collettivo che cerca al cinema forme di sfogo liberatorio. La pulsione che spinge a consumare storie di vampiri è molto elementare e arcaica, legata alla fase orale dello sviluppo infantile e riattivata da specifiche condizioni della vita moderna:

> Lo spettatore che ama e ricerca tali film è parzialmente regredito, senza saperlo, a stadi dell'evoluzione psichica [...] in cui i rapporti fra individui sono contrassegnati soprattutto dall'antitesi 'divorare o essere divorati' [...]. Perché, dunque, un simile, aumentato bisogno [...] di fremere per poi rassicurarsi? [...] La risposta – temiamo – è da ricercarsi in certe condizioni collettive dell'attuale inquietudine, per cui parecchie persone sembrano trovarsi, inconsapevolmente, nella situazione di bambini smaniosi e insoddisfatti. [...] Sarebbe, non neghiamolo, interessante sottoporre un 'patito' di film di vampiri a un'indagine psicoanalitica [...].

La spiegazione è curiosa, perché riduce il vampirismo alla mera dimensione della suzione – che è centrale, certo, ma non l'unica. In *Dracula il vampiro*, come si è visto, Sangster spinge sul pedale della seduzione, ma *I vampiri* di Freda e *Seddok* di Majano, al confine fra horror e fantascienza, adoperano il vampirismo per esplorare questioni di carattere bioetico; *La maschera*

---

60 Emilio Servadio, 'Il vampiro e i film dell'orrore. Vaneggiamenti primordiali nel mondo d'oggi', *La Stampa* (2 giugno 1959), 3. L'articolo venne ripubblicato due anni dopo, col titolo di 'Vampiri', in Emilio Servadio, *La psicologia dell'attualità* (Milano: Longanesi, 1961), pp. 525–29: il volume contiene moltissimi contributi a tema occulto, dedicati alle case infestate, ai fantasmi, al diavolo o allo spiritismo.

61 Per un sintetico profilo di Servadio si veda Michel David, *La psicoanalisi nella cultura italiana* (Torino: Bollati Boringhieri, 1970), pp. 207–209.

del demonio intreccia il tema del vampiro con quelli della stregoneria e della reincarnazione, quest'ultimo già al centro del *Malombra* di Soldati; *L'amante del vampiro* di Polselli e *La cripta e l'incubo* di Mastrocinque – ma la considerazione vale anche per *La maschera* di Bava – rappresentano il vampiro come oggetto di un desiderio femminile represso, che infrange norme e stereotipi di carattere sociale, dal fumo alla condotta disinibita e sino all'omosessualità. È un aspetto, questo, messo in luce dal critico cinematografico Fernaldo Di Giammatteo:

> I vampiri piacciono soprattutto alle donne. Osservate la gente che entra in un cinema dove si proietta un film di questo tipo. Le coppie sono rare. Sovente trovate ragazze sole, per lo più molto giovani. Ogni tanto, un giovanotto che scorta in sala tre o quattro fanciulle. Il giovanotto distoglie spesso gli occhi dallo schermo, facendo finta di nulla per salvare il suo orgoglio virile. Le fanciulle, invece, guardano fisse il succedersi delle atrocità minutamente descritte, non si perdono un'inquadratura, un urlo, una smorfia. Sono come affascinate. Ci sono stati casi di giovanotti che sono svenuti (*e che sono morti*) vedendo *Dracula il vampiro*, ma di ragazze che svengono non esiste traccia ...[62]

Il vampiro intercetta il desiderio di un pubblico tradizionalmente escluso dal consumo culturale, e al tempo stesso incorpora e allegorizza tensioni di carattere sociale, eccedendo la sfera strettamente individuale in cui l'analisi di Servadio tenta di ingabbiarlo. Se pellicole come quelle di Freda e Majano fanno del vampiro l'emblema di una modernità che tenta di vincere l'invecchiamento e la morte – tema cruciale, in un'età che vede il debellamento di molte malattie un tempo mortali e una crescita esponenziale della vita media –, il vampirismo è, per molti degli autori italiani del periodo, una metafora polivalente per esprimere il lato oscuro dell'esistenza e le questioni del male, della violenza e dell'infrazione della norma: e dunque, indirettamente, della norma stessa e della sua valenza sociale. È Guido Piovene a cogliere in particolare questo punto, rispondendo dalle pagine di *Epoca* al paternalismo di Servadio. Il sangue, scrive Piovene, è accessorio: il vampiro è anzitutto un essere malvagio, e dunque l'interesse verso il tema deve essere

---

62   Cit. in De Rossignoli, *Io credo nei vampiri*, p. 349.

messo in rapporto con le ansietà generate dalle letture quotidiane di vicende atomi-che, di raggi micidiali, d'incognite degli spazi eterei popolati da forze vive, ma non al modo umano; di operazioni e innesti chirurgici prodigiosi e paurosi, di macchine intelligenti. Paura di potenze sfuggenti ancora ai nostri calcoli, che possono anche scatenarsi contro di noi; di individui malvagi che possono servirsene a scopi delittuosi contro la specie; paura di essere manipolati, artificializzati, snaturati. [...] Quando vado a vedere un film di vampiri, io pago il mio tributo a un genere di ansietà ben attuale, collettiva.[63]

La marginalità del sangue e la tendenza a interpretare il tema del vampiri-smo in senso sociale ha le sue radici in una cultura – come quella italiana – che vede una circolazione limitatissima o nulla dei 'classici' del gotico fino alla fine degli anni Cinquanta, e che dunque sviluppa il soggetto in modo completamente autoctono rispetto ai modelli anglosassoni.[64] Il vampiro non è assente dalla cultura italiana, ma gli esempi di letteratura sul tema tra fine Ottocento e primo Novecento – di Franco Mistrali, Luigi Capuana e Daniele Oberto Marrama, tra gli altri – nulla devono a Polidori, Le Fanu o Stoker, generalmente prescindendo dal sangue, ibridando il vampirismo con un vasto raggio di temi – dalla psichiatria alla psicologia criminale e alla scienza positivista in genere – o adoperandolo come innovativa metafora (il caso più illustre è il romanzo *Il vampiro* di Franco Mistrali, del 1869) per esplorare questioni politiche, come il crescente timore occidentale per le mire imperialistiche russe all'indomani della guerra di Crimea.[65]

L'opposizione fra l'interpretazione di Servadio – il vampiro come risorgere di terrori (e di desideri) arcaici – e quella di Piovene – il vampiro come frutto di un'angoscia metafisica verso il futuro – si riflette in due testi,

---

63   Cit. in ibid. pp. 360–61.

64   Il che rende evidentemente privo di senso estrapolare a posteriori dalle fonti anglo-sassoni delle presunte costanti del 'mito' del vampiro, e poi lamentarne la scarsa pervasività nella cultura italiana (come fa, ad esempio, Giuseppe Tardiola, *Il vampiro nella letteratura italiana* (Anzio: De Rubeis, 1991)).

65   Si veda *Vampiriana. Novelle italiane di Vampiri* (Mercogliano: Keres, 2011), utile antologia curata da Antonio Daniele e che raccoglie tutti gli autori summenzionati (più un racconto di Emilio Salgari dedicato ai pipistrelli dell'Amazzonia). Daniele ha anche curato l'unica edizione contemporanea del romanzo di Mistrali: *Il vampiro: storia vera*, a cura di Antonio Daniele (Mercogliano: Keres, 2011).

entrambi a loro modo seminali, usciti nel biennio 1961–1962: i già citati saggi
di Emilio De Rossignoli e di Ornella Volta. Si tratta di due testi che stanno
l'uno di fronte all'altro come pannelli di un dittico, opposti per ideologia di
fondo, destinazioni editoriali e fortuna di pubblico: ma in qualche modo
paralleli e complementari, nel tracciare due interpretazioni che sedimen-
teranno a lungo, a volte intersecandosi, nella cultura italiana 'di genere'.

Pensato e scritto in francese, da quella Parigi a ridosso del Sessantotto
di cui Volta stenderà un *Diario* intellettuale e politico (1969), *Le Vampire*
esce nel 1962 come ottavo volume della 'Bibliothèque internationale d'érot-
ologie' di Jean-Jacques Pauvert.[66] Editore, fra gli altri, di Georges Bataille e
dell'*Histoire d'O* di Pauline Réage, dal 1945 al 1949 Pauvert aveva pubblicato per la prima volta l'opera completa del Marchese de Sade, fino a quel
momento circolata solo in modo clandestino, ed era per questo finito in
tribunale per offesa al pudore. *Le Vampire* nasce dunque in un contesto
fortemente segnato dall'eredità del surrealismo – e d'impianto surrealista è
il ricco apparato iconografico dell'edizione francese, assai ridotto in quella
italiana –, e in un ambiente culturale in cui la psicoanalisi non incontra
quelle 'resistenze' che deve invece affrontare in Italia.[67] Allo stesso tempo,
contemporanea di Claude Lévi-Strauss, Volta indaga il mito del vampiro
alla ricerca di costanti, con una metodologia comparata in cui s'intrecciano
antropologia, psicoanalisi e psichiatria criminale. Ne risulta un'idea del
vampiro come forza eversiva e liberatrice, che attraverso il sangue, la morte
e la paura sovverte equilibri sociali e forme di normatività sessuale. Non a
caso, l'attenzione di Volta è più rivolta ad autori come Sade – rivalutato dai
surrealisti come modello di sovversione – o ai poeti *fin de siècle*, secondo il
canone stabilito da Mario Praz e seguito quasi pedissequamente dal catalogo Sugar di quegli anni.[68] Il vampiro, per Volta, rappresenta anzitutto

66   Ornella Volta, *Le Vampire. La mort, le sang, la peur* (Paris: Jean-Jacques Pauvert, 1962):
     in questa sede cito però dall'edizione italiana, *Il vampiro* (Milano: Sugar, 1964).
67   David, *La psicoanalisi nella cultura italiana*, p. 6. Sulla ricezione della psicoanalisi in
     Francia cfr. Elisabeth Roudinesco, *La Bataille de cent ans. Histoire de la psychanalyse
     en France*, 2 voll. (Paris: Seuil, 1986).
68   È Sugar a pubblicare il primo, esaustivo repertorio del 'meraviglioso, l'erotica, il sur-
     reale, il nero, l'insolito' coi due ponderosi volumi intitolati *Arcana* – a cui collabora

il possibile nell'impossibile, la vita che è possibile nella morte, la morte che si introduce – come un'attiva presenza – nella vita. [Il vampiro] rappresenta l'aspirazione più profonda dell'uomo: sopravvivere alla propria morte. Concretizza la sua angoscia. Violando tutti i tabù, realizza quel che si situa al limite estremo del proibito. Seguendo l'erotismo fino alla sua manifestazione più mostruosa, fin nel suo significato più profondo, potremo risolvere il problema della morte, impareremo a vivere nella morte?[69]

Io credo nei vampiri nasce invece dall'incontro di De Rossignoli col pittore bolognese Luciano Ferriani, improvvisatosi editore. Attivo a Milano sin dal dopoguerra, Ferriani dipinge a colori vividi, con tratto *naïf* e una singolare propensione al macabro, che ne fanno un ideale punto d'incontro fra i due grandi pittori d'invenzione del giallo all'italiana: il Berto Consalvi de *L'uccello dalle piume di cristallo* di Dario Argento (1970) e il Buono Legnani de *La casa dalle finestre che ridono* di Pupi Avati (1976). Commercialmente un insuccesso (ma destinato a diventare, nei decenni successivi, un oggetto di culto per gli appassionati)[70] *Io credo nei vampiri* è il primo e unico titolo di una 'Collana del Macabro' diretta dallo stesso De Rossignoli. Un secondo volume, annunciato in terza di copertina – *Spiriti folletti e vergini ossesse, ossia le Apparizioni, le Visioni spaventose, le Streghe e la Magia*, 'versione moderna di Gian Carlo Viganotti da un testo del 1858' – non vedrà mai la luce, ma il progetto ci dice molto sull'impresa editoriale che Ferriani e De Rossignoli hanno in mente. Viganotti era infatti un altro personaggio che bazzicava il mondo del cinema, co-sceneggiatore (assieme a Fulci) di *Un giorno in pretura* di Steno (1953); e il libro del 1858 era il *Manuale di spiriti folletti* pubblicato ad Asti da una non meglio precisata 'Società di Letterati

---

anche Volta – e dedicati rispettivamente alla letteratura e alle altre arti: Paolo Maltese (a cura di), *Arcana. Il meraviglioso, l'erotica, il surreale, il nero, l'insolito nelle letterature di tutti i tempi e paesi* (Milano: Sugar, 1960) e Paolo Maltese e Massimo Pini (a cura di), *Arcana. Il meraviglioso, l'erotica, il surreale, il nero, l'insolito nelle arti figurative e plastiche e nei mass media di tutti i tempi e paesi* (Milano: Sugar, 1970). Il saggio *Le vergini funeste. La donna fin de siècle* (Milano: Sugar, 1966) di Giancarlo Marmori nasce nello stesso contesto parigino, e dedica ampio spazio alla 'vampira' di origine preraffaellita, sulla scia del lavoro di Praz.

69　Volta, *Il vampiro*, pp. 7–8.

70　Nel 2009 *Io credo nei vampiri* ritorna nelle librerie, grazie alla Gargoyle di Paolo De Crescenzo: lo omaggiano interventi di Danilo Arona e Loredana Lipperini.

Italiani', centone che in pieno Risorgimento raccoglieva alla rinfusa (e senza dichiararlo) brani di Collin de Plancy, Pico della Mirandola e Cesare Cantù. Combinare erudizione e cultura pop, dunque, con una spruzzata di gotico padano: siamo in anni, del resto, in cui l'immagine tardomedievale della danza macabra rientra prepotentemente nell'immaginario collettivo – grazie agli studi di Jurgis Baltrušaitis (*Le Moyen Âge fantastique* è del 1955) e a pellicole come *Il settimo sigillo* di Ingmar Bergman (1957) – e in Italia sono gli studi di Arsenio Frugoni a rivelare gioielli provinciali che rielaborano il tema, come gli affreschi tardo-quattrocenteschi dell'Oratorio dei Disciplini a Clusone, nel bergamasco.[71] Il *Trionfo della Morte* e la *Danza macabra* di Clusone lasciano una profonda impressione su Ferriani, che li rammenta sia nel logo della collana – una stilizzata *Totentanz* – che nella copertina realizzata per *Io credo nei vampiri*, la blasfema crocifissione di un cadavere da parte di tre scheletri. E anche il libro stesso gioca con l'estetica del macabro: distantissimo dall'agile ed elegante volume di Volta, *Io credo nei vampiri* è un tomo ponderoso, stampato su ottima carta, la copertina in cartone spesso antracite e la rilegatura in tela rosso sangue che tende, nella grafica, ai libri di scena del cinema gotico. Dal cinema vengono la maggior parte delle illustrazioni, mentre il testo salta dalla letteratura al folclore, dallo schermo cinematografico all'attualità, fino alla narrazione autobiografica. Del resto, autobiografico vuole (o pretende di) esserlo fin dal titolo: *Io*, dice De Rossignoli nel primo libro firmato col suo vero nome, *credo nei vampiri*. Ponendo così il lettore di fronte a un dilemma: è un saggio? è finzione? o è entrambe le cose?

Anzitutto è una provocazione, e l'obiettivo è l'antologia di Volta e Riva uscita un anno prima. 'Io non credo nei vampiri', aveva scritto Vadim nel presentare *I vampiri tra noi*, 'ma credo in quello che li ha ispirati'.[72] Per Vadim – come per Volta – il punto sono, in altre parole, le fondamenta antropologiche e psicoanalitiche del mito del vampiro, il suo interrogare, sin dagli albori dell'umanità, gli abissi della morte e dell'eros. Non a caso,

---

71   Arsenio Frugoni, 'I temi della Morte nell'affresco della Chiesa dei disciplini a Clusone', *Bullettino dell'Istituto Storico Italiano per il Medio Evo e Archivio Muratoriano*, LXIX (1957), 175–212.

72   Volta e Riva, *I vampiri tra noi*, p. 7.

l'antologia si apriva con la confessione scritta di John George Haigh, un *serial killer* britannico giustiziato nel 1949 e soprannominato 'il Vampiro di Londra'.[73] Le faceva da epigrafe una citazione, ironicamente allusiva, presa da *Dracula*: 'La forza del vampiro è nel fatto che nessuno crede alla sua esistenza'. Era stato Haigh, per primo, a definirsi un vampiro: i suoi omicidi, aveva dichiarato, erano stati commessi allo scopo di bere il sangue delle proprie vittime. Criminali come lui – avrebbe commentato Volta – sono quelli che la lingua tedesca sintetizza con l'epiteto di *Lustmörder*, l''assassino voluttuoso' che è incapace di concepire l'atto sessuale in altro modo che come 'atto di pura violenza': circostanze precise, da rintracciare nell'infanzia, hanno fatto sì che per costoro il principio di morte si trovi indissolubilmente congiunto a quello di piacere, spingendoli a ricercare entrambi nello stesso momento.[74]

Con il titolo del proprio libro, De Rossignoli inverte provocatoria-mente l'affermazione di Vadim: inoltre, con scelta chiaramente deliberata, pone la stessa citazione da Stoker a epigrafe dell'intero volume.[75] E tuttavia, benché la lettera della citazione sia identica, il senso di quel 'credere' è ora declinato in modo radicalmente diverso. Messa a commento della confes-sione di Haigh, ne *I vampiri tra noi*, la frase si limitava ad ammiccare al lettore, giocando sulla folle convinzione del 'Vampiro di Londra'. In *Io credo nei vampiri*, libro in cui – come ha scritto Loredana Lipperini – l'enfasi non va tanto posta sui vampiri, ma sul *credere*,[76] essa acquista risonanze inedite. Siamo proprio sicuri, si chiede De Rossignoli, del fatto che i vampiri non esistano? Se pensiamo ai pallidi succhiasangue del folclore e del cinema, la risposta è ovvia: ma se pensiamo a John Haigh, non possiamo esserne più così certi. Dopo la sua prima vittima, Haigh 'bevve il sangue di altre otto gole, prima che la forca della prigione di Wandsworth venisse eretta per

---

73   Ibid. pp. 11–35.
74   Volta, *Il vampiro*, pp. 61–63.
75   De Rossignoli, *Io credo nei vampiri*, p. 5.
76   Loredana Lipperini, 'Bruciare le stoppie', in Emilio De Rossignoli, *Io credo nei vampiri* (Roma: Gargoyle, 2009), pp. 365–74 (p. 365).

lui. Non è un personaggio di Don Calmet, ma un uomo del nostro tempo. Come lo chiamereste, *tecnicamente*?'.[77]

Il fatto è che, per De Rossignoli, Haigh non è un'eccezione, spiegabile con strumenti analitici; e la sua brama di sangue non è un desiderio, ma una condanna, impressa come un peccato originale nella sua stessa natura umana. 'Noi arriviamo faticosamente alla luce,' scrive De Rossignoli, 'rubando sangue a nostra madre. E, quando siamo nati, le togliamo il latte, che è ancora sangue e forza e vita'.[78] Gli esseri umani, prosegue, crescono 'mangiando carni morte, bevendo vini nati dal fermento dell'uva, amando', ed è nell'amore, 'che è unione e sottrazione', che 'l'uomo raggiunge il vertice della sua parabola vampirica. Ruba emozioni, sensazioni, pensieri. È un vampiro mentale che raggiunge la catarsi con l'amplesso'.[79] Anche il lavoro e la società 'dividono gli uomini in due grandi eserciti: di *coloro che cedono* e di *coloro che prendono*',[80] sino alla visione apocalittica di un mondo in cui tutti sono – o possono diventare – vampiri, perché è la stessa vita – il nascere, il nutrirsi, l'amare, il conoscere – a essere, in realtà, non-vita e parassitismo:

I vampiri sono tra noi, la cronaca stessa ve ne offre la prova, ogni giorno. Il medico che si aggira nella stanza di un illustre morente, cercando di eternare sulla pellicola di una ridotta macchina fotografica [...] gli ultimi spasmi di un'agonia che verrà pagata profumatamente dai rotocalchi; la diva che segue in gramaglie il marito morto, appoggiandosi al braccio dell'amante; l'uomo politico che specula sulla fame dei poveri e la baratta con un pugno di voti; la nuova teppa che sfoga i suoi istinti primordiali picchiando, assalendo le donne, violentando le bambine; i pirati della strada che uccidono e fuggono [...]; gli squallidi mantenuti della prostituzione; coloro che si arricchiscono vendendo armi, stupefacenti e donne; i commercianti di morti; le compiacenti *facitrici d'angeli*, che dietro la maschera untuosa della comare [...] celano il ghigno orrendo e secolare della strega [...]. Persino nel linguaggio politico è diventato di moda il termine 'vampiro' per indicare un datore di lavoro che sfrutta gli operai. E 'vamp' è la donna che manda in rovina con il suo fascino perverso.[81]

77   De Rossignoli, *Io credo nei vampiri*, p. 353.
78   Ibid. p. 362.
79   Ibid. p. 363.
80   Ibid.
81   Ibid. pp. 365–66.

Si tratta, è evidente, dell'elenco di un giornalista: i vampiri di De Rossignoli non sono casi clinici rintracciati nella letteratura psicoanalitica, ma esempi tratti dalla cronaca. È sui rotocalchi, del resto – *La Settimana Incom illustrata*, *Settimo giorno* –, che De Rossignoli si è fatto le ossa, fra recensioni cinematografiche e pezzi di costume: un percorso per molti versi affine a quello di un suo coetaneo, anche lui giornalista, e anche lui emigrato a Milano da un paese che non esiste più. Per De Rossignoli, nato sull'isola di Lussino, è la Dalmazia italiana, ora assorbita nella Jugoslavia di Tito; per Giorgio Scerbanenco, di nove anni più anziano, è l'Ucraina, ora inglobata nell'Unione Sovietica.

De Rossignoli e Scerbanenco sono colleghi in più di un senso. Scerbanenco lavora alla Rizzoli e scrive per *Annabella*, dove De Rossignoli approderà negli anni Sessanta. Entrambi sono passati per romanzi e racconti *hard-boiled* scritti sotto pseudonimo, ed entrambi licenzieranno a metà del decennio il proprio romanzo 'milanese': rispettivamente *H come Milano* (1965) e *Venere privata* (1966), due libri che, pur appartenendo a due generi diversi come la fantascienza e il giallo, mettono al centro quella 'Milano delle periferie' che anima 'la cronaca nera [...] della stampa popolare',[82] un mondo di prostitute e di immigrati dal Sud, di travestiti e di borghesi dalla doppia vita. L'esperienza nei periodici 'per signore' è per Scerbanenco cruciale: è dal contatto coi 'materiali densi, veri, caldi di vita vissuta e di dolori sofferti' della 'posta del cuore' di *Annabella* che Scerbanenco 'matura il nucleo della propria ispirazione "noir", una modalità del racconto poliziesco particolarmente dura, amara, cinica, disillusa.'[83] Lo stesso può dirsi di De Rossignoli, il cui universo narrativo è altrettanto 'amorale e crudo'[84] di quello di Scerbanenco e che, come quello, è maturato nei corridoi delle redazioni dei settimanali femminili. Sono quelle riviste a trasformare in dive delle 'vamp' amorali, o a trasformare l'agonia di personaggi famosi in spettacolo

---

82 John Foot, *Milano dopo il miracolo. Biografia di una città* (Milano: Feltrinelli, 2003), p. 23.

83 Luciano Luciani, 'Giorgio Scerbanenco e la "scuola dei duri" all'italiana', *LibereRecensioni* (15 aprile 2009) <http://recensione.blogspot.co.uk/2009/04/giorgio-scerbanenco-e-la-scuola-dei.html> [ultimo accesso 19 dicembre 2017].

84 Foot, *Milano dopo il miracolo*, p. 23.

(De Rossignoli allude all'archiatra pontificio Riccardo Galeazzi Lisi, che aveva fotografato Pio XII sul letto di morte per venderne le immagini alla stampa). Ancora nei primi anni Ottanta, in due romanzi 'rosa' (ma venati di giallo) pubblicati per l'editore Sonzogno – *Concerto per una bambola* e *Strega alla moda* –, De Rossignoli metterà sotto accusa lo *show business* e le riviste femminili, dando un ritratto impietoso dell'ambiente in cui ha lavorato per tutta la vita.

Soprattutto, Scerbanenco e De Rossignoli sono uniti da una sfiducia inappellabile nell'essere umano: la rappresentazione del male, dell'efferatezza – e *Gli efferati* sarà il titolo di un saggio di De Rossignoli del 1978 –, non è, per loro, uno strumento di sovversione con cui mettere in discussione la provvisorietà delle norme sociali, ma piuttosto il richiamo costante alla necessità di quelle stesse norme, e delle istituzioni (di polizia, anzitutto) chiamate a tutelarle. Fare, dunque, della letteratura 'di crimine' (e non solo) uno strumento 'di impegno politico e sociale',[85] ma di un impegno orientato in senso conservatore. Per De Rossignoli, come per Scerbanenco, l'ideologia reazionaria non nasce dalla convinzione di vivere nel migliore dei mondi possibili, da preservare a ogni costo, ma da una presa di coscienza esattamente opposta: che la società e la natura umana siano per loro natura meschine, infami e ingiuste, e che proprio per questo siano da preservare quelle elementari forme di ordine e decoro che trattengono l'umanità, per un poco, dalla barbarie a cui tende indefinitamente a ritornare.[86] Se

---

85   Giuliana Pieri, 'Letteratura gialla e noir degli anni Novanta e impegno', in *Postmodern Impegno. Ethics and Commitment in Contemporary Italian Culture*, a cura di Pierpaolo Antonello e Florian Mussgnug (Oxford: Peter Lang, 2009), pp. 289–304 (p. 290).

86   Se Scerbanenco – prima e dopo la morte – dovette combattere con l'accusa di essere un 'fascista', non è difficile immaginare che le convinzioni reazionarie, l'origine dalmata e l'arrabattarsi con letteratura considerata 'di serie B' dovettero contribuire non poco all'isolamento di De Rossignoli dalla scena letteraria italiana. Per entrambi, credo che valga la risposta abbozzata da Carlo Lucarelli, quando in una 'Lettera a Giorgio Scerbanenco' si chiede se l'autore sia stato un fascista: 'Io non ci credo. Credo che sia piuttosto l'arrabbiatura e l'abbruttimento di chi ha visto "troppa miseria" [...]. Lo stato d'animo di un russo figlio di madre italiana col padre fucilato durante la rivoluzione, un romano di Kiev con una k di troppo nel cognome, che cerca di sopravvivere e di farsi accettare in un paese in cui si sente straniero, operaio al tornio di una fabbrica di

per Ornella Volta il fantastico 'impegnato' è un modo per far deflagrare la vacuità delle regole sociali, per De Rossignoli le truculenze del gotico sono la rappresentazione più autenticamente realista di ciò che l'essere umano è nel profondo, e che dunque confermano, indirettamente, la necessità di regole, ordine, paletti: come ricorda Stephen King, 'la devianza dalla norma ci affascina perché piace al conservatore repubblicano in giacca e panciotto che si nasconde dentro ognuno di noi. Amiamo il concetto di mostruosità e ne abbiamo bisogno per riaffermare l'ordine che, in quanto esseri umani, desideriamo intensamente'.[87]

La (non) morte dell'autore

Un'immagine ricorrente attraversa l'opera di Emilio De Rossignoli. È la carretta della morte, emblema ai limiti dell'archetipo (o della metafora ossessiva) che ritorna con frequenza sospetta nel corso degli anni. In *Io credo nei vampiri* è la carrozza che, nel *Nosferatu* di Murnau, trasporta Jonathan Harker al castello del conte Orlok, 'in un'atmosfera macabra' in cui 'contorti alberi bianchi formano una spettrale foresta sullo sfondo di un cielo di inchiostro'.[88] In un articolo uscito sulle pagine di *Horror*, nel 1971, è la carretta di una cupa leggenda svedese rielaborata da Selma Lagerlöf, che gira di casa in casa a prendere coloro il cui tempo è trascorso: la guida l'anima dell'ultima persona morta in quell'anno, finché il rintocco della mezzanotte di San Silvestro non la libererà, lasciando il posto a un nuovo

---

sveglie, filosofo autodidatta, paziente di sanatorio, ambulanziere e poi contabile alla Croce Rossa, e alla fine autore di racconti, redattore e direttore di riviste femminili, scrittore. [...] Ma non un fascista' (Carlo, 'Lettera a Giorgio Scerbanenco' <http://www.sitocomunista.it/rossoegiallo/autori/scerbanenco.html> (1999) [ultimo accesso 19 dicembre 2017]).

87 King, *Danse macabre*, p. 51.
88 De Rossignoli, *Io credo nei vampiri*, pp. 131–32.

cocchiere.[89] Ma è un'incarnazione della carretta anche il *fiacre* guidato da un morto che appare in uno dei romanzi di Fantômas, preludio – ricorda De Rossignoli nello stesso articolo – a infinite leggende urbane su misteriose automobili assassine, prive di conducente.[90] È poi la carretta di cui si vocifera nel campo di concentramento prossimo venturo del romanzo *Lager dolce lager*, che De Rossignoli pubblica nel 1977: la si ode aggirarsi nottetempo per il campo, chi vi sale non fa più ritorno, e si dice che la guidi uno dei detenuti, al quale la delazione e il servilismo debbono aver procacciato questo dubbio privilegio. Ed è, infine, la presenza che – in *Concerto per una bambola* – ancora aleggia intorno al piazzale milanese della Vetra, dove la 'severa mole di San Lorenzo Maggiore' riporta alla mente di uno dei personaggi 'terribili storie di delitti e di esecuzioni'.[91]

Concerto per una bambola è – o quantomeno mostra di essere – un romanzo 'rosa', e la menzione di piazza Vetra è buttata lì con noncuranza, per non essere più recuperata: ma per quella piazza, in antico, passava un canale, e il ponte che lo attraversava era detto 'della Morte'; alla Vetra si bruciavano eretici e streghe, e vi aveva trovato la morte anche tale Giacomo Legorino, uno dei tanti precursori – con più di trecento omicidi – di John Haigh.[92] Soprattutto, in piazzale della Vetra sorgeva – sarebbe stata abbattuta solo nel 1778, su iniziativa di Pietro Verri e di Cesare Beccaria – una

---

89   Emilio De Rossignoli, 'Il cocchiere della morte', *Horror*, 22 (novembre 1971), 84.

90   De Rossignoli si sta plausibilmente riferendo a una leggenda urbana diffusasi all'indomani dei delitti di Charles Manson: questi, si diceva, aveva reclutato i suoi adepti da 'un autobus scolastico verniciato di nero [...] all'interno del quale, lungo la costa californiana, si sparse la voce che avvenissero orge sanguinose e "cose proibite". Così, quando all'indomani dei delitti Tate/LaBianca e dell'arresto della banda, i media s'impossessarono della notizia, un po' dappertutto presero a diffondersi le voci di ambulanze, camioncini e macchine nere con a bordo personaggi maligni di ogni genere' (Danilo Arona e Gian Mario Panizza, *Satana ti vuole* (Milano: Corbaccio, 1995), p. 141). Una 'versione aggiornata e presto dilatatasi in psicosi collettiva' della leggenda urbana in questione si incontrerà nel 'caso dell'automobile nera che avrebbe percorso l'Italia fra il novembre e il dicembre del 1990, prelevando bambini da utilizzare come donatori d'organi' (ibid.).

91   Emilio De Rossignoli, *Concerto per una bambola* (Milano: Sonzogno, 1981), p. 56.

92   Si veda Mario Spagnol e Giovenale Santi (a cura di), *Guida ai misteri e segreti di Milano* (Milano: Sugar, 1967), pp. 492–500.

certa colonna, che commemorava come in quella piazza avesse abitato un certo barbiere di nome Giangiacomo Mora; e come il barbiere avesse ordito, assieme a un commissario di pubblica sanità di nome Guglielmo Piazza, un diabolico complotto per diffondere la peste in Milano, e fosse stato per questo condannato a una morte atroce. Ecco cosa prevedeva la sentenza, nelle parole del nipote di Cesare Beccaria, che della vicenda narra in un breve testo dal titolo *Storia della colonna infame*:

> che [Mora e Piazza], messi *sur un carro*, fossero condotti al luogo del supplizio; tanagliati con ferro rovente, per la strada; tagliata loro la mano destra, davanti alla bottega del Mora; spezzate l'ossa con la rota, e in quella intrecciati vivi, e alzati da terra; dopo sei ore, scannati; bruciati i cadaveri, e le ceneri buttate nel fiume; demolita la casa del Mora; sullo spazio di quella, eretta una colonna che si chiamasse infame; proibito in perpetuo di rifabbricare in quel luogo.[93]

Lo *splatter* si annida nei luoghi più insospettabili, in questo caso nell'appendice storica al più casto (ma anche il più intimamente gotico) dei romanzi italiani. Il carro che trasporta Mora e Piazza al patibolo è solo la terza incarnazione che la carretta della morte conosce nelle pagine di Alessandro Manzoni: perché non è difficile scorgerne gli inquietanti contorni nel carro dei monatti che si aggira per la Milano invasa dalla peste, e soprattutto nel 'tiro a sei' che alcuni testimoni – nei giorni più virulenti dell'epidemia – avevano visto un giorno fermarsi in piazza del Duomo, e da dove s'era affacciato 'un gran personaggio, con una faccia fosca e infocata, con gli occhi accesi, coi capelli ritti, e il labbro atteggiato di minaccia.'[94] Il misterioso signore, che Renato Giovannoli ha accostato a Dracula,[95] aveva fatto salire uno dei presenti: 'dopo diversi rigiri, erano smontati alla porta d'un tal palazzo', dove l'uomo 'aveva trovato amenità e orrori, deserti e giardini, caverne e sale; e in esse, fantasime sedute a consiglio'. Il padrone di casa gli aveva promesso

93   Alessandro Manzoni, *I promessi sposi. Storia milanese del secolo XVII scoperta e rifatta da Alessandro Manzoni. Storia della colonna infame* (Milano: Guglielmini e Redaelli, 1840), p. 839 (corsivo mio).

94   Ibid. pp. 618–19.

95   Renato Giovannoli, *Il vampiro innominato. Il 'caso Manzoni-Dracula' e altri casi di vampirismo letterario* (Milano: Medusa, 2008), pp. 44–48.

ricchezze in quantità se avesse accettato di andarsene 'ungendo per la città' con un certo vasetto: quando l'uomo aveva rifiutato, 's'era trovato, in un batter d'occhio, nel medesimo luogo dove era stato preso.'[96]

Dal testo manzoniano, i romanzi di De Rossignoli – da *H come Milano* a *Concerto per una bambola*, passando per *Lager dolce lager* – non mutuano però solo immagini e temi: sono intimamente manzoniani la diffidenza e l'orrore per la natura umana, pronta a rivelarsi nelle sue forme più sordide nel momento in cui uno stato di eccezione – la peste o la bomba – mette il potere sovrano, senza mediazioni, a contatto con la nuda vita; quando, cioè, niente più si frappone fra il corpo dell'individuo e il potere, che mostra così la propria autentica natura di violenza e di arbitrio.[97] È ricordo di scuola il fatto che Alessandro Manzoni sia stato giansenista, ma di rado si riflette sulla portata drammatica di quella professione di fede: perché cardine del giansenismo è l'idea che l'essere umano sia di natura corrotto, e che solo la grazia di Dio – e le istituzioni sociali, e la morale – possano tamponare, contenere l'orrore di cui l'uomo è di natura capace. La *Storia della colonna infame* è una storia di torture, di menzogne deliberate e di soprusi, che si fa parabola: il flagello della peste scoperchia il fondo di violenza e sopraffazione che abita il sottosuolo della civiltà, delineando un mondo in cui nessuno è salvo e l'innocenza può essere 'imperterrita, costante, veridica, e condannata ugualmente.'[98] In *H come Milano* un uomo senza nome (il romanzo è narrato in prima persona) si muove tra le macerie di una Milano distrutta dalla bomba atomica. Non importa chi l'abbia sganciata o perché: ciò che importa è sopravvivere, in un mondo in cui i superstiti sono regrediti a uno stadio di barbarie, dandosi al saccheggio e al cannibalismo. La bomba ha sovvertito le gerarchie sociali: gli immigrati meridionali che abitano le

---

96   Per chi ama navigare nei labirinti dell'intertestualità, la carretta riappare ancora, nel 1983, nel romanzo *Magia Rossa* di Gianfranco Manfredi, nella forma di un carro assemblato a fine Ottocento dall'anarchico e occultista Tommaso Reiner: 'molti in Milano conoscevano la storia di quel carro e, timorosi, quando l'incontravano cedevano il passo. Le sue stanghe eran fatte con il legno dell'ultima forca eretta in piazza della Vetra' (Gianfranco Manfredi, *Magia Rossa* (Milano: Feltrinelli, 1989), p. 27).

97   Adopero qui, ovviamente, la terminologia di Giorgio Agamben, *Homo sacer. Il potere sovrano e la nuda vita* (Torino: Einaudi, 1995).

98   Manzoni, *I promessi sposi*, p. 851.

periferie si sono organizzati in bande, i travestiti uccidono le donne per fare parrucche dei loro scalpi. In questo mondo alla rovescia, nessuno è salvo: nemmeno il narratore, che pure ha cercato fino all'ultimo di mantenere saldo il proprio raziocinio, e che forse proprio per questo finisce per divorare una ragazza, sopraffatto dalla follia che l'ha fatto regredire a uno stadio primitivo, autenticamente vampiresco.[99] I milanesi ammazzano al sabato, diceva Scerbanenco: ma cosa accade quando uno stato d'eccezione come la bomba – anch'essa un *boom*, un'esplosione, anche se di tutt'altro genere – trasforma ogni giorno in un sabato, un carnevale esasperato in cui ogni cosa diventa possibile?

È sintomatico che, dopo *H come Milano*, De Rossignoli ritorni al romanzo, a metà degli anni Settanta, con *Lager dolce lager*, inizialmente proposto alla Rizzoli col titolo di *Dottore in strage* e finito poi, semidimenticato, in una collana di fantascienza diretta da Valentino De Carlo.[100] Scritto anche questo nella prima persona di un altrimenti innominato narratore, *Lager dolce lager* segue la progressiva discesa nella follia di un uomo, internato per ragioni politiche in un campo di concentramento da un regime totalitario del prossimo futuro: inizialmente determinato a non cedere di fronte alla disumanizzazione in cui l'apparato concentrazionario tende a spingerlo, l'uomo finisce per amare il campo e i suoi ritmi, rifiutando di lasciare le baracche persino quando il regime è stato detronizzato e i 'liberatori' stanno destinando la struttura all'isolamento dei *propri* oppositori. L'influenza di George Orwell è palpabile, così come quella di un romanzo

---

99   Mirko Lino nota come 'il Postmoderno utilizz[i] in maniera massiccia i codici espressivi e figurativi ereditati dall'Apocalisse di Giovanni per raccontare le crisi culturali ereditate da una modernità incompiuta, ribaltata dagli orrori della storia della prima metà del Novecento': *H come Milano* si inserisce evidentemente in questo filone, fra quelle opere che raccontano il 'fallimento di ogni forma di salvezza e protezione culturale, mostrando il collasso di strutture sociali, economiche, forme rappresentative e soggettive consolidate senza garantire forme di palingenesi' (*L'apocalisse postmoderna tra letteratura e cinema. Catastrofi, oggetti, metropoli, corpi* (Firenze: Le Lettere, 2014), pp. 7–8).

100   Ho ricostruito la vicenda in Fabio Camilletti, 'The Purloined De Rossignoli', *Mattatoio n. 5* (2 novembre 2014) <http://www.mattatoio5.com/64-the-purloined-de-rossignoli/item> [ultimo accesso 19 dicembre 2017].

sul quale ha portato di recente l'attenzione Robert Gordon: uscito in Italia nel 1954, *L'altro* del francese Charles Rohmer ha, come il romanzo di De Rossignoli, un protagonista che resta innominato; spersonalizzata, la sua percezione del campo contribuisce dunque a metterne in luce la desolante, tragica quotidianità, in qualche modo anticipando – scrive Gordon – il dibattito sulla 'banalità del male' di metà anni Sessanta, a seguito del processo a Eichmann e del celebre saggio di Hannah Arendt.[101] *H come Milano* e *Lager dolce lager*, entrambi romanzi a tema biopolitico, vanno dunque letti all'interno di un clima culturale più ampio, quegli anni Sessanta e Settanta in cui il Lager si fa 'paradigma estremo o fondante [...] di un'intera gamma di istituzioni di coercizione e di controllo sociale', sulla scia degli studi di Michel Foucault.[102] *H come Milano*, del resto, segue di pochi anni *Memoriale* di Paolo Volponi (1962) e *La giornata di uno scrutatore* di Calvino (1963), due romanzi in cui il Lager si fa modello analogico per comprendere i meccanismi dell'alienazione del manicomio e della fabbrica.[103] *Lager dolce lager*, uscito nel 1977 ma completato – secondo la testimonianza di De Carlo – già nel 1971, è contemporaneo de *Il portiere di notte* di Liliana Cavani (1974) e del *Salò* di Pasolini (1975): ma anche – e soprattutto – di quella 'investigazione neoilluministica' sulle strutture di potere condotta da Leonardo Sciascia a partire dalla *Storia della colonna infame*,[104] così come agli studi di Italo Mereu sul processo inquisitorio, intrapresi come 'contrappunto ideologico alla legislazione sull'emergenza' degli anni di piombo.[105]

I temi della violenza e del potere sono però, come abbiamo visto, già centrali in *Io credo nei vampiri*: un libro che, come in seguito i romanzi, sfrutta fino in fondo il potenziale di ambiguità garantito dall'uso della prima persona. È una tecnica che De Rossignoli conosce bene, imparata da uno dei pochi autori cui riserva sinceri elogi nella sua panoramica del mito del

---

101   Robert S. C. Gordon, *Scolpitelo nei cuori. L'Olocausto nella cultura italiana (1944–2010)*, trad. di Giuliana Olivero (Torino: Bollati Boringhieri, 2012), pp. 198–99.

102   Ibid. p. 195.

103   Ibid. p. 196.

104   Ibid. p. 197.

105   Italo Mereu, *Storia dell'intolleranza in Europa* (Milano: Bompiani, 1988), p. vii.

vampiro in letteratura: Richard Matheson, il cui *Io sono leggenda*, del 1954, ha più di un punto in comune con *H come Milano* – a partire dall'esplorazione del tenue confine tra l'uomo e il mostro – e di cui De Rossignoli stenderà la prefazione a una nuova edizione, pubblicata da De Carlo nel 1972 col titolo *I vampiri*.[106] La lezione di Matheson – confondere i punti di vista, spiazzare – viene applicata con costanza nel corso dei decenni. Uno dei primi polizieschi di De Rossignoli, *Nuda per il lupo* – uscito nel 1959 con lo pseudonimo di Martin Brown –, è la narrazione in prima persona della caccia a un serial killer, che si scopre infine essere il detective stesso: l'idea non è originalissima – *L'assassinio di Roger Ackroyd* di Agatha Christie è del 1926 –, ma De Rossignoli la sviluppa con scaltrezza, disseminando indizi che si rivelano tali solo a una seconda, più attenta lettura. In *H come Milano* e in *Lager*, come si è visto, la prima persona è funzionale all'analisi della discesa del protagonista nella follia. Uno degli ultimi romanzi, *La donna di ghiaccio* (1982), è affidato a una narratrice inaffidabile, che omette o distorce dettagli essenziali. Sono strategie esplorate, negli stessi decenni, dal giallo cinematografico all'italiana: un genere a cui romanzetti *pulp* come quelli di De Rossignoli preparano la strada – il capostipite riconosciuto del genere è *La ragazza che sapeva troppo* di Bava, del 1963, che si apre non a caso con la copertina di un poliziesco da edicola – e che significativamente declina, nei primi anni Ottanta, con pellicole come *Tenebre* di Dario Argento, uscito nello stesso anno de *La donna di ghiaccio* e in cui l'assassino – come in un giallo di De Rossignoli – è lo scrittore. Al tempo stesso, però, autori come De Rossignoli (o Pino Belli, o Libero Samale, o Franco Prattico) sembrano mettere in pratica, senza volerlo, qualcosa che la critica sta proprio in quegli stessi anni delineando nella teoria: l'autorialità come costrutto, maschera e *performance*; la scrittura come nozione alternativa al mito romantico della 'letteratura', e lo scrittore come opposto all''autore'; la scrittura come gioco, menzogna e prassi combinatoria, in un'epoca di innocenza perduta; e il fantastico come unica opzione realista. Le date, del resto, parlano chiaro: *Opera aperta* di Eco è del 1963; 'La letteratura come menzogna' di Giorgio Manganelli è del 1967, lo stesso anno in cui Barthes

---

106 Emilio De Rossignoli, 'Presentazione', in Richard Matheson, *I vampiri*, trad. di Lucia Milani (Milano: De Carlo, 1972), pp. 5–12.

formula il concetto di 'morte dell'autore'; e 'Qu'est-ce qu'un auteur?' di Foucault è del 1969. Sono (anche) romanzi come quelli di De Rossignoli e dei suoi innumerevoli *alter ego* – Martin Brown, Emil Ross, Jarma Lewis, Tim Dalton, Ed Rhodes, Sandy James – a insegnare quella diffidenza verso chi narra su cui si fonda il disincanto postmoderno.

Nell'avvicinare *Io credo nei vampiri*, i primi lettori restano interdetti. Era uno 'strano libro', commenta Bissoli, dal 'titolo discutibile' ma entusiasmante.[107] 'Emilio De Rossignoli. Chi era costui?', ricorda Danilo Arona. 'Un grande, di sicuro. Sapeva tutto e di più sul magico e terrificante mondo dei vampiri. E scriveva non da adulto snob, ma da adulto saggio, perfettamente in grado di farsi comprendere da un ragazzino. E ancora – il dato più importante, perlomeno per me – Emilio ci credeva. Al punto tale che la sua fede era divenuta il titolo del tomo'.[108] *Io credo nei vampiri*, come abbiamo visto, è la prima opera di De Rossignoli uscita col proprio vero nome, e l'autore non si nasconde: 'Emilio de' Rossignoli', recita il risvolto di copertina originale, 'è nato nobile di origine dalmata, a Lussino in provincia di Pola, nel 1920. Ha studiato a Trieste e a Genova, dedicandosi molto presto al giornalismo. Dopo la guerra si è specializzato nel campo dello spettacolo. [...] Ha scritto anche alcuni romanzi gialli'. Il libro è contrappuntato da ricordi personali, significativamente sparsi tra memorie dotte, letterarie e cinematografiche, e ovviamente impossibili da verificare. 'La mia trisavola fu sepolta viva', ricorda De Rossignoli, 'a vent'anni dall'inumazione, il suo corpo fu ritrovato intatto nel sepolcreto di famiglia': secondo alcuni occultisti, una persona sepolta viva può diventare un vampiro, e se questa teoria 'è esatta, ella può essere uscita per settemila notti, alla ricerca di sangue umano'.[109] Prigioniero in un campo di lavoro in Germania, all'indomani dell'8 settembre, De Rossignoli ascolta storie di vampiri dalla bocca di una prigioniera sovietica,[110] e altrettanto fa nei villaggi balcanici della propria giovinezza. A Venezia, alla ricerca di incunaboli con cui nutrire il proprio interesse, ha conosciuto un medico ungherese, tale 'Stephen Gabor' morto

---

107   Bissoli, 'Io, la provincia italiana e l'arrivo dei "Racconti di Dracula"', pp. 58–59.
108   Arona, 'In viaggio con Emilio', p. 8.
109   De Rossignoli, *Io credo nei vampiri*, p. 17.
110   Ibid. p. 82.

'durante la rivolta ungherese del 1956 [...] da galantuomo, combattendo per la sua Idea'.[111] Una notte, nel cimitero di un villaggio a trecento chilometri da Budapest, Gabor ha visto un vampiro. Quello che non gli ha detto è che quel vampiro l'ha morso: lo rivelerà nella sua ultima lettera, con cui De Rossignoli – con *coup de théâtre* da narratore consumato – conclude il libro.[112] La lettera è siglata 3 novembre, il giorno in cui il KGB, in spregio alle norme del diritto internazionale, aveva arrestato Pál Maléter, comandante in capo dell'esercito ungherese e capo militare della Rivoluzione. Il giorno dopo, l'Unione Sovietica aveva invaso l'Ungheria.

Letteratura come menzogna, si diceva: perché mai, in *Io credo nei vampiri*, il narratore è affidabile, e tantomeno quando sconfina nell'autobiografia o si richiama alla propria esperienza diretta in modo così palesemente inverosimile. Anche l'esibita erudizione del libro è fallibile: ad aneddoti effettivamente desunti da fonti verificabili, De Rossignoli alterna storie ed episodi di propria invenzione; la bibliografia non include testi effettivamente adoperati, e – per contro – comprende libri scopertamente mai visti, addirittura libri inesistenti, con deliberata volontà di spiazzare il lettore. Nel trattare di *Io sono leggenda* di Matheson, De Rossignoli lo presenta come 'uno dei due soli romanzi *moderni* sui vampiri':[113] l'altro è *Lilith*, di Jarma Lewis, 'nata in Cecoslovacchia, ma da molti anni residente negli Stati Uniti', autrice di 'una serie di romanzi d'orrore' che mescolano 'abilmente elementi avventurosi e polizieschi con la demonologia'.[114] Ma Jarma Lewis è solo uno degli pseudonimi dello stesso De Rossignoli, rubato a un'attrice di secondo piano della Hollywood degli anni Cinquanta, e *Lilith* altro non è che *Il mio letto è una bara*, pubblicato l'anno seguente da Franco Signori. Nel cuore di *Io credo nei vampiri*, dunque, De Rossignoli recensisce se stesso: l'edizione americana di *Lilith*, che appare regolarmente in bibliografia (luogo di stampa: New York), è a tutti gli effetti uno *pseudobiblion*, che crea – fra l'inesistente originale e la sua fasulla traduzione, e fra il De Rossignoli 'teorico' e il De Rossignoli romanziere – un cortocircuito

---

111 Ibid. pp. 87–88.
112 Ibid. p. 367.
113 Ibid. p. 290.
114 Ibid. p. 297.

pienamente postmoderno. *Il mio letto è una bara* è un romanzetto di vampiri, con copertina ammiccante d'ordinanza; ma *Lilith* è un gioiello di complessità, che sotto lo schermo degli 'elementi avventurosi e polizieschi' abbraccia l'intera tradizione del racconto di vampiri e la stravolge. La protagonista omonima, scrive De Rossignoli, 'è un personaggio unico nella letteratura vampirica poiché, [sic] è un'*eroina positiva*'.[115] Lilith non morde per contagiare, ma solo per nutrirsi: sa che la sua natura è una maledizione alla quale non vuole condannare i viventi, e l'unico – nel libro – a compiere atti di volontario sadismo è il medico che dà la caccia a lei e ai suoi simili, e che ai vampiri che tiene prigionieri inietta, per torturarli, soluzioni di allicina, il composto sulforganico che dà all'aglio il suo caratteristico odore. Per questo, conclude De Rossignoli, 'Lilith è una figura umanissima e assai simpatica', e 'forse' – aggiunge, 'segna l'inizio di un ciclo nuovo nella letteratura vampirica, quello della *pietà per i mostri*'.[116]

De Rossignoli, del resto, ha fin dal principio dichiarato l'equivalenza di falso e vero, così come di 'alto' e 'basso', nella propria operazione:

> Incominciai a interessarmi ai vampiri molti anni fa. Io sono giornalista e critico cinematografico, una professione che mi obbliga a vedere molti film e rivedere quelli di un certo valore artistico. Nella storia del cinema, ci sono almeno due capolavori riconosciuti che si basano su storie di vampiri [*i.e. Nosferatu* e *Vampyr*], ma esistono altre innumeri opere cinematografiche le quali trattano il medesimo argomento. Per lo studio da me intrapreso, *gli uni e le altre hanno la medesima importanza, perché mi hanno aiutato, un passo dopo l'altro, a raggiungere la verità*.[117]

Interessante che la 'verità' si possa raggiungere per il tramite di opere di finzione, e che anzi queste ne siano, di fatto, l'unica condizione di possibilità: una conferma ulteriore – casomai ce ne fosse bisogno – della duttilità con cui le acquisizioni teoriche del postmodernismo, e innanzitutto la decadenza dell'autenticità' come mito di purezza ideologico-artistica, siano capaci di nutrire forme di 'impegno' e di 'intervento culturale e politico

---

115   Ibid.
116   Ibid. p. 298.
117   Ibid. p. 7 (corsivi miei).

di carattere emancipativo.'[118] Non appare casuale, allora, che le esperienze autobiografiche rielaborate o inventate in *Io credo nei vampiri* vengano a coincidere con memorie traumatiche situate nella dimensione della storia: l'esperienza del campo di lavoro e la Seconda Guerra Mondiale, i fatti d'Ungheria e l'eco che ricevono presso il pubblico occidentale, la Dalmazia italiana dalla prospettiva sradicata dell'esule. Il vampiro di De Rossignoli incarna la duplicità della tragedia della storia: carnefice e vittima, parassita e creatura miseranda, il vampiro è una creatura che ispira disgusto e pietà, esattamente come l'umano di cui è il rovescio. Manzoni lo aveva intuito: l'uomo che aveva portato la peste a Milano, un fante di Lecco o di Chiavenna chiamato – a seconda delle testimonianze – Pietro Antonio Lovato o Pier Paolo Locati, era stato sì un 'portator di sventura', ma anzitutto uno 'sventurato'.[119] Credere nei vampiri significa dunque credere in questa ambivalenza dell'umano: a chiunque, come nel racconto di Selma Lagerlöf, può toccare di guidare la carretta della morte.

---

118   Pierpaolo Antonello, *Dimenticare Pasolini. Intellettuali e impegno nell'Italia contemporanea* (Milano e Udine: Mimesis), p. 129.

119   Manzoni, *I promessi sposi*, p. 580.

CAPITOLO 2

È giunta mezzanotte. Spettri di famiglia

Intorno agli spiritisti c'è odore di crisantemo, polvere ottocentesca. Chi pratica l'evocazione è contento di quell'atmosfera e la assapora. Per me è quasi sempre nauseabonda. Capisco benissimo l'atteggiamento della Chiesa e della scienza che tende a impedire questo tipo di esercizio. L'inconscio, liberato da pratiche rituali attuate sgangheratamente, non si sa quali guai possa produrre.

— FEDERICO FELLINI, intervista con Tullio Kezich (1965)[1]

I fantasmi esistono, signori e signore. I morti ritornano e uccidono, anche perché sono vendicativi, i morti. Ma bisogna perdonarli. Pietà per loro. Pietà per loro. Pietà per chi ama.

— BERNARDINO ZAPPONI E DINO RISI, *Fantasma d'amore* (1981)

Interrogata la Congregazione del Santo Uffizio, se sia lecito, con l'intervento di un medium, come dicono, o senza di esso, servendosi o no dell'ipnotismo, assistere a locuzioni o manifestazioni spiritiche, quali esse siano, anche se abbiano l'apparenza di onestà o di pietà, e sia che si interroghino le anime o gli spiriti, sia che si ascoltino le loro risposte, sia che solo si sia spettatore, e questo anche con protesta implicita o esplicita di non voler avere a che fare con gli spiriti cattivi, la Santa Congregazione risponde negativamente in tutto.

— Congregazione del Sant'Uffizio, 27 aprile 1917[2]

---

1   Federico Fellini, *Giulietta degli spiriti*, a cura di Tullio Kezich (Bologna: Cappelli, 1965), pp. 39 e 41.

2   Cit. in Pitigrilli, *Pitigrilli parla di Pitigrilli* (Milano: Sonzogno, 1949), p. 223.

Uccidono i morti?

Nel novembre del 1960 Carlo Fruttero e Franco Lucentini pubblicano
l'antologia *Storie di fantasmi*. Il volume esce a Torino, per Einaudi: la storia
dei fantasmi – letterari e non – è del resto, in Italia, una storia in larga
parte torinese. È la Torino laica dell'età postunitaria a ospitare gli esperimenti spiritici di Cesare Lombroso ed Enrico Morselli. È la vecchia Torino
borghese a fare da teatro alle discrete ma sorprendenti sedute di Gustavo
Adolfo Rol, che incanteranno – fra gli altri – Pitigrilli, Buzzati e Fellini. È
fra Torino, le Alpi nordoccidentali e Roma che è ambientata quella che è
forse l'unica, vera antologia personale di *ghost story* partorita dal Novecento
italiano, le *Storie di spettri* di Mario Soldati.[3] Ed è a Torino che opera –
'*hanté* dagli spettri' della città, al punto di decidere di stabilirvisi – Malcolm
Skey, massimo esperto della storia di fantasmi britannica, che proprio nei
locali dell'Einaudi, negli anni Settanta, incontra Soldati.[4] Di questa storia,
Fruttero e Lucentini, Pitigrilli, Rol e Soldati sono ugualmente protagonisti:
e non solo perché i sedicenti 'autentici' fantasmi dello spiritismo condividono un 'discorso' comune con gli spettri della letteratura di finzione,[5]
ma perché – come vedremo – il fantasma che viene più insistentemente
evocato, in fondo, è proprio quello di una trasognata Torino d'altri tempi.
   L'antologia di Fruttero e Lucentini segue di un anno *Le meraviglie
del possibile*, curata da Fruttero e Sergio Solmi e dedicata alla fantascienza:

---

3   Giacomo Jori ('Addio agli spettri', in Mario Soldati, *Storie di spettri* (Milano,
    Mondadori, 2010), pp. v-xvi (p. v n.)) cita come unico precedente le *Storie d'uomini
    e di fantasmi* di Giulio Caprin (1913), ma – allargando la prospettiva alla narrativa
    weird in senso più ampio, influenzata principalmente da Hoffmann e da Poe – pos-
    siamo menzionare almeno *I racconti meravigliosi* di Egisto Roggero (1901), *Il vam-
    piro. Racconti incredibili* di Giuseppe Tonsi (1904) e *Il ritratto del morto* di Daniele
    Oberto Marrama (1907), tutte (come la raccolta di Soldati) comprendenti in larga
    parte racconti già apparsi in pubblicazioni periodiche.
4   Ibid.
5   Su questo punto si veda Nicolangelo Becce, *Apparizioni spiritiche e fantasmi letterari.
    Il 'Modern Spiritualism' e lo sviluppo della 'ghost story'* (Napoli: La scuola di Pitagora,
    2016), p. 20.

l'intento, evidentemente, è di esplorare una nuova provincia della narrativa d'immaginazione, ma in questo caso il campo è decisamente più circoscritto. *Le meraviglie* raccogliea per lo più racconti contemporanei, mostrando un genere vivo e per certi versi ancora in formazione. Le più recenti delle *Storie di fantasmi* sono invece, al massimo, dei tardi anni Venti: per Fruttero e Lucentini, la *ghost story* è un fenomeno già trascorso. Non solo: se il sottotitolo è estremamente chiaro nello specificare che si tratta di 'racconti anglosassoni del soprannaturale', gli autori sono, con l'eccezione di Lovecraft, tutti britannici. Negli anni che vedono lo sgretolarsi dell'Impero – la crisi di Suez è di appena quattro anni prima –, la *ghost story* testimonia di un mondo che non esiste più, 'quello sfondo complesso e convenzionale' che Fruttero, nella prefazione, definisce la tipica 'atmosfera inglese': uno scenario 'di nebbie, di vie lucide di pioggia, di brughiere, di cancellate, di facciate palladiane, di parchi, di tizzoni accesi, di poltrone con le orecchie'.[6]

Le scelte di Fruttero – Lucentini conserva un ruolo più marginale – appaiono meno neutre se le confrontiamo con quelle di Bruno Tasso, che pochi mesi prima, a marzo, assembla per Sugar la raccolta *Un secolo di terrore*. Anche Tasso, è vero, seleziona unicamente autori anglosassoni (benché non solo britannici), ma adotta una panoramica di lungo periodo che distingue fra 'precursori' (Le Fanu, Stoker e Stevenson), 'classici' come M. R. James e Blackwood, autori in cui 'il terrore scende per le strade' e racconti contemporanei, caratterizzati dal proiettare il terrore in una dimensione 'metafisica'. Con autori come Conrad Aiken e Stanley Ellin, dichiara Tasso, 'i fantasmi non esistono più, diventano una specie di gioco da bambini', chiudendo il cerchio iniziato con il gotico vittoriano:

> una cosa normale come la neve diventa più spaventosa di tutti i topi mostruosi con i loro diabolici sottintesi, una festa si trasforma in qualcosa di simile a un inferno dantesco, un innocuo gioco di società sfocia in una ironica tragedia, un morto può tornare a reclamare, non si capisce bene se nella realtà o solo nella fantasia, quanto non

---

6   Carlo Fruttero, 'Prefazione', in *Storie di fantasmi. Antologia di racconti anglosassoni del soprannaturale*, a cura di Carlo Fruttero e Franco Lucentini (Torino: Einaudi, 1960), pp. v-xv (p. x).

ha potuto ottenere in vita. E questo è, per oggi, il punto limite raggiunto da un tipo di racconto che aveva avuto il suo piano di partenza a un livello puramente fisico [...].[7]

Per Tasso, dunque, il racconto di fantasmi è qualcosa di ancora vivo, per quanto sia impossibile prevederne gli sviluppi futuri: ed è ben difficile che le 'meraviglie del possibile' possano prenderne il posto, poiché – riflette Tasso – la fantascienza 'lascia ancora troppo margine all'immaginazione per poter sperare di riuscire convincente. Fra il terrore astratto e un marziano sarà sempre il primo, credo, a incuterci maggiore paura, a farci riflettere, a darci la sensazione di essere soli contro un mondo ostile e pieno di fantasmi, magari creati da noi stessi'.[8] Per Fruttero, invece, la *ghost story* è un genere cristallizzato e morto, teso fra la stagione dell'illuminismo europeo – quando 'streghe, diavoli, maghi, spettri, alchimisti e altri equivoci personaggi cessano di rappresentare un pericolo reale, un problema di polizia, e diventano pretesto letterario'[9] – e l'età contemporanea, in cui le storie di fantasmi 'non hanno lo stesso mordente' del passato, 'sono diventate passatempo sofisticato [...] o mera necessità commerciale', ed è proprio la fantascienza ad aver conquistato il monopolio della narrativa d'immaginazione nel 'nostro mondo finalmente senza ombre'.[10]

L'antologia Einaudi sarà, allora, testimonianza di un capitolo – rilevante, ma trascorso – di storia del gusto: operazione non priva di una certa utilità, specie in un paese come l'Italia dove in effetti, prima del biennio 1959–1960, la *ghost story* britannica risulta poco o scarsamente diffusa. Degli autori 'canonici' quali identificati da Julia Briggs (1977 e 2012) l'unico veramente rappresentato, ma per altre ragioni, è Charles Dickens;[11] di Le Fanu

---

7   Bruno Tasso, 'Introduzione', in *Un secolo di terrore. 17 racconti del terrore*, a cura di Bruno Tasso (Milano: Sugar, 1960), pp. i–vi (pp. v–vi).

8   Ibid. p. vi.

9   Fruttero, 'Prefazione', pp. vi–vii.

10   Ibid. p. xv.

11   Faccio qui riferimento a Briggs, *Visitatori notturni* e 'The Ghost Story', in *A New Companion to the Gothic*, a cura di David Punter (Chichester: Blackwell, 2012), pp. 176–85. Risultano anche singoli racconti o romanzi, fra gli altri, di Wilkie Collins, Arthur Conan Doyle, Rudyard Kipling, Richard Marsh ed Herbert George Wells, ma si tratta – come nel caso di Dickens – di autori conosciuti (e tradotti) per altre

esiste solo la traduzione di un singolo racconto, del 1919; un solo racconto anche per M. R. James, forse l'autore più canonico del genere, tradotto nel 1932, e ugualmente uno per Algernon Blackwood, nel 1930; sempre nel 1932 appare la prima edizione italiana (e l'unica, fino al 1955) di *The Turn of the Screw* di Henry James; completamente assenti, per lo più addirittura fino agli anni Ottanta, scrittrici come Elizabeth Gaskell, Margaret Oliphant o Edith Wharton. Di fatto, prima delle antologie di Tasso e di Fruttero e Lucentini il racconto di fantasmi all'inglese come genere specifico, in Italia, non esiste: e del resto lo stesso Fruttero, per reperire i materiali per *Storie di fantasmi*, deve ricorrere alle edizioni originali presenti nella ricca biblioteca di Roberto Radicati di Marmorito, aristocratico piemontese, che aveva incontrato per la prima volta da adolescente, nel 1943, durante la guerra.[12]

Il ruolo pionieristico dell'antologia di Fruttero e Lucentini rende la loro selezione particolarmente rilevante: di fatto, sdoganando la *ghost story* anglosassone presso il pubblico Einaudi, la raccolta finisce per tracciare specifici paradigmi di ricezione del genere. *Storie di fantasmi* include quattro racconti di M. R. James (1862–1936), tre di Lovecraft (1890–1937), due di Arthur Machen (1865–1947), e uno a testa per gli altri: W. F. Harvey (1885–1937), Oliver Onions (1873–1961), H. G. Wells (1866–1946), W. W. Jacobs (1863–1944), Algernon Blackwood (1869–1951) e P. Kettridge (sul quale torneremo poi). La scelta di Machen può stupire, ma soprattutto sorprende quella di Lovecraft, un autore che mai si era dedicato alla *ghost story* in senso stretto e che qui è addirittura presente con due racconti – su tre – appartenenti al 'ciclo di Cthulhu': l'inclusione anticipa a tutta evidenza l'antologia che, appena sei anni dopo, Fruttero e Lucentini consacreranno all'autore di Providence – la seminale *I mostri all'angolo della strada*, del 1966 – ma è

---

ragioni, e di cui la circolazione di singole *ghost story* non incide, di conseguenza, sul panorama complessivo.

12   Fruttero lo ringrazia in calce alla prefazione (p. xv), e ne ricorda la ricca biblioteca in *Mutandine di chiffon. Memorie retribuite* (Milano: Mondadori, 2011), pp. 23–37. Il ruolo di Radicati di Marmorito viene anche sottolineato da Giuseppe Lippi, 'Carlo Fruttero "el noster martianitt"', *Robot*, 65 (2012), 86–89 (p. 87); Bissoli, che tenne con Radicati di Marmorito una lunga corrispondenza, riporta 'una curiosità: in una sua lettera il Conte mi scrisse che i libri che prestò ai curatori, non gli furono più restituiti' (*Conferenze Letteratura 2012*, p. 69).

altrettanto evidente come a Fruttero sia essenzialmente alieno il concetto
stesso di letteratura *weird*, fino a fargli tacciare di passatismo *The Great
God Pan* di Machen e definire Lovecraft 'neogotico'.[13]

Più importante, tuttavia, è la periodizzazione: l'antologia di Fruttero e
Lucentini, infatti, comprende in pratica solo scrittori cresciuti nell'ultimo
scorcio dell'età vittoriana, attivi nei decenni tra le due guerre e spesso scomparsi da non troppo tempo (Oliver Onions è addirittura ancora vivo). Essa
tralascia dunque autori come Dickens e Le Fanu, e la letteratura vittoriana
in genere: con l'eccezione di Lovecraft, i racconti risultano tutti pubblicati fra il 1895 (il racconto di Wells e 'The Novel of the White Powder'
di Machen) e il 1917 ('The Terror', sempre di Machen), facendo dunque sì
che l'antologia fotografi perfettamente quella età dell'oro della *ghost story*
britannica che la critica localizza fra gli anni Ottanta del diciannovesimo
e gli anni Venti del ventesimo.[14]

Tale scelta non è priva di implicazioni. Se quella fase rappresenta infatti
l'apogeo del genere da un punto di vista stilistico-formale – quando, per
dirla con Fruttero, 'le regole del gioco' sono pienamente codificate e 'rigi-
dissime', ai limiti del passatempo intellettuale[15] – essa coincide anche, scrive
Simon Hay, con la sua depoliticizzazione.[16] Pur conservando ovvie affinità
tematiche con quella vittoriana, la *ghost story* dell'età dell'oro ridefinisce la
propria relazione con il reale, invertendo il punto di vista della narrazione:
se per Dickens o Le Fanu la 'realtà' e la 'vita' sono categorie sociali – e
sociali e storiche sono le cause delle azioni umane – per autori come James
e Blackwood realtà e vita sono principalmente categorie psicologiche, ed
è sui moventi psicologici dell'azione che il narratore si concentra.[17] Così
facendo, la *ghost story*, pur guadagnando in efficacia, perde di fatto il proprio
potere di critica e – assieme – la propria dimensione politica: se ogni storia
di fantasmi, sostiene Hay, ha sempre a che fare con un trauma irrisolto di

---

13   Fruttero, 'Prefazione', pp. xii–xiii.
14   Simon Hay, *A History of the Modern British Ghost Story* (Basingstoke: Palgrave
      Macmillan, 2011), p. 91.
15   Fruttero, 'Prefazione', p. ix.
16   Hay, *A History of the Modern British Ghost Story*, p. 93.
17   Ibid. p. 92.

carattere storico – nel caso specifico della Gran Bretagna, il transito dall'aristocrazia rurale alla borghesia metropolitana e la crescita e l'espansione dell'Impero Britannico – la *ghost story* dell'età classica elide la dimensione della storia, e di conseguenza le sue tensioni, in favore di una dimensione psicologizzante e sottilmente *uncanny*. Autori come James, coi loro personaggi – di norma antiquari – intenti a riportare alla luce frammenti del passato in dimore storiche accuratamente descritte, rappresentano il desiderio borghese di impossessarsi dell'eredità e degli spazi dell'aristocrazia; e tuttavia, dato che il passato non si può mai ereditare in modo innocente, la sua carica perturbante dovrà essere disinnescata, abbandonando luoghi e oggetti 'infestati' o restituendo i frammenti di passato a quei luoghi – il museo, la pinacoteca, l'archivio – in cui la modernità regola i propri conti con la storia. Per questo, nota sempre Hay, le storie di fantasmi dell'età dell'oro hanno quasi tutte un finale narrativamente soddisfacente (che non vuol dire un lieto fine): il piacere generato da tali storie non risiede in una produzione di conoscenza, e dunque di implicita critica, delle strutture che sottostanno all'esperienza vissuta, ma precisamente nell'attenzione sistematica a tale esperienza, descritta con meticolosità.[18] È un aspetto di cui Fruttero si rende perfettamente conto: le storie della *golden age* sono tutte fondate sul quotidiano più banale, e James in particolare 'spinge al limite estremo il contrasto fra quotidiano e soprannaturale'; personaggi e ambienti dei racconti di James, prosegue,

> hanno sempre un'urbanità, una grazia ironica e composta, un nitore settecentesco; i suoi professori, i suoi antiquari, ecclesiastici, eruditi, e certe figurine di contorno, colonnelli a riposo, servi sciocchi, zitelle curiose, certi scorci di paesaggio inglese, laghetti, dune, ville di campagna, ruderi coperti d'edera, dànno vita a composizioni di misuratissima eleganza, di sorridente amabilità; quanto ingannevoli, il lettore vedrà da sé.[19]

---

18   Ibid. pp. 98–99.
19   Fruttero, 'Prefazione', p. xi. Analoghe considerazioni farà Dino Buzzati, presentando una selezione di racconti di M. R. James per la collana Bompiani 'Il Pesanervi': il mondo di James è fatto di 'Abbazie, vecchi archivi, archeologi, professori d'università, vescovi, querce centenarie, dimore eccessivamente vissute, diaconi, arcidiaconi, tipi bizzarri di studiosi, storiche chiese, cimiteri abbandonati. Pacato è il discorso, che

Una simile, esasperata tensione mimetica è quel che Hay – prendendo a prestito un'opposizione concettuale di György Lukács – definisce il 'naturalismo' delle storie di fantasmi dell'età dell'oro: non un 'realismo' – attento alla dimensione strutturale e storica del trauma, com'era per la ben più destabilizzante storia di fantasmi vittoriana – ma un'ipertrofia descrittiva e psicologizzante che rappresenta il reale con fedeltà meticolosa, senza delinearne una critica.

Selezionare e proporre storie di fantasmi dell'età classica, presentandole come le uniche autenticamente paradigmatiche, significa dunque inibire qualunque possibilità che la *ghost story* possa parlare al *qui* e all'*ora*. Immerso in un mondo stereotipato e immobile fatto di antiquari, zitelle e vicari, sullo sfondo dell'eterna provincia inglese, il racconto di fantasmi è sempre – per Fruttero – qualcosa d'altro, distante e alieno nel tempo come nello spazio: se ciò che spaventava i lettori dell'Ottocento o della *Belle Époque*, scrive, sembra ora una bazzecola al cospetto della bomba atomica,[20] per i lettori italiani la *ghost story* ha un surplus di bizzarra esoticità nel suo essere inestricabilmente legata all'immaginario d'oltremanica. Gli inglesi, aggiunge Fruttero, hanno portato il genere alla perfezione in virtù della loro capacità di 'evitare le sbandate liricheggianti dei tedeschi e le compiacenze "letterarie" dei francesi' – e, va da sé, degli italiani, la cui tradizione nella narrativa soprannaturale è solo marginalmente degna di menzione:

---

comincia spesso con minute, e apparentemente noiose, descrizioni di case, di monumenti, di paesaggi. Tutto è tranquillo, probo e rassicurante [...]. Non è il mistero fosco e fumigoso di Londra. È il mistero, più sottile e penetrante, delle contrade solitarie, dei vescovadi anglicani, dei colleges carichi di tradizioni e di polvere, di quel mondo incantevole che è una delle più care creazioni del popolo britannico. [...] Siamo in un'Inghilterra vecchiotta, accademica, educata e per bene. L'enigma e l'incubo scaturiscono da carte ingiallite, venerande querce, veterane magioni, buie botteghe d'antiquario, una scenografia placida e carica di dignità. Eppure.' ('Prefazione', in Montague R. James, *Cuori strappati* (Milano: Bompiani, 1967), pp. vii-xi (p. x)).

20   'Il nostro "gouffre", il nostro volto di Gorgona, è potenzialmente "la" bomba, ed è l'immagine del fungo – e non certo le boccacce di Frankenstein – che ha la facoltà di destare in noi quell'attrazione ipnotica, quel senso di vertigine, raccapriccio e inebetita impotenza che i romantici cercavano di suscitare' (Fruttero, 'Prefazione', p. vii).

> quando si è detto che in Inghilterra esiste una lunga tradizione della *ghost-story* [sic], che a Natale le famiglie si riuniscono a leggerle a voce alta, che si pubblicano addirittura delle raccolte arrangiate espressamente per la narrazione, non si è detto ancora nulla. Né vogliamo privare i cesellatori ideologici del piacere di azzardare, Marx, Freud e magari Adorno alla mano, una teoria che dia ragione del fenomeno. Ci limiteremo a constatare che, per quanto riguarda, ad esempio, l'Italia, le prove pur non prive di grazia di un Tarchetti, di un Boito, di un Capuana, restano lontanissime dallo spirito della *ghost-story* anglosassone.[21]

È un *cliché* tenace, questo dell'inglesità' degli spettri, che in un libro di tutt'altro genere – l'*Italia a mezzanotte* del giornalista toscano Giorgio Batini, ironica e pittoresca cavalcata fra le 'storie di fantasmi, castelli e tesori' della penisola pubblicata nel 1968 – si riaffaccia ripetutamente, a denunciare l'intrinseca contraddizione del parlare di fantasmi in Italia: 'in fondo,' scrive Batini, 'i più noti fantasmi sono per noi merce d'importazione, e se qualcuno avesse il coraggio di andare a vedere la marca impressa sul lenzuolo, si accorgerebbe che c'è scritto "made in England".'[22] È un giudizio ingeneroso, se quell'importazione' – almeno, a livello letterario – era cominciata non più di otto anni prima, e se, d'altro canto, l'Italia aveva dalla sua una tradizione di racconti di fantasmi di tutto rispetto.[23] Ciò che è più importante, tuttavia, è che il libro di Batini contraddice ben presto il proprio assunto di partenza: *a mezzanotte*, l'Italia non è in nulla diversa dall'Inghilterra, popolata com'è di *Poltergeist* e di presenze, di spettri e di Dame Bianche.

La medesima contraddizione – più soffusa – anima l'operazione editoriale orchestrata da Fruttero. La prefazione rigetta l'idea stessa di un racconto italiano del soprannaturale, sancendo al contempo l'impossibilità di scrivere un racconto del soprannaturale che sia *contemporaneo*: 'oggi [di *ghost story*] se ne scrivono ancora, ma non hanno lo stesso mordente [...]; il soprannaturale non sembra più essere un buon veicolo dell'immaginazione,

---

21   Ibid.
22   Giorgio Batini, *Italia a mezzanotte. Storie di fantasmi, castelli e tesori* (Firenze: Vallecchi, 1968), p. 9.
23   Si veda Fabrizio Foni (a cura di), *Il gran ballo dei tavolini. Sette racconti fantastici da 'La Domenica del Corriere'* (Cuneo: Nerosubianco, 2008).

un regno senza limiti aperto a chi mal sopporta le catene della ragione, della scienza, della tecnica'.[24] Tramontata la storia di fantasmi 'classica', al tempo presente non restano che l'esercizio di stile o la narrativa a basso costo dei 'mercanti del brivido', quei *pocket-books* dalle copertine grondanti sangue', pieni di 'ignobili sciocchezze' e caratterizzati da 'innegabile volgarità e truculenza'.[25]

Ufficialmente, Fruttero si scaglia qui contro il *pulp* statunitense: ma non si può non pensare, anche, a quei periodici che da qualche mese affollano le edicole italiane. Lettore accanito de 'I Racconti di Dracula', Sergio Bissoli racconta di aver contattato la casa editrice per avere informazioni sugli autori:

> ne volevo sapere di più sugli autori ricorrenti che scrivevano i romanzi per la collana dei *Racconti di Dracula* [...]. Provai a scrivere alla società editrice di quella collana, la ERP in via Pietro da Cortona 8 a Roma, e da lì mi risposero così: 'Gli scrittori della serie *Dracula* appartengono tutti al secolo scorso. I nostri redattori con improba fatica rielaborano i testi adattandoli ai giorni nostri'. Stupefatto e deluso, scrissi nuovamente per avere l'indirizzo dell'editore inglese [...]. Dalla ERP ricevetti allora una secca risposta che diceva: 'Per segreto d'ufficio non possiamo rivelare i dati da Lei richiesti...'. Sempre più sbalordito e meravigliato, scrissi al Conte di Marmorito di Torino, che ero faticosamente riuscito a rintracciare dopo aver scoperto il suo nome nell'elenco dei collaboratori della bellissima antologia *Storie di fantasmi* edita dall'Einaudi. Ma il Conte, grande e raffinato esperto di letteratura inglese classica, mi rispose molto gentilmente spiegandomi che assolutamente non aveva mai nemmeno sentito nominare nessuno degli autori [...].[26]

24 Fruttero, 'Prefazione', p. xv. Anni dopo, Fruttero e Lucentini parleranno espressamente di questa posizione come di un 'abbaglio': in realtà 'le vecchie storie di fantasmi [...] st[anno] tornando a rivivere tra le pagine della fantascienza. Il fenomeno', aggiungono, 'è in via di sviluppo, la produzione oscilla ancora tra l'aggiornamento dei vecchi temi e la creazione di nuovi, ma la ripresa è certa. [...] Ma noi personalmente avevamo previsto tutto il contrario' (Carlo Fruttero e Franco Lucentini (a cura di), *Incontri coi fantaspiriti* (Milano: Mondadori, 1978), pp. 6–7). Anche *Incontri coi fantaspiriti*, tuttavia, mantiene lo stesso pregiudizio anglocentrico dell'antologia del 1960.

25 Fruttero, 'Prefazione', p. viii.

26 Bissoli, 'Io, la provincia italiana e l'arrivo dei "Racconti di Dracula"', p. 51.

Bissoli scoprirà la verità negli anni Settanta – gli autori erano italiani, il titolo originale inglese era fasullo, il nome del traduttore era il vero nome dell'autore – ma l'aneddoto è interessante, anche solo per il ponte che implicitamente crea fra collane popolari come 'I Racconti di Dracula' e un'elegante operazione editoriale come l'antologia Einaudi. Di fatto, entrambe sorgono dallo stesso clima culturale, condividendo pubblico e lettori; entrambe attingono o fingono di attingere a un repertorio di autori inglesi 'del secolo scorso', e non è difficile immaginare che nell'Italia di quegli anni un lettore medio non dovesse essere troppo in grado di distinguere fra Algernon Blackwood e Frank Graegorius.

E però l'antologia di Fruttero e Lucentini gioca allo stesso gioco: perché 'Dalle tre alle tre e mezzo' di 'P. Kettridge' – uno di 'quella specie di scrittori', si lascia sfuggire Fruttero con una certa ironia, 'che hanno in sé un solo racconto'[27] – è in realtà opera di Lucentini; il finto titolo originale è 'Ghosts Don't Kill', e come traduttore – 'analogamente', scrive Roberto Curti, 'a quanto avveniva nei tascabili pulp dell'epoca'[28] – viene indicato proprio l'autore. Non solo: il titolo 'Ghosts Don't Kill' richeggia quello del primo dei 'Racconti di Dracula', *Uccidono i morti?* di Pino Belli/Max Dave, proprio dove esso, nel cuore del libro, ripropone il gioco che costituiva la cifra distintiva dei *pulp* da edicola.

Così facendo, nel momento stesso in cui *Storie di fantasmi* nega la legittimità di un racconto italiano e contemporaneo del soprannaturale, è proprio il libro a mettere in crisi le proprie stesse premesse, con strategie che fanno bruscamente collidere le esigenze commerciali della stampa popolare e l'ammiccante *pastiche* d'autore. 'Dalle tre alle tre e mezzo' è un perfetto esempio di gotico italiano e, come tale, tracimerà nel cinema, subendo un ulteriore, ludica manipolazione: esso fornirà infatti l'ispirazione per il terzo episodio di *I tre volti della paura* di Bava (1963) – intitolato 'La goccia d'acqua' – ma senza che la derivazione venga resa esplicita, e facendo invece riferimento a un inesistente racconto di Anton Čechov.

27 Fruttero, 'Prefazione', p. xv.
28 Curti, *Fantasmi d'amore*, p. 80 n. 3.

Ombre come cosa salda

Nel 1959 Mario Soldati elenca nei suoi quaderni alcuni racconti che sta
scrivendo o progettando: la lista si intitola 'Ghost Stories'. Tre anni dopo
quei racconti, più altri, confluiscono nella raccolta *Storie di spettri*.[29]

Nei primi anni Sessanta la *ghost story*, in Italia, è di casa, e l'opportunità di confezionare un libro a tema viene subito colta da Niccolò Gallo,
direttore della collana Mondadori 'Narratori italiani'. Gallo, che ha ricevuto
da Vittorio Sereni una lunga serie di racconti di Soldati, propone subito di
isolare le storie di fantasmi: esse, scrive all'autore nel 1961,

> vanno stampate a sé e faranno un bellissimo libro – *un libro di genere*, un piccolo
> classico: storie di spettri *come possono scriversene oggi*, le *ombre della coscienza* confi-
> gurantisi alle soglie del magico *in chiave di pura raison*.[30]

Sono i consueti *caveat* della cultura italiana del periodo (o se è per questo
anche di oggi) ribaditi anche dalle prime recensioni: di Pietro Citati – per
cui la raccolta 'colleziona [invenzioni spettrali], ne prepara e ne smonta
i meccanismi: ma non ci crede affatto' – o Giulio Cattaneo, per il quale
'Soldati non afferra il lettore nelle spire di un incubo ma lo incuriosisce
senza impaurirlo'.[31] 'A chi gioca con la fantasia', insomma, 'è *concesso* di
rientrare negli interessi della critica, a patto però che il suo prodotto non
sfugga di mano al controllo della razionalità':[32] ma Soldati, in realtà, intende
ancorarsi molto più di quanto si creda alle convenzioni del genere. Se in

---

29   Cito da Mario Soldati, *Storie di spettri* (Milano: Mondadori, 1962), ma farò ampia-
      mente riferimento alla ricca introduzione di Giacomo Jori per l'edizione del libro
      da lui curata nel 2010; per la storia editoriale del libro si veda la nota al testo di
      Stefano Ghidinelli che la segue (pp. xxxv-xxxix), e in particolare, sull'appunto del
      1959, p. xxxvii.
30   Cit. in Jori, 'Addio agli spettri', p. xxxvi (corsivi miei).
31   Ibid. p. xxxix.
32   Fabrizio Foni, *Piccoli mostri crescono. Nero, fantastico e bizzarrie varie nella prima
      annata de 'La Domenica del Corriere' (1899)* (Ozzano dell'Emilia: Gruppo Perdisa
      Editore, 2010), p. 48.

alcuni racconti gli 'spettri' sono puramente metaforici, la maggior parte opta per una soluzione di tipo soprannaturale, o comunque caratterizzata da una perturbante indecidibilità. Paradigmatica, in questo senso, la prima storia, 'Il tarocco numero 13': l'opzione soprannaturale è più che allusa, e sebbene sia possibile una spiegazione razionale, il racconto si chiude su una nota macabra. La definizione è ancora di là da venire, ma 'Il tarocco' è un perfetto esempio di fantastico nel senso di Todorov, e che è poi l'alchimia della *ghost story* classica come l'aveva definita Fruttero: 'premessa realistica e contemporanea', 'ambiente perfettamente banale', l'irruzione impercettibile dell'alterità.[33]

Così facendo, le *Storie* appaiono meno un omaggio 'colto' (e magari ironico) a un genere 'minore' e più un esperimento di cosciente appropriazione: in linea, peraltro, con la poetica del Soldati regista, che con *Malombra* (1942) aveva esplorato il filone dell'occultismo letterario italiano, immergendo il romanzo di Antonio Fogazzaro – pubblicato nel 1881 – in un'estetica gotica assolutamente contemporanea, nonostante l'ambientazione in costume (Venturini ricorda *Rebecca* di Alfred Hitchcock, uscito appena due anni prima).[34] Se *Malombra*, negli anni del crepuscolo del fascismo, aveva narrato 'il senso di fine e di crisi di un'intera società', *Storie di spettri* muove da analoghe premesse, disseppellendo la *ghost story* classica come filtro attraverso cui interrogare l'Italia del benessere e le sue contraddizioni.

La scelta di ambientare i racconti nella contemporaneità appare, dunque, un'opzione pienamente funzionale alla riattivazione del modello. La *ghost story* britannica, come si è detto, nasceva in un contesto caratterizzato da una profonda e traumatica mobilità sociale, da una sempre più marcata antitesi fra città e campagna – con l'ingigantirsi delle metropoli industriali e lo spopolamento dei borghi – e da una sempre più marcata polarizzazione delle disparità di classe. Narrazione relativa a traumi irrisolti, la *ghost story* esprimeva obliquamente il triplice, fondamentale delitto su cui il capitalismo ottocentesco fondava la propria esistenza: lo spossessamento dell'aristocrazia feudale, lo sfruttamento delle classi lavoratrici e, soprattutto, la ramificata struttura dell'Impero, tanto più onnipresente

---

33 Fruttero, 'Prefazione', p. x.
34 Venturini, *Horror italiano*, p. 93.

– in quanto condizione di possibilità di quel 'quotidiano' che della *ghost story* è indispensabile premessa – quanto, a prima vista, impercettibile.[35] Basti considerare gli spazi e le figure in cui, nella *ghost story*, il perturbante si manifesta: abitazioni rese inabitabili e funeste dagli spettri stessi della loro storia, inaccessibile ai nuovi padroni; una quotidianità straniata, in cui oggetti d'uso comune finiscono caricati di valenze *altre*, allo stesso modo in cui (*Il Capitale* di Marx è del 1867) la merce viene infestata dall'ombra della forza lavoro che l'ha prodotta; e feticci esotici, infine – zampe di scimmia, amuleti, mummie –, con cui la periferia dell'Impero si prende la propria, infallibile vendetta sul cuore stesso del potere britannico.[36]

In particolare, la storia di fantasmi esprime il disagio borghese di fronte alla storia: la *ghost story* riguarda sempre uno conflitto traumatico con il passato, in cui sono precisamente spazi segnati dal divenire storico – ville, castelli, dimore avite – a conservare i segni di traumi irrisolti, che demandano spiegazione o vendetta. Sorta dal paradigma di storicità che diviene dominante, in Occidente, nel corso del Settecento – l'idea di un presente saldamente distanziato dal passato – la storia di fantasmi rappresenta l'effetto collaterale del sogno borghese del moderno: la spettralizzazione, cioè, dell'antico, reso perturbante qualora non resti addomesticato nell'asettico perimetro del museo. Di conseguenza, commenta Hay, la *ghost story* è sì una narrazione sulla modernità, ma è una narrazione *fallita*, e in senso duplice: da un lato, le storie di fantasmi falliscono nel dar conto della modernità; dall'altro, ciò che esse cercano invano di esprimere è una fallita transizione nel moderno. Del passato, ci dice implicitamente ogni *ghost story*, non ci si libera mai.

Da questo punto di vista, l'operazione di Soldati appare meno un esercizio di stile di quanto possa inizialmente sembrare. Saldamente calate in contesti contemporanei – la Torino industriale, la Roma del boom, le

---

35   Hay, *A History of the Modern British Ghost Story*, p. 10: il riferimento, ovviamente, è a Edward Said, *Cultura e imperialismo. Letteratura e consenso nel progetto coloniale dell'Occidente*, trad. di Stefano Chiarini e Anna Tagliavini (Roma: Gamberetti, 1998).

36   Si veda la ricca analisi di Roger Luckhurst sul tema della 'maledizione della mummia', *The Mummy's Curse. The True History of a Dark Fantasy* (Oxford: Oxford University Press, 2014).

località più *à la page* di fine anni Cinquanta, 'Cannes Capri Portofino Saint-Moritz Mégève' ('Capricci d'inverno')[37] – le *Storie* sono davvero, benché in modo diverso da come lo intendesse Gallo, 'storie di spettri come possono scriversene oggi'. E, come le *ghost story* britanniche, esse sono chiamate a esprimere un disagio, una mutazione antropologica e una trasformazione del territorio. I protagonisti sono spesso individui che la mobilità economica dell'Italia post-bellica ha sradicato: il ferrarese che sogna un angolo della propria città nel cuore di Roma ('Trattoria Ariosto'); l'ingegner Visetti, un torinese insabbiato' nella capitale ('L'alloggetto del seminterrato');[38] il professor Comorio di 'Natale di rabbia', tornato a Torino dopo la pensione; o le numerose incarnazioni dello stesso Soldati, che spesso prende la parola in prima persona e che si presenta, ugualmente, come soggetto sradicato, fra Torino e Roma ('L'amico americano', 'Specchi e spettri'). Sono individui scissi dal proprio passato, perennemente alla ricerca di qualcosa che va perdendosi: la quiete operosa dell'alta val di Susa ('Il tarocco numero 13'), l'ideale albergo di paese come non ne esistono più e come ricordiamo di averne visti nella nostra ormai lontana fanciullezza' ('L'albergo di Ghemme'),[39] la vecchia Torino ('Ada e Resi', 'Natale di rabbia') o, infine, l'eterna 'provincia consapevole di sé, in pace con sé, elegante' ('L'aggressione').[40]

'Trattoria Ariosto' e 'Natale di rabbia' sono, in questo senso, due snodi cruciali del libro, significativamente collocati in posizione simmetrica, terzo e terz'ultimo racconto del volume: e rispettivamente dedicati alle due città – Roma e Torino – il cui confronto percorre l'intero volume a mo' di trama segreta. 'Trattoria Ariosto' diagnostica una Roma attraversata da mutamenti profondi, dove impiegati statali provenienti da tutta Italia cercano affannosamente la propria dimensione: 'Non riusciremo più ad andarcene, da Roma!', annuncia in tono drammatico il ferrarese Pelegatti.[41] La stessa Roma sta cambiando: 'Una volta', racconta Pelegatti, presso Porta Pia 'c'era il Caffè della Breccia', dove si poteva giocare a scacchi: '[...] Da parecchi anni

---

37   Soldati, *Storie di spettri*, p. 26.
38   Ibid. p. 57.
39   Ibid. p. 72.
40   Ibid. p. 203.
41   Ibid. p. 43.

è diventato un bar qualunque, ma più piccolo, e dove i giocatori non sono più ammessi'.[42] E quando Pelegatti intravede 'una trattoria con la scritta: "Trattoria Ariosto"', che immediatamente interpreta come un omaggio al poeta ferrarese, crede di aver trovato un nucleo di resistenza contro la volgare invadenza del moderno. Il locale, deduce dall'insegna, deve essere

> una trattoria vecchia, polverosa, piuttosto malandata. Ma, meglio così! Quella polvere, quell'abbandono, quell'aria dimessa e melanconica contrastavano giustamente con il resto della piazza e del quartiere, con la modernità e il lustro dei negozi attigui [...]: ed evocavano subito, grazie a tale contrasto, appunto la casa dell'Ariosto a Ferrara, che prima del mio esilio a Roma [...] era un luogo di paradiso, [...] e oggi, invece, [...] è soffocata tra alte case, opifici, *garages*; offesa dal frastuono del traffico; esposta alle frettolose visite dei distratti turisti...[43]

Anche la trattoria tanto fantasticata, tuttavia, soccomberà alla modernizzazione: dopo aver rimandato più volte la visita, Pelegatti troverà l'insegna sparita e degli operai intenti a montare 'certe *appliques* a conchiglia' su pareti 'di un rosa dentifricio'.[44] L'estetica modernista, con la sua pervasività omologante, dissolve il *genius loci* di spazi amati o vagheggiati nel desiderio.

La stessa disaffezione – verso Torino, stavolta – soffonde 'Natale di rabbia'. Un professore torna nella propria città dopo trentacinque anni. Torino è cambiata, ma quel cambiamento egli lo rifiuta: sebbene conscio del trascorrere della storia – è stato 'tepidamente fascista', poi badogliano, quindi, dopo il referendum, 'monarchico sfegatato'[45] – da questo fluire Torino dev'essere categoricamente preservata, e il professor Comorio, dunque, veste 'abiti antiquati e severi: alla moda di quarant'anni prima: di quando, cioè, aveva lasciato Torino: nell'illusione, assurda e inconscia, che, mentre passavano i lustri e i decenni, Torino restasse, per conto suo, immobile e identica a quella del giorno dell'addio: 18 settembre 1925!'.[46] Il mutamento, agli occhi di Comorio, è dovuto a 'una smania, una follia

---

42   Ibid. p. 34.
43   Ibid. pp. 38–39.
44   Ibid. p. 41.
45   Ibid. p. 258.
46   Ibid. p. 257.

di cambiare, comunque e dovunque'[47] che egli identifica con l''America'.
È l'influenza degli Stati Uniti, pensa, ad aver pervertito il carattere antico
della città: 'Tutti sembravano occupatissimi nelle loro faccende, presi in
una vita attiva, convulsa, veloce ("americana", si diceva il povero professor
Comorio)'.[48]

'Natale di rabbia' è omaggio nemmeno troppo dissimulato a Dickens: è
alla vigilia di Natale che Comorio finisce per confrontarsi coi propri spettri
mentre attraversa rabbioso la città in festa ('Perché tanta gente? Perché tutto
quel chiasso?').[49] Attraversa non-luoghi – un ufficio postale e un cinema, e
la modernità di entrambi lo offende – e infine, uscito nella sera, precipita in
un 'sogno assurdo'.[50] Nel buio, Torino appare trasfigurata: la gente parla in
dialetto, come al tempo della sua giovinezza, e infine Comorio si trova di
fronte alla 'grande massa grigia del palazzo Weil-Weiss, incrollabile immagine di tutte le memorie, compendio, rifugio estremo di un passato che
l'empietà del secolo insidia e cerca di abolire'.[51] L'illusione di aver infranto
le barriere del tempo è quasi completa quando Comorio ode un canto, una
'maledetta canzone che guastava tutto'.[52] Proviene dai sotterranei dell'U-
nione Industriale, e suona come 'una melodia acuta e penetrante: distesa
ma non malinconica: qualcosa tra l'aria napoletana e certi motivi moder-
nissimi'.[53] Chi la canta – un vero e proprio spettro del Natale presente – è
in realtà il diciassettenne che sostituisce il custode dell'edificio:

> Guardava in su verso il professore, sorrideva: occhi neri e sfavillanti, denti bianchis-
> simi. [...]
> '[...] Ma lei chi è?'
> 'Io sonu il custode!' [...]
> Il professor Comorio pensò che avrebbe potuto essere suo allievo:

47   Ibid. p. 264.
48   Ibid. p. 267.
49   Ibid. p. 269.
50   Ibid. p. 275.
51   Ibid. p. 277.
52   Ibid. p. 278.
53   Ibid. p. 277.

'E a diciassette anni tu sei il custode della Unione Industriale? Sarai il *figlio* del custode'.
'No. Il custode è andato a Udine con la moglie a fare il Natale con la mamma. Qui
ha lasciato a me per tre giorni. Tantu, nun viene nissunu'.
[...] 'Di dove sei?'
'Fiumefreddo Bruzio, provincia di Cosenza. Buon Natale!'[54]

Ancora, l'illusione di un ritorno spettrale del passato viene infranta dall'irruzione – quasi indebita – del moderno: che prende qui la forma di un giovane
calabrese, in cui si incarna tutto ciò che Comorio percepisce come alterità.
Una descrizione ai limiti del *cliché* razziale s'accoppia all'ombra dell'omologazione culturale: il giovane canta una musica ibrida, modernissima *e*
melanconica, come quelle che le radio diffondono ormai in tutta Italia.
Anche l'età del giovane denota una modernità che Comorio è incapace di
afferrare: il calabrese potrebbe essere un suo allievo, ma *lavora*. Comorio
viene dal retroterra deamicisiano della vecchia Torino, e proprio in *Cuore* il
ruolo egualitario della scuola post-unitaria trovava la sua concretizzazione
nella figura di un piccolo calabrese, ora in grado di sentirsi a casa in una
scuola del Piemonte. Solo che per De Amicis (e per Comorio) l'integra-
zione tra calabresi e piemontesi doveva avvenire per via scolastica, e attraverso una preminenza implicita – e coloniale – dei valori della borghesia
sabauda: il calabrese che custodisce i sotterranei dell'Unione Industriale è
invece espressione di un livellamento nazionale promosso dalla migrazione
economica, e che si esprime attraverso i codici omologanti dell'industria
dell'intrattenimento.

Recuperando il genere della fallita modernizzazione britannica, le
Storie catturano così le contraddizioni del 'miracolo italiano' e del suo
mancato, irrisolto transito nel moderno: le metamorfosi dei centri urbani
e lo spopolamento delle campagne, l'omologazione architettonica e la dissoluzione delle identità regionali, il moltiplicarsi dei 'non-luoghi' (quanti
alberghi, caffè, treni e uffici postali nel libro) e l'emigrazione, quella da
Sud a Nord degli operai e quella dalla provincia alla capitale degli impiegati statali. Due considerazioni, tuttavia, si impongono. La prima, è che
il modello della *ghost story* consente a Soldati di articolare una critica del

54   Ibid. pp. 278–79.

moderno che non si traduce in un 'apocalittico' rifiuto, ma in un'analisi che resta al di qua del piano ideologico: Pelegatti, Comorio e gli altri protagonisti sono figure sconfitte, il cui attaccamento al passato resta su un piano strettamente affettivo. Il disagio tratteggiato da Soldati – che, del resto, dall'alta borghesia piemontese proviene – non è quello di chi, come Pier Paolo Pasolini, diagnostica nella modernità il problema, ma di chi vede una modernità differente da quella un tempo creduta possibile: i personaggi di Soldati soffrono il fallimento del sogno liberale dell'Italia sabauda, il deflagrare di un sistema di valori che si era posto come egemonico e che la storia ha sconfitto.

La seconda considerazione, ben più rilevante, è che se la *ghost story* classica indagava l'indicibile che sottostava all'ideale dell'Impero, le *Storie* di Soldati non si situano in un orizzonte di colpa e di espiazione, quantomeno non sociale. I fantasmi di Soldati non sono vendicativi e non mirano a ristabilire una giustizia, se non in quei casi – 'La fotografia', 'I passi sulla neve' – in cui sono spettri di amori perduti, che tormentano col rimorso chi, per opportunità o per i semplici casi della vita, ha lasciato andar via, 'senza cessare di esserne *hanté* [...] la donna giusta.'[55] Essi sono 'Squarci, spettri, specchi, trasparenze' attraverso i quali baluginano 'barlumi di verità' ('Specchi e spettri'):[56] il naufragio, cioè, delle illusioni della giovinezza. Sono termini leopardiani, questi, e saturo di riferimenti a Leopardi è il racconto 'La verità', posto emblematicamente al centro della raccolta.[57] Da bambino, il protagonista era spaventato dal ritratto di un 'Signore in cravattone

55   Jori, 'Addio agli spettri', p. xv.
56   Soldati, *Storie di spettri*, p. 346.
57   Si confronti, ad esempio, l'*incipit* del racconto ('Il crudele destino di certi insetti che vivono un solo giorno, o anche soltanto poche ore, non manca mai di stupire e di rattristare. Tuttavia, se consideriamo con vera indifferenza il destino degli uomini, questo non ci sembrerà, in fondo, più felice', Ibid. p. 123) con questo passo dello *Zibaldone*, del 2 aprile 1827: 'La sorte dei libri oggi, è come quella degl'insetti chiamati efimeri (éphémères): alcune specie vivono poche ore, alcune una notte, altre 3 o 4 giorni; ma sempre si tratta di giorni. Noi siamo veramente oggidì passeggeri e pellegrini sulla terra: veramente caduchi: esseri di un giorno: la mattina in fiore, la sera appassiti, o secchi: soggetti anche a sopravvivere alla propria fama, e più longevi che la memoria di noi (p. 4270 del manoscritto: cito da Giacomo Leopardi,

bianco' abbigliato alla 'moda severa del primo o del secondo decennio del secolo scorso' e dagli occhi 'duri, spietati, malvagi'.[58] Il segreto terribile che quel ritratto nasconde, tuttavia, altro non è se non la scoperta della propria mortalità, l'abbandono e la fine dell'infanzia. È questa la 'verità' di cui i fantasmi portano un baluginio:

> soltanto oggi, dopo tanti e tanti anni, il suo ricordo, finalmente, non è più misterioso. Oggi, che la nonna, e il nonno, e il padre, e la madre, sono morti anche loro, come l'Uomo Cattivo. Oggi, che dalla verità non trova più scampo, né ignora più il male, che l'Uomo Cattivo voleva, né perché i suoi occhi fossero così pieni di odio, perché la musica e la voce del padre così tristi e così lontane.[59]

Se la *ghost story* britannica, dunque, esplorava il disagio della borghesia ottocentesca di fronte a un passato che sentiva di usurpare, le *Storie* guardano proprio al passato come a qualcosa da cui ci si sente sradicati, e che ritorna come perturbante non perché *altro* ma in quanto *familiare*. Il problema della modernizzazione fallita non risiede nello svelare, metaforizzandole, relazioni violente di potere, ma nel riportare in vita la memoria cara di un mondo svanito. Come ben avvertiva Citati, 'un unico, grande spettro grigio continua a commuovere Soldati. Torino: la vecchia Torino del principio del secolo'.[60] Il termine chiave, qui, è 'commuovere': verbo profondamente soldatiano, che dei due corni dell'*Unheimliche* freudiano – la sfera 'della familiarità, dell'agio, e quella del nascondere, del tener celato'[61] – sceglie radicalmente, di contro alla tradizione anglosassone, il primo. Ed è un modello di relazione con il passato che ha precedenti illustri, geograficamente vicini ed esteticamente prossimi. La 'Torino d'altri tempi' – titolo d'un saggio di Edoardo Sanguineti – rappresenta infatti il fulcro e il cuore

Zibaldone di pensieri, a cura di Giuseppe Pacella, 3 voll. (Milano: Garzanti, 1991)). 'Zaboldenin', ricorderemo, chiamava Soldati i suoi quaderni.

58   Soldati, *Storie di spettri*, p. 127.
59   Ibid. p. 130.
60   Cit. in Jori, 'Addio agli spettri', p. xii.
61   Sigmund Freud, 'Il perturbante', trad. di Silvano Daniele, in Sigmund Freud, *Opere 1917–1923: L'Io e l'Es e altri scritti*, a cura di Cesare Musatti (Torino: Boringhieri, 1977), pp. 76–118 (p. 86).

della poetica di Guido Gozzano, una Torino 'recuperabile esclusivamente per via di fantasia, di sogno, [...] che egli ha evocato [...] come la *Torino del passato*' in una prosa del 1915.[62] È solo limitatamente ironico che la Torino che Soldati vagheggi sia quella in cui Gozzano scrive, a sua volta rievocando con nostalgia la Torino dell'Ottocento. In realtà, Soldati e Gozzano condividono un modello analogo di sopravvivenza del passato, saldamente inquadrato nella struttura familiare: e che dunque procede non per via di rottura, ma di continuità, attraverso quei feticci desueti che garantiscono la trasmissione delle eredità fra generazioni diverse.

Cose di pessimo gusto

Dino Segre – meglio noto come Pitigrilli – era stato lo scrittore più scandaloso del Ventennio, poi s'era convertito al cattolicesimo: in mezzo, nei mesi tumultuosi dell'entrata in guerra e delle leggi razziali (Pitigrilli era di famiglia ebraica), c'era stata l'adesione allo spiritismo, ma alla fine le due fedi si erano ritrovate a convivere.[63] *Gusto per il mistero* – il libro del 1954 in cui Pitigrilli raccoglieva i suoi articoli sull'occulto, usciti in Argentina sulle pagine del quotidiano *La Razón* – accostava senza problemi testimonianze su Padre Pio a reportage sugli 'esperimenti' di Gustavo Rol. La

---

62   Edoardo Sanguineti, '"Torino d'altri tempi"', in *Guido Gozzano. Indagini e letture* (Torino: Einaudi, 1973), pp. 13–26 (p. 17). La prosa di Gozzano in questione è 'Torino del passato', pubblicata in *Nuova Antologia* l'1 settembre del 1915 e poi confluita ne *L'altare del passato*.

63   Pitigrilli si era accostato allo spiritismo nell'estate del 1940, a Uscio, nel savonese: dopo aver udito degli esperimenti di una giovane medium del capoluogo, Libia Martinengo, l'aveva invitata a tenere una seduta in casa sua, come narrato in *Pitigrilli parla di Pitigrilli* (Milano: Sonzogno, 1949), pp. 180–229. Si veda anche, nonostante qualche imprecisione, Enzo Magrì, *Un italiano vero: Pitigrilli* (Milano: Baldini&Castoldi, 1999), p. 188.

Chiesa, del resto, aveva sempre avversato lo spiritismo,[64] ma i lettori di Pitigrilli – borghesi d'estrazione, moderati in politica, cattolici per inerzia e onestamente affamati di mistero – vivevano la cosa in modo ben più rilassato. Una volta trapiantata in Italia, quell'idea anglosassone e puritana di comunione coi morti s'era ritrovata a coabitare lo stesso spazio di santi e *monacielli*, Madonne e anime purganti, e ancora negli anni Sessanta lo stesso Rol – che evitava con cura di parlare di spiritismo – si definiva cattolico, presentando al proprio, borghesissimo pubblico una metafisica astratta, in cui l'evocazione degli spiriti alla sera non era in contraddizione con la messa alla mattina.[65] È una tensione che attraversa tutta la turbolenta storia dello spiritismo italiano, da chi tenta una sofferta conciliazione fra religione e medianità – come Antonio Fogazzaro[66] o i redattori del mensile *Luce e ombra*, pubblicato a partire dal 1900 e che 'affrontava tematiche paranormali […] secondo un'ottica esplicitamente cristiana, per addurre prove dell'immortalità dell'anima'[67] – a chi vede nello spiritismo una forma di religiosità laica, optando però, come nel caso dei seguaci del francese Allan Kardec, per una metafisica complessa e articolata, calco evidente di quella cattolica.[68] La cultura popolare intercetta questa duplicità: le riviste – dai

64   Simona Cigliana, *La seduta spiritica: dove si racconta come e perché i fantasmi hanno invaso la modernità* (Roma: Fazi, 2007), pp. 120–22.

65   Mariano Tomatis, *Rol. Realtà o leggenda?* (Roma: Avverbi, 2003), p. 50.

66   Cfr. anzitutto gli scritti raccolti in Gilberto Finzi (a cura di), *Fogazzaro e il soprannaturale* (Milano: San Paolo, 1996) e le più recenti note di Marianna Bringhenti, 'Antonio Fogazzaro presidente della Società di Studi Psichici: un documento inedito sul rapporto tra spiritismo, religione, scienza', *Atti dell'Accademia roveretana degli Agiati*, 255, VIII, V (2005), 153–71.

67   Fabrizio Foni, *Alla fiera dei mostri. Racconti 'pulp', orrori e arcane fantasticherie nelle riviste italiane, 1899–1932* (Latina: Tunué, 2007), p. 40.

68   Come scrive Colin Dickey, 'Spiritualism might have lost its influence by the end of the 1920s, but it may be more accurate to say it simply went mainstream. […] our belief in ghosts remains high; […] 73 percent of Americans believe in life after death, and 20 percent believe in communication with the dead. While these people may not call themselves Spiritualists or spend their Friday nights clasping hands around a table, it's clear that they have adopted a similar belief system: a focus on personal revelation unmediated by dogma or doctrine […]. Belief in a spiritual realm may now be depoliticized, divorced from the radical social agenda that once went hand

periodici di inizio secolo ai rotocalchi del secondo Novecento – danno uguale spazio a esorcisti e sensitivi, miracoli e ritorni dalla tomba, nel nome di una generalizzata fascinazione per l'occulto che vira al sincretismo.[69]

Alle sedute di Pitigrilli, com'è forse prevedibile, si affollano ombre di scrittori defunti. Pitigrilli, d'altronde, aveva cominciato a frequentare medium in Liguria: in un ambiente, cioè, profondamente segnato dal magistero del genovese Ernesto Bozzano, che alla *Letteratura d'oltretomba* – i libri dettati dall'aldilà – aveva dedicato un intero volume (imbattutosi anni dopo nelle opere di Bozzano, Pitigrilli noterà che le conclusioni dello studioso 'sull'aldilà [...] coincidono con ciò che ho appreso io da tutte le entità che mi hanno parlato').[70] Molti dei personaggi evocati nel corso delle sedute sono scrittori ormai classici – Leopardi, Carducci, Pascoli, Fogazzaro – e alcuni vecchie conoscenze di Pitigrilli, come Gozzano e

---

in hand with Spiritualism, but it remains vitally alive nonetheless' (*Ghostland. An American History in Haunted Places* (New York: Viking, 2016), p. 80, edizione Kindle) [Lo spiritismo può aver perso la sua influenza alla fine degli anni Venti, ma forse è più corretto dire che è solamente diventato popolare. [...] la credenza che abbiamo nei fantasmi rimane alta; [...] il 73 per cento degli americani crede nella vita dopo la morte, e il 20 per cento crede nella comunicazione coi morti. Queste persone possono non definirsi spiritisti né passare i venerdì sera a congiungere le mani intorno a un tavolo, ma è chiaro che hanno adottato un analogo sistema di credenze, basato su una rivelazione personale che non viene mediata da dogmi o da dottrine [...]. Oggi la credenza in un mondo degli spiriti può essersi depoliticizzata, separata dalla radicalità del programma sociale che una volta andava a braccetto con lo spiritismo, ma rimane in ogni caso vitale].

69   Sulla *Domenica del Corriere* rimando al già citato Foni, *Il gran ballo dei tavolini*.

70   Pitigrilli, *Pitigrilli parla di Pitigrilli*, p. 220. *Letteratura d'oltretomba* di Ernesto Bozzano esce nel 1947, per Bompiani, a quattro anni dalla morte dell'autore; un precursore illustre di Pitigrilli può essere considerato Luigi Capuana, che aveva tentato di mettersi in contatto con lo spirito di Ugo Foscolo inducendo la diciottenne Beppina Poggi in trance sonnambulica, e che aveva poi 'ricevuto' delle *Visioni* di Jacopone da Todi per mano del sedicenne Eduardo Gordigiani (Luigi Capuana, *Spiritismo?* (Catania: Giannotta, 1884), pp. 93–94 e 171). Si veda anche Fabrizio Foni, 'Lo scrittore e/è il medium. Appunti su Capuana spiritista', *Atti dell'Accademia Roveretana degli Agiati*, 257, VIII, VI (2007), 397–416 (pp. 404–06).

Amalia Guglielminetti;[71] altri sono assai meno conosciuti, come Olindo Guerrini, Carlo Dadone – che di Pitigrilli era stato amico – o Giosuè Borsi.[72] La maggior parte detta opere inedite, come lo spirito che dirige la mano della medium Libia Martinengo per un intero romanzo e che Pitigrilli è incerto se identificare con Fogazzaro, Gozzano o Anton Giulio Barrili.[73] Sono nomi, precisa Pitigrilli, dati 'alla rinfusa', ma è chiaro come il tavolino della medium abbia già, implicitamente, definito un canone. Braccato dalle leggi razziali, ignorato dal regime che ha servito e disprezzato dagli antifascisti che ha tradito, Pitigrilli evoca il fantasma dell'unico mondo che forse abbia mai sentito autenticamente suo: un'Italia tramontata, borghese e sabauda, che nell'inattuale *Pitigrilli parla di Pitigrilli* – uscito nel 1949, mentre il neorealismo è al suo zenit – definisce 'l'epoca degli uomini felici. Chi non è vissuto in Italia sotto re Umberto, o, più tardi, in Francia sotto il presidente Fallières, non ha provato, e forse non la proverà mai più, la gioia di vivere.'[74]

Quasi tutti gli autori che si manifestano alle sedute sono morti a ridosso della Prima guerra mondiale o durante il conflitto: Barrili nel 1908, Fogazzaro nel 1911, Pascoli nel 1912, Borsi nel 1915 – sull'Isonzo –, Gozzano e Guerrini nel 1916; quanto a Dadone, morto nel 1931 ma colpito dalla sordità da trent'anni, è 'rimasto, nella conversazione, alle facezie, al gergo, alle forme di spirito' della Torino dei primi del secolo, e dunque continua a a ripetere 'i bons mots di altri tempi', fedele all'umorismo ingenuo dei suoi amici Vamba, Pascarella e Gandolin.[75] Quasi tutti avevano avuto interessi occulti: Barrili e Pascoli erano stati massoni, e forse anche Gozzano; Pascoli e Borsi avevano scandagliato Dante alla ricerca di contenuti mistico-esoterici; Fogazzaro si

---

71   Gozzano si era 'manifestato' nell'autunno del 1941, prevedendo, fra l'altro, la morte di Amalia Guglielminetti di lì a pochi mesi (ma Pitigrilli omette di menzionare come la poetessa si fosse già procurata la ferita che l'avrebbe portata alla morte per setticemia: *Pitigrilli parla di Pitigrilli*, p. 199). In seguito, Pitigrilli avrebbe evocato anche lei, 'sdegnosa come sempre, anche dopo la morte' (p. 202).

72   Ibid. pp. 184–99.

73   Libia B. Martinengo, *Oltre il limite. La straordinaria avventura del soldato John* (Torino: Associazione Pitagorica, s.d.), p. 3.

74   Pitigrilli, *Pitigrilli parla di Pitigrilli*, p. 9.

75   Ibid. pp. 192–93.

era interessato allo spiritismo, così come Guglielminetti e Gandolin, che da direttore de *Il Secolo XIX* aveva realizzato un'inchiesta giornalistica sulla medium napoletana Eusapia Palladino e che in seguito aveva firmato col proprio vero nome (Luigi Arnaldo Vassallo) il saggio *Nel mondo degli invisibili* (1902);[76] Dadone aveva scritto racconti a tema parapsicologico per *La Domenica del Corriere*,[77] e anche Gozzano aveva lasciato almeno due *ghost story*, 'Novella romantica' (1905) e 'Un sogno' (1911). Come sintetizza Umberto Eco, 'amico di Gozzano, che in epoca tarda evocherà in varie sedute spiritiche', l'anarco-conservatore Pitigrilli ha come 'sogno segreto [...] la signorina Felicita. Sembra dire "non la voglio" ma in effetti dice "ahimè, non c'è più".[78] Il tavolino a tre gambe della Martinengo è il luogo dove questa inconfessabile ricerca del tempo perduto – individuale, ma soprattutto storico – prende consistenza, quantunque di ectoplasma: il vero fantasma che infesta Pitigrilli è un'Italia (un'Italietta?) che non c'è più.

Rispetto a quella di Pitigrilli, l'esperienza di Soldati è, naturalmente, antitetica. La Torino di Soldati è quella dell'antifascismo liberale, e il cattolicesimo è per lui – che, come Gustavo Rol e negli stessi anni, ha studiato all'Istituto sociale dei gesuiti di Torino – un punto di partenza e non di approdo. L'uso, da parte di Soldati, di temi legati alla metapsichica – spiritismo, reincarnazione, chiaroveggenza – non prende, nel transito da *Malombra* a *Storie di spettri*, i toni aneddotici e sensazionalistici di Pitigrilli, ma si fa strumento per uno scavo, sofferto ma cosciente, degli abissi della memoria. C'è un punto, tuttavia, in cui Pitigrilli e Soldati si incontrano: nell'uso dei tropi della spettralità come riconnessione sentimentale a un'italianità perduta, con la quale si avverte un rapporto di contiguità affettiva, situato in una dimensione pre-ideologica; un 'passato prossimo' in cui rifugiarsi per rifiuto del presente, troppo distante per essere recuperato per

---

76   In pieno boom neo-spiritista, il volume verrà ristampato nel 1972 dalle romane Edizioni del Gattopardo.

77   Ad esempio 'L'invincibile' e 'Chiaroveggenza?', entrambi del 1902, ora in Foni, *Il gran ballo dei tavolini*, pp. 31–46 e 47–58 rispettivamente.

78   Umberto Eco, 'Pitigrilli: l'uomo che fece arrossire la mamma', in Umberto Eco, *Il superuomo di massa. Retorica e ideologia nel romanzo popolare* (Milano: Bompiani, 2001), pp. 115–43 (p. 126).

altra via che quella fantasmatica ma abbastanza vicino per evocare memorie che si credevano sopite.

È una visione del passato colloquiale e sommessa, nostalgica e malinconica: una delle prime ombre a manifestarsi a Pitigrilli, del resto, è proprio Gozzano, che di quella nostalgia – per ciò che si è vissuto, ma anche e soprattutto per quello che non si è vissuto – aveva fatto la cifra della propria esperienza poetica. Anche Soldati evoca Gozzano, benché in modo meno letterale: al di là dei numerosi gozzanismi lessicali,[79] le *Storie di spettri* presuppongono Gozzano nella forma stessa che in essi prende l'esperienza del perturbante, quell''incantesimo' per cui 'Torino si trasfigura, il passato rivive'.[80] Nella sua prosa sulla 'Torino del passato', con quattro anni di anticipo sulla teoria dell'*Unheimliche* freudiano, Gozzano aveva assimilato questa esperienza al 'brivido pauroso dei sogni, quando si vedono *le cose famigliari stranamente deformate* dall'incubo'.[81] Certo, come precisa Sanguineti, si tratta di 'un incubo gradevole, un sogno dolce, che [...] permette di risalire il corso del tempo, di ritrovare le remote stagioni perdute': un perturbante che, più che l'inquietante estraneità dell'*Uncanny* letterario anglosassone, sembra denotare un'inquietante familiarità (o un'estraneità familiare).[82] Michel de Certeau, gesuita dell'École Freudienne, preferiva rendere così – come 'inquiétante familiarité', o 'familière étrangeté' – la nozione di *Unheimlichkeit*.[83] La stessa tonalità si ritrova in Soldati, dei gesuiti allievo, che con Gozzano condivide l'idea di un ritorno spettrale del passato nutrito, anzitutto, di nostalgia.

---

79   Fabrizio Foni, che ringrazio, mi fa notare come il 'giorno dell'addio: 18 settembre 1925!' di 'Natale di rabbia' (*Storie di spettri*, p. 257) riecheggi il 'mestissimo giorno degli addii' (VIII, 1) e 'la data memoranda / *trenta settembre novecentosette...*' (VIII, 27–28) de *La signorina Felicita*.

80   Sanguineti, '"Torino d'altri tempi"', p. 18.

81   Cit. in Ibid. corsivi miei.

82   Ibid.

83   Michel de Certeau, *L'Écriture de l'histoire* (Paris: Gallimard, 1975), pp. 344 e 326 rispettivamente. Su Certeau e il perturbante si veda anche Alex Demeulenaere, 'An Uncanny Thinker: Michel de Certeau', *Image & Narrative*, 5 (January 2003) <http://www.imageandnarrative.be/inarchive/uncanny/alexdemeulenaere.htm> [ultimo accesso 19 dicembre 2017].

Il testo chiave per comprendere questa spettralità crepuscolare, di cui Gozzano stabilisce le coordinate, è 'L'amica di nonna Speranza' (1907, poi 1911):[84] una delle liriche più note del Novecento italiano, e che proprio per questo, forse, è oggi difficile leggere nel suo contesto originario – quel 'clima primonovecentesco in cui i molteplici aspetti della metapsichica (cioè le indagini sullo spiritismo *in primis*)' escono dalle cerchie di appassionati per tracimare nella più ampia vita culturale e sociale.[85] In quella poesia – alla quale andrà affiancata, per affinità tematica, 'L'esperimento' (1909, poi 1911)[86] – Gozzano narra per via poetica di un tentativo di contatto con un'amica di sua nonna Speranza, Carlotta Capenna, vissuta in pieno Risorgimento: un contatto con un individuo, dunque, ma – anche – contatto con un'epoca, un fantasmagorico 'mille ottocento cinquanta' (v. 14) rievocato, nel cuore di un salotto, per il tramite di un'accumulazione sensoriale dettata dall'enumerazione di oggetti desueti.[87]

L'ironia che soffonde i due componimenti non impedisce di comprendere come l'esperienza sia, nei fatti, compiutamente medianica. Sia ne 'L'amica' che ne 'L'esperimento', il viatico che attiva l'evocazione è un album di fotografie: lo sviluppo del mezzo fotografico si interseca del resto, e fin da subito, con le metamorfosi che l'idea di morte subisce nel corso dell'Ottocento.[88] Nel creare uno spazio liminale fra realtà e mimesi, l'invenzione

84 Cito dal testo de *I Colloqui* (1911), in Guido Gozzano, *Poesie*, a cura di Edoardo Sanguineti (Torino: Einaudi, 1973), pp. 155–64, ma il testo era già apparso ne *La via del rifugio* (1907) e, prima ancora, nel periodico *La donna*, sempre nel 1907.

85 Foni, *Alla fiera dei mostri*, p. 43.

86 In Gozzano, *Poesie*, pp. 348–52. L'edizione di Sanguineti, tuttavia, non dà conto della complessa vicenda editoriale del testo, non espungendo varianti indebitamente introdotte *post mortem*: si veda pertanto la nota critica di Andrea Rocca in Guido Gozzano, *Tutte le poesie*, a cura di Andrea Rocca (Milano: Mondadori, 1980), pp. 746–48.

87 Il mio riferimento è ovviamente a Francesco Orlando, *Gli oggetti desueti nelle immagini della letteratura: rovine, reliquie, rarità, robaccia, luoghi inabitati e tesori nascosti* (Torino: Einaudi, 1993), che adopera proprio il salotto di nonna Speranza fra i propri esempi di partenza.

88 Sul tema rimando anzitutto a Philippe Ariès, *Storia della morte in Occidente dal Medioevo ai giorni nostri*, trad. di Simona Vigezzi (Milano: Rizzoli, 1994), pp. 50–67.

di Daguerre – come, più tardi, il fonografo[89] – intercetta sin da subito le
ansie ottocentesche per la continuità fra vita terrena e oltretomba, dando
vita a un uso del dagherrotipo come veicolo di continuità memoriale (e
fino ai casi limite della fotografia *post mortem*) e incrociando le strade con
il nascente movimento spiritista, le cui origini precedono di due anni, ed
eloquentemente, il 1850 rievocato da Gozzano.[90] L'immagine fotografica
è presenza costante nell'opera gozzaniana, chiamata a esprimere un'erotica fortemente medializzata: come tale appare nelle già citate 'Novella
romantica' e 'Un sogno', prima di farsi catalizzatrice dell'esperienza poetica nei due testi del 1907 e del 1909.[91] E non sarà superfluo notare come
Speranza e Carlotta, per cui la fotografia è 'novissima cosa' (v. 107) siano,
di fatto, coetanee di Kate e Maggie Fox: le adolescenti che nella loro casa di
Hydesville, nello stato di New York, avevano preso a comunicare con uno
'spettro' attraverso un rudimentale codice morse, di fatto inventando – nel
1848 – la moderna seduta spiritica.[92]

    Ne 'L'amica', è l'enumerazione caotica dell'arredamento del 'salone'
(v. 11) ad aprire la possibilità per un risorgere del passato con vividezza
fantasmagorica ('il cúcu dell'ore che canta, le sedie parate a damasco /
chermisi… rinasco, rinasco del mille ottocento cinquanta!', vv. 13–14). È
quello che in parapsicologia si definirebbe 'retrocognizione': a questa conoscenza del passato per il tramite tattile di oggetti carichi di memoria, la
metapsichica ottocentesca aveva dato il nome di psicometria, 'fenomeno
[…] per il quale un sensitivo […], toccando un oggetto, detto "induttore",
ne racconta la storia rievocando fatti, scene e figure che di questa storia
fanno parte integrante.'[93] La nozione di psicometria era stata coniata nel

---

89   Si veda Robert Douglas-Fairhurst, *Victorian Afterlives. The Shaping of Influence in
      Nineteenth-Century Literature* (Oxford: Oxford University Press, 2002), pp. 5–6.

90   Sulla fotografia *post mortem* si veda Mirko Orlando, *Fotografia post mortem* (Roma:
      Castelvecchi, 2013). Sul rapporto fra fotografia e spiritismo si veda John Harvey,
      Fotografare gli spiriti. Il paranormale nell'epoca della sua riproducibilità tecnica, trad.
      di Natascia Pennacchietti (Torino: Bollati Boringhieri, 2010).

91   Antonio Stäuble, *Sincerità e artificio in Gozzano* (Ravenna: Longo, 1972), pp. 73–79.

92   Dickey, *Ghostland*, pp. 69–75, edizione Kindle.

93   Ugo Dèttore, *L'altro Regno. Enciclopedia di metapsichica, di parapsicologia e di spiri-
      tismo* (Milano: Bompiani, 1973), p. 446.

1849 dal medico statunitense Joseph Rhodes Buchanan, e aveva goduto di una singolare fortuna in ambito italiano, attirando l'interesse, fra gli altri, di Morselli e di Bozzano.[94] Da tutt'altra prospettiva, nel suo lavoro sui 'passages' degli anni Trenta, Walter Benjamin avrebbe parlato di 'fantasmagoria' come di una modalità allucinata di conoscenza del passato, fondata sull'accumulo di materiali-documento apparentemente privi di valore – orari dei treni, giocattoli, romanzi popolari, cataloghi di grandi magazzini – e non priva di connotazioni spettrali.[95] L'idea portante della sua opera, scriveva Benjamin a Gretel Adorno nel 1939, era stata di vedere 'la cultura della società produttrice di merci come fantasmagoria':[96] l'età segnata dalla perdita dell'aura può catturarsi – e rendersi oggetto di conoscenza – solo a patto di far emergere il valore fantasmagorico di quello stesso bric-à-brac con cui essa ha cancellato e vanificato l'aura. L'insistere benjaminiano sul *Kitsch*, lo stesso 'pessimo gusto' ottocentesco che Gozzano tramuta in oggetto di poesia, è una modalità – forse la sola – di apprensione del diciannovesimo secolo nella sua fantasmagorica molteplicità. Benjamin e Gozzano denunciano così la loro interdipendenza da un sapere condiviso, emerso proprio negli anni in cui la riproducibilità tecnica rende l'aura al tempo stesso più impalpabile e più concreta: impalpabile perché sottratta alla sfera del sacro, e annichilita nel profluvio delle merci; e che tuttavia, reificata in feticci nuovi e diversi, assume una nuova concretezza, finendo per tralucere – a tratti – in forma straniata.

Anche ne 'L'esperimento' è 'nel salone ove par morto da poco / il riso di Carlotta' (vv. 5–6) che l'evocazione avrà luogo, stavolta per mezzo di un'intermediaria: un'innominata amante che dovrà interpretare Carlotta, dando concretezza ai fantasmi del desiderio del soggetto ('pel mio rimpianto voglio

---

94   Si veda, ad esempio, Ernesto Bozzano, *Gli enigmi della psicometria* (Roma: Casa Editrice Luce e Ombra, 1921).

95   Su questo aspetto rimando a Christina Britzolakis, 'Phantasmagoria: Walter Benjamin and the Poetics of Urban Modernism', in *Ghosts. Deconstruction, Psychoanalysis, History*, a cura di Peter Buse e Andrew Stott (Basingstoke: Macmillan, 1999), pp. 72–91.

96   Walter Benjamin, *I 'passages' di Parigi*, a cura di Rolf Tiedemann (Torino: Einaudi, 2000), p. 1161.

che tu finga / una commedia: tu sarai Carlotta', vv. 11–12). La sequenza di
gesti rituali che le vengono richiesti, tuttavia – indossare abiti e gioielli del
1850, cantare arie d'epoca, venire nel salone –, sembra preludere all'evocazione di fantasmi ben più letterali. Mentre la voce dell'amante, avvicinan-
dosi, intona una ballata 'dolce a Carlotta, sessant'anni fa' (v. 36), d'un tratto
'Carlotta appare' (v. 54): il 'fantasma vano' acquista concretezza corporea
'qui dove in sogno già ti vidi e udii' (vv. 57–58). In altre parole, come una
medium, la 'commediante' (v. 30) introdotta da Gozzano nel salone cambia
voce, si muta in Carlotta. La cantata che intona, del resto, è il *Convegno
degli spiriti* di Giovanni Prati, la storia di due amanti spettrali condannati
a scambiarsi in eterno 'il tormentoso addio' invece di godere assieme delle
gioie del Paradiso:[97] criptico riferimento, forse, al destino dell'Io poetico e di
Carlotta, separati dalle barriere del tempo; e indizio testuale, al contempo,
che ci permette di leggere – sotto la patina ironica del componimento – un
rimando alla sfera della spettralità, legata al tema (come si è visto, in seguito
onnipresente in Soldati) dell'inaccessibilità della 'donna giusta'.

D'altronde, entrambe le liriche sono ambientate in salotto, spazio
conviviale che fra la seconda metà dell'Ottocento e i primi del Novecento
possiede connotazioni oggi, forse, in parte dimenticate. Tra la *fin de siècle*
e il periodo tra le due guerre, il salotto è (anche) il luogo deputato all'organizzazione della seduta spiritica, e in quanto tale esso fa da sfondo a due
delle sedute più illustri della letteratura italiana: quella di casa Paleari ne
Il fu Mattia Pascal di Luigi Pirandello (1904) e quella in casa Malfenti ne
La coscienza di Zeno di Italo Svevo (1923).[98] Luogo dove si preservano le
memorie familiari, il salotto svolge dunque il ruolo di spazio-tramite fra
passato e presente, che consente la comunicazione intergenerazionale: cuore
della domesticità borghese, il cui centro fisico e metaforico è il caminetto,
esso attiva la reminiscenza del focolare-altare dove arde il Ceppo, carico

97   Cito da Giovanni Prati, *Opere edite e inedite*, 4 voll. (Milano: Casa Editrice Italiana,
      1862), vol. I, pp. 263–67.
98   Bruno Capaci, 'Salotto', in *Luoghi della letteratura italiana*, a cura di Gian Mario
      Anselmi e Gino Ruozzi (Milano: Bruno Mondadori, 2003), pp. 319–29. Capaci
      ricorda anche l'episodio dell'oracolo ne *Il giardino dei Finzi-Contini* di Giorgio
      Bassani (1962), che pure avviene nel salotto.

di valenze magiche nella tradizione folclorica (anche italiana) nell'essere spazio di transizione fra il 'crudo' e il 'cotto', e cioè fra natura e cultura.[99] Gustavo Rol – che di mestiere aveva fatto per anni l'antiquario – si rendeva ben conto del potere suggestivo di oggetti e ambienti: entrare a casa sua 'dava l'impressione di trovarsi in un museo o in una mostra d'antiquariato', fra 'mobili, quadri, argenteria, arazzi e *papiers peints*. La stanza degli esperimenti era il cosiddetto "salotto verde", dove al centro c'era il tavolo rotondo'.[100] In quello stesso salotto, Rol proponeva a volte l'esperimento dei 'viaggi nel tempo', molto simile, nello spirito, all'operazione gozzaniana:

> In penombra, dopo aver scelto un'epoca e una data, Rol diceva ai presenti di rilassarsi e immaginare di trovarsi là in quel tempo e in quel luogo [...]. I vari partecipanti venivano dunque invitati a proporre agli altri ciò che immaginavano. A leggere i resoconti di chi vi partecipò è assolutamente evidente che si trattava di un semplice gioco di società in cui i presenti potevano lasciar fluire le proprie fantasie creando in gruppo racconti suggestivi.[101]

Dal salotto di nonna Speranza a quello di Gustavo Rol, dalle memorie *Belle Époque* che infestano Pitigrilli agli ambienti cari e desueti rievocati dalle *Storie* di Soldati – le 'semplici stanze da letto di un alberghetto di montagna' ('Il tarocco numero 13'),[102] l'armonia misteriosa e romantica' di un campanile di provincia ('L'albergo di Ghemme'),[103] l'odore vecchio, muffito, chiuso e consolante delle [...] povere sartorie' ('La borsa di

---

99 L'opposizione è ovviamente in Claude Lévi-Strauss, *Il crudo e il cotto*, trad. di Andrea Bonomi (Milano: Il Saggiatore, 1966). Sul Ceppo e la tradizione italiana si veda Eraldo Baldini e Giuseppe Bellosi, *Tenebroso Natale: il lato oscuro della grande festa* (Bari: Laterza, 2012).

100 Tomatis, *Rol*, p. 71. Sulla connessione tra collezionismo, antiquariato e persistenza del passato si veda anche Alessandra Diazzi, 'La lista impensabile', *Enthymema*, 8 (2013), 354–66. Può essere interessante ricordare come Giorgio Batini, autore del già citato *Italia a mezzanotte*, fosse anche un esperto di antiquariato: nel 1961, Batini pubblicò *L'antiquario* (Firenze: Vallecchi) e nel 1963 *La passione del tarlo. Come si comprano gli oggetti antichi* (Firenze: Vallecchi).

101 Tomatis, *Rol*, pp. 175–76.

102 Soldati, *Storie di spettri*, p. 13.

103 Ibid. p. 76.

coccodrillo')[104] – si svela dunque una spettralità specificamente italiana, crepuscolare e nostalgica, borghese e salottiera. Come rammenta Roger Luckhurst, gli studi nati sulla scia del Derrida di *Spettri di Marx* – e appartenenti alla corrente teorico-critica nota come *Spectral Turn* – hanno spesso teso, più o meno inconsciamente, a dissolvere esperienze diverse in una definizione astratta di spettralità, indifferente ai singoli contesti di provenienza.[105] Occorrerà dunque andare alle radici di questa costante 'di tanto gotico nostrano, cinematografico e non', dai racconti di Soldati a quelli di Bernardino Zapponi – su cui torneremo nel quarto capitolo – e fino al *Fantasma d'amore* di Mino Milani, del 1977 (e portato al cinema nel 1981 da Dino Risi, su sceneggiatura proprio di Zapponi): l'idea che 'i morti non tor[nino] per vendetta ma soprattutto per amore', che 'il tempo e i suoi effetti s[iano] dopotutto un'illusione che i vivi hanno costruito come una barriera', e che 'i confini tra la vita e la morte s[iano] fragili e pervi'.[106] È una spettralità, quella italiana, decisamente diversa da quella anglosassone: ma non tanto perché declinata, come avrebbe voluto Niccolò Gallo (e tanta critica successiva), 'in chiave di pura raison', ma perché discende da tutt'altro soprannaturale – da un rapporto *diverso*, in altre parole, con l'alterità della morte.

---

104 Ibid. p. 115.

105 '[T]he critical language of spectral or haunted modernity that has become a cultural-critical shorthand in the wake of [Derrida's] *Specters of Marx* can go only so far in elaborating the contexts for that specific topography of this London Gothic – that, indeed, the generalized structure of haunting is symptomatically blind to its generative loci' (Roger Luckhurst, 'The contemporary London Gothic and the limits of the "spectral turn"', *Textual Practice*, 16, 3 (2002), 527–546 (p. 528)). [Il linguaggio critico della modernità spettrale o infestata dagli spettri, divenuto scorciatoia culturale e critica sull'onda di *Spettri di Marx* [di Derrida], può solo arrivare fino a questo punto nel trattare dei contesti di quella specifica topografia del gotico londinese – il che vuol dire, di fatto, che la struttura generalizzata dell'infestazione resta sintomaticamente cieca ai luoghi che la generano.] La considerazione, ovviamente, vale per Londra come per Torino o Roma.

106 Curti, *Fantasmi d'amore*, pp. 275–76.

Anime fiammeggianti, attonite

Nelle *Storie di spettri*, il racconto 'La borsa di coccodrillo' è dominato dal senso dell'olfatto, quello che le neuroscienze mostrano più legato alla memoria: l'olfatto sarebbe localizzato nell'ippocampo, la sede del cervello deputata al ricordo, cosa che parrebbe giustificare l'intensità del cosiddetto 'effetto Madeleine'.[107]

Di passaggio a Genova, il narratore non sa spiegarsi la 'commozione' che gli suscita una vecchia chiesa, 'stretta e come incastrata fra le vecchie case', tra gli odori del porto e della città vecchia.[108] La memoria emotiva precede solo di poco quella razionale, perché immediatamente dopo comprende bene cosa la chiesa gli ricordi:

> Trent'anni fa, esattamente, e proprio in questi giorni, mia madre mi accompagnò da Torino a Genova. Dormimmo una notte nella stessa camera, lei e io [...]. E dalla finestra di quella camera, allora per la prima volta, vidi la chiesa col suo campanile. L'indomani m'imbarcai per New York. [...] Due lunghi anni, non avrei più rivisto mia madre né l'Italia.[109]

Come rammenta Freud, il perturbante nasce sempre da una commistione di familiarità e alterità: laddove, tuttavia, la *ghost story* della tradizione anglosassone tendeva a far tralucere l'altro nel familiare – turbando la monotonia della vita di provincia con il ricordo spettrale di un antico e sconosciuto trauma – Soldati sceglie l'opposto, mostrando come qualcosa di apparentemente 'altro' non turbi, in realtà, che per il suo radicarsi nella memoria. Il termine chiave, in questo senso, è 'commuovere', sentimento antitetico rispetto all'*uncanny*, all'*uneasiness*, al *weird* o all'*eerie* della tradizione anglosassone, e riattivato non tanto per mezzo di stimoli visivi ma

---

107 William Bleecher Scoville e Brenda Milner, 'Loss of Recent Memory After Bilateral Hippocampal Lesions', *The Journal of Neurology, Neurosurgery and Psychiatry*, 20 (1957), 11–21.

108 Soldati, *Storie di spettri*, p. 109.

109 Ibid. p. 110.

piuttosto olfattivi, profumi che rimandano a ricordi d'infanzia rinnovando un senso indefinibile di colpa:

> Allorché rientrai nella chiesa, la trovai deserta. [...] Ma lì, proprio lì, mi aspettava una sorpresa. E quale sorpresa. Sul lucido sedile dell'inginocchiatoio che era proprio davanti al mio, vidi posata, esattamente nel centro, una bella borsetta da signora, nera, di coccodrillo. [...] quando l'ebbi fra le mani, vidi ancora meglio che era una borsetta finissima, elegantissima [...] una borsetta di Gucci, di Franzi, o di Hermès. Istintivamente, la odorai. *Shocking* di Schiaparelli. Ossia quel profumo raffinato, penetrante, sensuale, ma insieme vecchio, triste, che sa in parte di chiuso e di muffa, e che ricordava, insomma, pur attraverso la sua fasciante squisitezza, l'odore delle povere sartorie. È un profumo che conosco bene, perché un tempo lo usava anche mia madre. [...] La cerniera scattò. La borsetta era foderata di camoscio beige. Ed era completamente vuota, a parte un biglietto di visita [...]. Ma non era un biglietto di visita. Era uno di quei cartoncini che si trovano nelle scatole delle sigarette Xanthia. E, su, c'erano scritte, a matita, con mano incerta e incolta, senza alcun dubbio mano femminile, queste precise parole: mario mario mio. Oh, lo so benissimo, è forse il nome più comune, fra gli italiani di oggi. Perché avrei dovuto essere proprio io, il Mario dell'ignota che aveva dimenticato la borsetta nella chiesa di San Giovanni di Pré? Anzi. Non ero io, certamente. Ma ormai non ragionavo più.[110]

Si tratta, è chiaro, di spettri ben diversi da quelli della *ghost story* anglosassone. L'idea del biglietto dall'aldilà aveva almeno un precedente illustre – 'Pomegranate Seed' di Edith Wharton – ma in quel caso la protagonista (e il lettore) venivano lasciati ignari del contenuto: sposata a un uomo vedovo, la protagonista del racconto vedeva l'uomo sbiancare di fronte a lettere scritte in una calligrafia familiare, intuendo – ma senza avere la possibilità di conoscerne la natura – qualche oscuro segreto di famiglia.[111] Non così in Soldati: ne 'La borsa di coccodrillo' possiamo leggere il contenuto del biglietto, intuiamo chi l'ha scritto, e quell'appello accorato e terribile nel suo laconismo – quel 'mario mario mio' scritto in calligrafia femminile, incerta e tremolante, su un cartoncino delle sigarette Xanthia – ci parla di una

---

110   Ibid. pp. 115–17.
111   Edith Wharton, 'Seme di melograno', in Edith Wharton, *Storie di fantasmi*, a cura di Gianni Pilo e Sebastiano Fusco, trad. di Gianni Pilo (Roma: Newton Compton, 1994), pp. 211–38. Il racconto, originariamente apparso nel 1931, sarebbe stato incluso da Wharton nell'antologia *Ghosts*, del 1937, plausibilmente uno dei modelli di Soldati.

spettralità differente, che inclina, più che al terrore, verso una malinconia dolce e tetra. Come ci ricorda Mu-chou Poo, del resto, il modo in cui una cultura immagina i fantasmi non è mai neutro, ma segnato dal contesto sociale e culturale che delinea il confine tra vita e morte: quello dei fantasmi è, pienamente, un immaginario sociale.[112] Se le storie di Soldati tratteggiano un rapporto tra vivi e morti segnato dalla contiguità, in cui a dominare non è l'alterità assoluta di ciò che è morto, ma, anzi, la sua costante, nebulosa, spettrale coesistenza coi vivi, non si tratta, dunque, solo di una differente declinazione della *ghost story*: è una differente forma di sopravvivenza. La copertina di Mario De Paoli – macchie di rosso, giallo e mattone che sembrano lingue di fuoco, tra le quali si scorge un volto ghignante – può servirci da indizio. *Storie di spettri* è un libro di riflessi e trasparenze, di penombre e di specchi: ma anche di fiamma.

Spostiamoci indietro di qualche anno, a Roma. Nel 1917, sul Lungotevere Prati, viene ultimata la struttura neogotica della chiesa del Sacro Cuore del Suffragio. Prati è forse il quartiere più 'torinese' della capitale, ideale sintesi di due città diversissime fra loro e che tuttavia non cessano di specchiarsi l'una nell'altra: dallo stesso Soldati (*Le due città*, 1964, ma la contrapposizione, come si è visto, è già presente nelle *Storie*) a Dario Argento, i cui film – da *Profondo rosso* (1975) a *La terza Madre* (2007) – sono spesso girati fra Roma e Torino, creando una visionaria fusione tra le due. Il piano regolatore di Roma del 1882 – approvato nel vivo dello scontro fra Chiesa e Regno d'Italia – struttura le vie di Prati 'attorno a edifici emblematici del potere del nuovo Stato: il palazzo di Giustizia, le caserme e i nuovi ponti intitolati alla Regina Margherita, Cavour e Umberto I'.[113] Alle porte del Vaticano, il quartiere prende, nella fine secolo, una 'fisionomia nettamente anticlericale', adottando 'la viabilità a scacchiera come Torino', 'evitando con molta cura la visibilità della cupola di S. Pietro', e dedicando le vie 'a oppositori e vittime del papato'. È in questo contesto di laicismo

---

112   Mu-chou Poo, 'Introduction', in *Rethinking Ghosts in World Religions*, a cura di Mu-chou Poo (Leiden: Brill, 2009), pp. 1–21 (pp. 4–5).

113   Roberto Quarta, *Roma, esoterismo e mistero. Magia, alchimia e cabala nella Città Eterna fra inquietanti presenze e strane apparizioni* (Sesto Fiorentino: Editoriale Olimpia, 2007), p. 20.

e conflittualità che il missionario marsigliese Victor Jouët fonda nel 1893
l'Associazione del Sacro Cuore di Gesù per il Suffragio delle Anime del
Purgatorio. Nel 1897, una cappella nei pressi della chiesa in costruzione va
in fiamme: sulla parete annerita dell'altare, il sacerdote e i fedeli credono
di riconoscere, impressa, la forma di un volto. Jouët ipotizza che in quel
luogo si accalchino le anime in cerca di suffragi, e comincia a raccogliere
testimonianze sui contatti fra i viventi e le anime purganti. Questi materiali – per lo più impronte di fuoco lasciate su libri, lenzuola o vestiti, o
resoconti scritti di testimoni oculari – costituiranno il primo embrione
di un piccolo museo, a cui ancora oggi si accede dalla sagrestia del Sacro
Cuore: il Museo delle Anime del Purgatorio – o, più correttamente, Museo
Cristiano dell'Oltretomba –, regolarmente recensito in ogni guida della
Roma 'misteriosa.'[114]

La chiesa del Sacro Cuore, col suo stile *sulpicien*, appare dunque una
sacca di resistenza nel cuore della Roma più laica e 'torinese': papa Pio X,
a cui la collezione era stata mostrata in Vaticano nel 1905, aveva lodato
l'iniziativa e supportato le ricerche di Jouët, intuendo il potenziale che la
devozione alle anime del Purgatorio poteva avere in chiave anti-laicista e
anti-positivistica.[115] Certo, però, una raccolta di prove *tangibili* del contatto
fra la sfera dei viventi e l'aldilà cristiano poteva avere anche un effetto più
immediato, negli anni che segnano l'età dell'oro del movimento spiritista: nel 1905, Eusapia Palladino destava addirittura l'interesse dei coniugi
Curie, e 'l'epoca della Grande Guerra' – quando la chiesa del Sacro Cuore
venne inaugurata e il museo aperto al pubblico – finiva per 'rappresent[are]

---

114   Oltre a Quarta, *Roma, esoterismo e mistero*, pp. 18–20 dedicano un capitolo al museo
      Batini, *Italia a mezzanotte*, pp. 209–216; Mario Spagnol e Giovenale Santi (a cura di),
      Guida ai misteri e segreti di Roma (Milano: SugarCo, 1977), pp. 236–42; e Luciano
      Gianfranceschi e Gabriele La Porta, *Itinerari magici d'Italia. Una guida alternativa.
      Centro* (Roma: Edizioni Mediterranee, 1980), pp. 29–33. Il museo aprì al pubblico
      nel 1917, cinque anni dopo la morte di Jouët, ma già nel 1905 la collezione venne
      esposta in Vaticano per il Papa.

115   Su questo punto rimando almeno a Jean Daniélou, *Il Purgatorio mistero profondo*
      (Milano: Edizioni Paoline, 1959), pp. 99–184.

l'apogeo dello spiritismo europeo'.[116] Già negli anni Cinquanta dell'Ottocento, quando la voga dello spiritismo aveva attraversato l'Atlantico e sedotto l'Europa, la devozione alle anime del Purgatorio era stata adoperata dalla Chiesa in chiave anti-spiritica: come ricorda Guillaume Cuchet, la maggioranza dei trattati sul Purgatorio usciti dopo il 1855 dedica un capitolo fortemente critico alla pratica dello spiritismo, proponendo i suffragi a sollievo delle anime purganti come antidoto alla tentazione di ricorrere ai medium, e nel 1898 il cattolicissimo periodico *L'Écho du Purgatoire* finirà per parlare della devozione alle anime del Purgatorio come di una forma di 'spiritismo approvato dalla Chiesa' (*spiritisme sanctionné par l'Église*).[117]

La Grande Guerra spinge questa tensione all'estremo. Lo spiritismo è una delle più rilevanti 'conseguenze della guerra sull'immaginario religioso', dovuta all'ovvia 'esigenza di comunicare con i caduti' per mezzo di una forma di spiritualità antidogmatica e dalla presa emotiva più immediata rispetto alle confessioni organizzate.[118] È durante la guerra che Arthur Conan Doyle – che nel 1918 aveva perso un figlio per le conseguenze di una ferita riportata sulla Somme – si avvicina allo spiritismo, divenendone uno dei divulgatori più accaniti. Tre anni prima, una medium aveva messo in contatto il fisico britannico Oliver Lodge con lo spirito di suo figlio Raymond, morto a Ypres, e i 'colloqui' fra i genitori e il figlio morto avrebbero fornito materiale al volume *Raymond*, vero e proprio best-seller degli anni del conflitto.

L'altra conseguenza della guerra sull'immaginario religioso è la rinnovata devozione per le anime del Purgatorio, punto d'arrivo di un processo iniziato intorno alla metà del secolo e vivificata, nei paesi a tradizione

---

116   Jay Winter, *Il lutto e la memoria. La Grande Guerra nella storia culturale europea* (Bologna: Il Mulino, 1998), p. 108. Come ricorda Guillaume Cuchet, *Le crépuscule du purgatoire* (Paris: Armand Colin, 2005), p. 2336, edizione Kindle, l'anno di fondazione del museo romano coincide con quello della creazione dei musei dello spiritismo di Boston e di Melbourne.

117   Cit. in Cuchet, *Le crépuscule du purgatoire*, p. 1018, edizione Kindle. Si vedano anche 862–1052 per un'esauriente panoramica della 'sfida' lanciata dagli spiritisti al Purgatorio cattolico, e delle risposte date in merito dalla Chiesa.

118   Winter, *Il lutto e la memoria*, pp. 83 e 88 rispettivamente.

cattolica, dall'immaginazione popolare.[119] Una devota francese ricordata da Jay Winter continuava a inviare, come tante sue compatriote, pacchi di generi alimentari ai soldati al fronte, ma era fermamente convinta di poter fare molto di più 'per i soldati morti che si trovavano in purgatorio. Erano gente abbandonata; anch'essi erano stati relegati in una terra di nessuno; anche loro avevano bisogno del sostegno e delle preghiere dei credenti'.[120] Nelle chiese provenzali si assiste a una sovrapposizione tra caduti e anime purganti, tra culto religioso e culto civile, con le lapidi in memoria dei soldati morti al fronte collocate nelle nicchie in precedenza dedicate alle anime in pena.[121] Non è solo una questione di disciplinazione del contatto tra vivi e morti nel più totale rispetto dell'ortodossia cattolica: è una diversa forma di sopravvivenza, che si traduce in una differente forma di contatto. Come ricorda Winter, per i cattolici 'le preghiere dei vivi erano destinate ad aiutare i morti e non, attraverso le sedute spiritiche, a cercare il loro aiuto': soprattutto, la linea divisoria tra vivi e morti non veniva scavalcata. Per un cattolico ortodosso quei confini dovevano restare, per gli spiritisti si dovevano attraversare'.[122] È possibile ipotizzare una via 'purgatoriale' alla *ghost story*?

Stephen Greenblatt ha rimarcato come la violenta estirpazione della credenza del Purgatorio dall'immaginario religioso dell'Inghilterra riformata – un processo traumatico, compiuto nel giro di pochi anni e segnato da episodi di fanatismo contro tombe monumentali e altari votivi, quasi a esprimere una violenta 'rabbia verso i morti'[123] – non manchi di lasciare

---

119   Gaby Vovelle e Michel Vovelle, *Vision de la mort et de l'au-delà en Provence d'après les autels des âmes du purgatoire, XVe–XXe siècles* (Paris: Librairie Armand Colin, 1970), p. 56. Sul rifiorire della devozione alle anime del Purgatorio tra la metà del diciannovesimo secolo e la fine della Grande Guerra – quando si assiste a un brusco crollo nelle donazioni e nelle opere pie, preludio al sostanziale oblio del medio regno nella pastorale tardo-novecentesca – si veda il fondamentale *Le crépuscule du purgatoire* di Cuchet.

120   Winter, *Il lutto e la memoria*, p. 95.

121   Vovelle e Vovelle, *Vision de la mort*, p. 56.

122   Winter, *Il lutto e la memoria*, p. 95.

123   Peter Marshall, *Beliefs and the Dead in Reformation England* (Oxford: Oxford University Press, 2002), pp. 93–123.

una cicatrice, e che quella cicatrice, cauterizzata ma incancellabile, si manifesti sulla scena teatrale: vale a dire, nella letteratura.[124] L'oggetto specifico dell'analisi di Greenblatt è l'*Amleto* di Shakespeare, ma la considerazione può estendersi ben oltre l'età elisabettiana. Come rammenta Peter Marshall, l'insistere della critica letteraria anglosassone sulla credenza nel ritorno dei morti è dovuta alla presenza, tutto sommato fortuita, di uno spettro al centro della più grande opera drammatica in lingua inglese, ma è un fatto che – con l'eccezione del trattato *The Terrors of the Night* di Thomas Nashe – la cultura elisabettiana e il secolo che segue non dedichino particolare attenzione a fantasmi e apparizioni.[125] È l'Europa del Sud la terra dei fantasmi, entità intimamente legate – agli occhi dei primi teologi anglicani – a credenze superstiziose come quella del Purgatorio.[126] Questa dicotomia si inverte completamente nel corso del Settecento: dal 1706 – quando Daniel Defoe pubblica il pamphlet *A True Relation of the Apparition of One Mrs Veal* – alla fine del secolo, con i romanzi di Horace Walpole e Clara Reeve, i fantasmi prendono definitivamente, senza più abbandonarlo, il proprio posto nella cultura letteraria britannica.[127]

Azzardare generalizzazioni sarebbe improprio: non è possibile, tuttavia, non notare come la *ghost story* anglosassone emerga in un contesto in cui la cultura dominante, abolendo la credenza nel Purgatorio, ha dissolto quella contiguità tra vivi e morti che l'idea stessa di Purgatorio rendeva possibile, chiudendo letteralmente le porte tra questo e l'altro mondo.[128]

---

124 Stephen Greenblatt, *Hamlet in Purgatory* (Princeton, NJ: Princeton University Press, 2013).

125 Marshall, *Beliefs and the Dead*, pp. 232–33.

126 Ibid. pp. 234–35.

127 Sulla periodizzazione in questione si veda Hay *A History of the Modern British Ghost Story*, pp. 28–29. Sulla credenza nei fantasmi in Inghilterra fra Seicento e Settecento rimando a Sasha Handley, *Visions of an Unseen World: Ghost Beliefs and Ghost Stories in Eighteenth-century England* (London: Pickering & Chatto, 2007). Il racconto di Defoe è stato tradotto in italiano in *Racconti di fantasmi*, trad. e cura di Fabrizio Bagatti (Firenze: Edizioni Clichy, 2016), pp. 17–36.

128 L'espressione è di David Cressy, cit. in Marshall, *Beliefs and the Dead*, p. 4. Sulla contiguità tra vivi e morti garantita dal Purgatorio si veda Jacques Le Goff, *La nascita del Purgatorio*, trad. di Elena De Angeli (Torino: Einaudi, 2014), p. 16.

Da questo punto di vista, la Riforma non è solo la forza repressiva che scatena una rivoluzione dal basso, tesa a rivendicare il bisogno atavico di una comunicazione con l'aldilà:[129] essa finisce per apparire come la condizione stessa di possibilità per un ritorno dei morti, di necessità, obliquo, confinato nello spazio della finzione e marchiato dai crismi dell'illecito. Immagine quintessenziale del perturbante, il *revenant* della tradizione anglosassone è – secondo il più elementare dettato freudiano – qualcosa che un tempo era familiare ed è stato poi reso 'altro' da un processo di rimozione. Ma quali saranno le conseguenze in contesti in cui tale rimozione non è avvenuta? Greenblatt ricorda di aver chiesto a un'anziana di Erice, in Sicilia, se qualcuno si fermava più a pregare davanti a un certo altarino di strada, dove una lapide del 1763 prometteva un'abbreviazione delle pene del Purgatorio per chi avesse recitato orazioni davanti all'immagine votiva lì esposta. La donna aveva risposto che non si faceva più, ma non perché la pratica venisse considerata superstiziosa – come, con una certa curiosità di colonialista, aveva suggerito Greenblatt – ma perché 'ora' i preti chiedevano che si celebrassero messe a pagamento.[130] In Inghilterra, aveva scritto Fruttero, 'esiste una lunga tradizione della *ghost-story*' e 'si pubblicano addirittura delle raccolte arrangiate espressamente per la narrazione': niente di simile in Italia, dove 'le prove pur non prive di grazia di un Tarchetti, di un Boito, di un Capuana, restano lontanissime dallo spirito della *ghost-story* anglosassone'. Fruttero lasciava ai 'cesellatori ideologici del piacere di azzardare, Marx, Freud e magari Adorno alla mano, una teoria che dia ragione del fenomeno': non seguiremo l'ironico avviso, ma ci limiteremo a una semplice domanda. In un contesto culturale come quello del soprannaturale cattolico – un soprannaturale così presente nel quotidiano, eppure (o forse proprio per questo) guardato con tanto distacco – è possibile il perturbante?

Il soprannaturale cattolico lascia una profonda traccia nell'opera di Soldati, che si forma in un'epoca e in un contesto segnati – come si è visto – da una forte tensione fra scienza e fede, influssi dello scientismo positivista – spiritismo compreso – e risposta cattolica. Sono anni in cui l'idea stessa di Purgatorio conosce una rinascita e una metamorfosi, ancora in larga parte

---

129   Marshall, *Beliefs and the Dead*, p. 234.
130   Greenblatt, *Hamlet in Purgatory*, p. 15.

da tracciare.[131] Nel solco degli studi di Philippe Ariès sul rapporto dell'uomo occidentale con la morte, Costantino Gilardi nota come la Grande Guerra segni il picco ma al tempo stesso il tracollo della devozione per le anime del Purgatorio, al culmine di un mutamento sociale – in seno all'Occidente borghese – per cui 'l'affettività acquista un posto ed una qualità diverse dalle epoche precedenti e determina una credenza generalizzata riguardo alla continuazione delle relazioni interpersonali e delle amicizie anche dopo la morte'.[132] Da luogo determinato di un Oltremondo teologicamente ordinato, il Purgatorio diviene – nel corso del lungo Ottocento – una modalità della rimembranza e una tonalità dello spirito, intercettando ansie relative alla morte, al mutamento e alla continuità nel mutamento cui il mondo vittoriano risponde, nello stesso periodo, con lo spiritismo. È a suo modo eloquente che la prima incursione di Soldati nel soprannaturale – *Malombra* – sia sostanzialmente coeva a due saggi che propongono una teologia purgatoriale 'aggiornata', come scrive Gilardi, 'alle nuove sensibilità': il saggio su *Le cose ultime* di Romano Guardini (1940) e l'intervento sul Purgatorio tenuto da Yves Congar al colloquio di Vanves del 1949, testi in cui la concezione dell'esperienza del Purgatorio si sposta dalla dimensione della pena a quella della purificazione interiore, e il fuoco non è più tanto un supplizio quanto un riesame – al limite dell'anamnesi psicoterapeutica – della 'memoria dell'esistenza terrestre nelle sue relazioni interpersonali'.[133]

---

131 È l'auspicio di Le Goff, *La nascita del Purgatorio*, p. 407, che il già citato libro di Cuchet ha parzialmente realizzato.

132 Costantino Gilardi, 'L'altro Purgatorio: dalla pena e dall'espiazione al desiderio e al *fuochoso amore*', *Psiche*, 2 (2003), 128–34 (p. 131).

133 Ibid. pp. 132 e 134. Il testo di Guardini apparve per la prima volta in tedesco nel 1940, e si legge oggi nella traduzione di Gabriella de' Grandi, *Le cose ultime. La dottrina cristiana sulla morte, la purificazione dopo la morte, la resurrezione, il giudizio e l'eternità* (Milano: Vita e Pensiero, 1997). Guardini rigetta l'idea di un Purgatorio come luogo di punizione, parlando di 'purificazione' (*Laüterung*) in contrapposizione al fuoco espiatorio (*Fegefeuer*, il nome tedesco del Purgatorio) e proponendo un'innovativa equazione con l'analisi psicoterapeutica: nella purificazione ultraterrena, sostiene Guardini, esattamente come nel percorso analitico, 'non ci sono mezzi' per rimuovere un errore che 'si radica nell'inconscio e agisce in modo distruttivo'; esso 'dev'essere rivissuto e superato. Occorre riprendere coscienza, affrontarlo e fare onestamente ciò

Tale aspetto era già presente, d'altronde, nel *Purgatorio* dantesco, ipotesto che plasma, nella memoria dotta di larga parte della letteratura italiana posteriore, i temi del lutto e del recupero: poema umbratile, in cui si assiste al 'ritorno del vecchio nel nuovo: il capovolgersi della memoria'.[134] Già nel primo canto del poema coesistono 'il desiderio come pungolo ([...] Catone) e il desiderio come nostalgia ([...] la canzone di Casella)':[135] le anime del *Purgatorio* sono scisse tra attaccamento alla terra e desiderio del cielo, ombre che tendono sì verso Dio, ma che per affetto, rimpianto o abitudine desiderano ancora l'abbraccio dei loro cari.[136] Ed è il *Purgatorio* di Dante a

---

che si può fare adesso' (p. 54). Aggiungeremo come, in una nota conclusiva, Guardini ammonisca di cancellare 'dall'idea che abbiamo dei morti ogni connotazione riduttiva, tutto ciò che è espressione dell'inconfessabile desiderio umano di veder soffrire gli altri, *ogni impulso a portare aiuto, la tentazione di una pietà inopportuna*', in evidente polemica con la pratica dei suffragi e le sue tentazioni di contatto con l'oltremondo (p. 55 n. 6, corsivi miei). Yves Congar presentò il suo intervento su 'Le Purgatoire' ai colloqui di Vanves del 1949, dedicati a *Le Mystère de la mort et sa célébration*, e lo si legge ora nel libro dallo stesso titolo, di Aimon Marie Roguet *et al.* (Paris: Éditions du Cerf, 1956), pp. 279–336. Anche Congar polemizza col sadismo implicito di un Purgatorio immaginato come 'universo concentrazionario', rimarcando le prossimità di un certo immaginario purgatoriale primo-novecentesco con le suggestioni della parapsicologia: 'On [...] raconte des choses que je ne puis qualifier autrement que de sornettes: des histoires d'apparitions, de plaintes ou de gémissements, de traces de main faisant une véritable pyrogravure – les âmes du Purgatoire ont-elles des mains?' (p. 318) [Si raccontano cose che non posso che definire baggianate: storie di apparizioni, di pianti e di gemiti, di tracce di mani che formano vere e proprie pirografie – ma le anime del Purgatorio ce le hanno, le mani?]. Ugualmente, il Purgatorio di Congar è anzitutto un processo di purificazione interiore, all'interno di una dimensione temporale che resta inquantificabile secondo le misure terrene, 'poiché il tempo umano non è il tempo fisico' (Gilardi, 'L'altro Purgatorio', p. 134): il nuovo Purgatorio di Guardini e Congar riflette, anche, le suggestioni della fisica post-einsteniana e le sue contaminazioni con lo junghismo.

134   Teodolinda Barolini, *La 'Commedia' senza Dio. Dante e la creazione di una realtà virtuale* (Milano: Feltrinelli, 2013), p. 144.

135   Ibid. p. 145.

136   Si vedano Manuele Gragnolati e Christoph Holzhey, 'Dolore come gioia. Trasformarsi nel *Purgatorio* di Dante', *Psiche*, 2 (2003), 111–26, e Manuele Gragnolati, 'Corporeità e identità: a proposito degli abbracci nella *Commedia* di Dante', in *Il corpo glorioso. Il riscatto dell'uomo nelle teologie e nelle rappresentazioni della resurrezione*, a cura di

ispirare, a ridosso dei lavori di Guardini e di Congar, rielaborazioni letterarie e non che indulgono nell'immaginare l'aldilà come 'un medio regno
[...] senza più alcuna trascendenza, senza la promessa di un premio, di un
termine', dove 'si sta [...] come nell'antico Ade, in una penombra autunnale,
molti senza che si rendano conto d'essere morti, pensando solo d'aver perso
la strada'.[137] Quelli di *Hilarotragœdia* di Giorgio Manganelli (1964), de *Il
serpente* di Luigi Malerba (1966) e de *Le stelle fredde* di Guido Piovene
(1970) sono oltremondi che sembrano essere 'tornati al grigio Sheol degli
antichissimi testi ebraici', luoghi dell'analisi interminabile di ossessioni
che non ci si riesce a lasciare alle spalle;[138] ed è un Purgatorio quello in cui
resta imprigionato il Giuseppe Mastorna del film mai realizzato di Fellini:

> La persistenza dei ricordi che riaffiora sempre con straziante nostalgia, i ricordi come
> bilancio, come legame con la terra, qualcosa che perseguita ed incalza e che non lascia
> tregua, continuano ad ostacolare M[astorna] nel suo viaggio. Non sono i ricordi, ma
> le idee dei ricordi. Strazianti mostruosità mummificate perché conservate gelosa-
> mente per anni ed anni, gocciolanti umidità sentimentali, compiacimento. Alla vista
> di queste immagini che sono 'i ricordi' della sua vita, M[astorna] urla di terrore.[139]

Come Mastorna, i viventi delle *Storie di spettri* sono affamati di futuro,
eppure continuano ad aggirarsi senza posa in ricordi del passato che 'goccio-
lan[o] umidità sentimentali' e 'compiacimento': e a volte, come Mastorna,
queste immagini li riempiono di terrore.

Ne 'La borsa di coccodrillo' non si menziona alcun aldilà definito, ma il
contesto – la chiesa, la traccia scritta, l'invocazione accorata – evoca immediatamente un'atmosfera purgatoriale. Le apparizioni delle anime purganti,
del resto, seguono uno schema abbastanza fisso. I morti appaiono quando

---

Claudio Bernardi, Carla Bino e Manuele Gragnolati (Pisa: Giardini, 2006), pp. 71–81.
Anche Congar sostiene che 'une joie profonde s'allie, dans le purgatoire, aux peines
purifiantes' ('Le Purgatoire', p. 320) [in Purgatorio, alle pene purificatrici si lega una
gioia profonda].

137 Ermanno Cavazzoni, 'Purgatori del secolo XX', in Federico Fellini, *Il viaggio di
G. Mastorna*, a cura di Ermanno Cavazzoni (Macerata: Quodlibet, 2008), pp. 207–
229 (pp. 216).

138 Ibid. pp. 216–18.

139 Fellini, *Il viaggio di G. Mastorna*, p. 201.

la loro memoria, presso i viventi, è ancora fresca: non appaiono a estranei, ma a coloro che in vita li hanno amati.[140] Lasciano tracce, impronte, spesso di fuoco, e non temono – com'è ovvio – i luoghi sacri, che anzi ricercano. E hanno fretta, perché il tempo loro concesso per manifestarsi ai viventi è breve; invocano il ricordo, il suffragio, la pietà. Così Sant'Agostino aveva commemorato sua madre Monica, pregando il Signore per la sua anima:[141] la narrazione delle *Confessioni* si sarebbe rivelata essenziale alla giustificazione teologica del Purgatorio, e non è forse un caso che anche Soldati metta in scena – stravolgendola, e tingendola di *Unheimliche* – il ricordo di una madre, per cui si avverte un sentimento ambiguo di nostalgia e di colpa. La madre del narratore di Soldati non è morta da poco, e il suo ricordo non è affatto vivo – anzi, è stato come represso, cancellato con violenza: ma è pronto a ritornare, alla semplice vista di una borsetta di coccodrillo e all'odore 'antico' di *Shocking de Schiaparelli*. La donna lascia un segno in una chiesa, invocando il *suo* Mario: e il suo biglietto rivela uno struggente miscuglio di fretta e indugio, di colloquialismo e forma, che fa omettere i segni d'interpunzione ma indulge nel pleonasmo della ripetizione del nome, patetico come un'esclamazione da fotoromanzo e tenero come le prime prove di un analfabeta. Di fronte a quel biglietto, Mario prova *orrore*: un orrore che non nasce dallo scoprire, nell'altro, qualcosa di oscuramente familiare, ma lo scoprire – oscuramente – che il familiare è divenuto *altro*. Perché il passato non torna, i morti debbono restare morti, e il confine

---

140   Punto sottolineato, tra l'altro, da Le Goff, *La nascita del Purgatorio*, p. 332 e da Greenblatt, *Hamlet in Purgatory*, p. 41. Il che fa pensare che Batini abbia toccato, pur involontariamente e sotto il velo dell'ironia, il punto essenziale: 'Ufficialmente – e in compagnia – l'italiano non ci crede. Intendo dire ai fantasmi. In genere l'italiano scuote la testa, dice che lui ne ha sempre sentito parlare, soltanto sentito parlare, ma non li ha mai visti e che, anzi, sarebbe proprio contento di vederne, finalmente, uno. Paura? Gelido ribrezzo? Per carità! E perché mai? Magari fosse vero che i nostri morti possano, di tanto in tanto, prendersi una licenza, e tornare a farci visita sulla terra! Rivedremmo certamente volentieri i nostri parenti e gli amici scomparsi. Rivedremmo volentieri la cara nonna che ci voleva tanto bene, e che ci raccontava le favole: di lei non potremmo aver paura...' (Batini, *Italia a mezzanotte*, p. 5).

141   Cfr. Le Goff, *La nascita del Purgatorio*, pp. 77–80.

– come la Chiesa, nonostante tutto, non aveva cessato di ammonire – deve restare chiuso.

In 'Oh, Whistle, and I'll Come to You, My Lad' di M. R. James (1904), forse la più classica delle *ghost story* britanniche – e inclusa sia nell'antologia di Bruno Tasso[142] che in quella di Fruttero e Lucentini[143] – il protagonista aveva suonato nella sua stanza d'hotel un fischietto incautamente disseppellito tra le rovine di un'abbazia medievale, e uno spettro (di chi, né il personaggio né il lettore l'avrebbero mai saputo) era accorso al richiamo: 'non è difficile immaginare che cosa sarebbe successo [...]' se non fosse stato soccorso; 'È chiaro che si sarebbe gettato dalla finestra oppure sarebbe impazzito.'[144] Un altro ospite, un colonnello dalla sintomatica avversione per i cattolici, lo aveva salvato, gettando il fischietto in mare: a suo parere, il fantasma 'non avrebbe potuto fargli assolutamente nulla', poiché 'il suo unico potere era quello di spaventare'; ma 'tutta la faccenda, disse, lo confermava comunque nella sua opinione circa la Chiesa di Roma'.

Ne 'La borsa di coccodrillo', Mario non ha richiamato nessuno (o, forse, non ha mai smesso di farlo): in compenso, conosce benissimo lo spettro che gli si presenta, e il ricordo istintivo delle dottrine della 'Chiesa di Roma' gli suggerisce che con l'altro mondo è meglio avere pochissimo a che fare.[145] 'Non tutti gli spiriti', aveva ammonito Pitigrilli, 'dànno consigli di saggezza e chiedono delle Messe': a volte può capitare 'un'anima malvagia' o addirittura il 'demonio in persona, o [...] uno di quegli "spiriti maligni che vanno per il mondo a perdere le anime"'; l'unica cosa certa, è

---

142 Tasso, *Un secolo di terrore*, pp. 139–66.

143 Fruttero e Lucentini, *Storie di fantasmi*, pp. 189–212.

144 Ibid. p. 212.

145 'Il popolo dei credenti [...]', scrive Guardini, 'si sente profondamente legato ai suoi morti. il nome con cui li chiama, "le povere anime", esprime intima vicinanza e amorevole sollecitudine. Tale sollecitudine occupa ampio spazio nella sua pietà: se scomparisse, sarebbe come se il contadino abbandonasse i suoi campi per andare a vivere in città. L'uomo colto invece – la parola non vuole essere sprezzante, esprime solo una realtà e un destino – ha perso quella sollecitudine per i morti, e quindi molte idee e tradizioni popolari lo sorprendono. [...] L'uomo colto ha perduto quel legame; per la sua sensibilità i morti non sono reali' (*Le cose ultime*, pp. 42–43 n. 2).

'che è più facile tirarsi in casa una di queste forze del male che liberarsene'.[146]
Nel racconto di Soldati, Mario tutto questo lo sa: ad Alessandria, in piena
notte ('non mi va di mettermi a letto con quella borsa in camera'),[147] prende
un taxi, cena in uno squallido bar-ristorante e getta la borsetta, avvolta in
due giornali, giù per i gorghi del Tanaro in piena.

146 Pitigrilli, *Pitigrilli parla di Pitigrilli*, p. 225.
147 Soldati, *Storie di spettri*, p. 118.

CAPITOLO 3

Comizi d'orrore. L'Italia dei dannati

[...] su due ghiande missili risalenti alla seconda guerra servile, rinvenute a Siracusa e Lentini, si leggono, rispettivamente, le parole 'vittoria delle Madri (*nike meteron*)', 'vittoria della Madre (*nike materos*)'. Lo sdoppiamento o la triplicazione di divinità singole sono fenomeni largamente documentati [...]. Si è cercato di identificar[e le Madri] nelle tre figurine femminili avvolte in un manto, rinvenute in una tomba di Cipro, o in quelle, di dimensioni molto più grandi, che si vedono in un bassorilievo [...] trovato a Camàro presso Messina. [...] L'analogia tra le enigmatiche dee Madri di Engyon e le *Matronae* celtiche, già segnalata da un antiquario settecentesco, è stata interpretata nelle maniere più diverse. Talvolta si è visto in essa una derivazione da non meglio precisate divinità femminili indoeuropee; talvolta una mera coincidenza; talvolta la prova della presenza, in ambito sia celta sia siceliota, di divinità materne plurime, non identificabili né con la Madre Terra, né con la Madre degli dei venerata in Asia Minore. [...] la fisionomia delle Madri di Engyon rimane oscura.

— CARO GINZBURG, *Storia notturna* (1989)[1]

Gli uomini, cadendo in errore, le chiamano con un unico tremendo nome, ma in principio tre erano le Madri, come tre erano le Sorelle, tre le Muse, tre le Grazie, tre le Parche, tre le Furie.

— EMILIO VARELLI, *The Three Mothers* (18**)

La bestia più feroce l'è il commissario.

— *PORTA ROMANA BELLA*, canzone popolare milanese

---

1   Carlo Ginzburg, *Storia notturna. Una decifrazione del sabba* (Torino: Einaudi, 2008), pp. 102–03.

Soyons réalistes

Charles Fort era nato nel 1874, nello stato di New York; era stato vagabondo, naturalista, romanziere. Negli anni a ridosso della Prima guerra mondiale aveva preso a raccogliere notizie 'insolite' da quei quotidiani di ogni parte del mondo che le biblioteche di New York offrivano al suo sguardo indagatore. Il pubblico italiano ne avrebbe sentito parlare per la prima volta nel 1963, da Louis Pauwels e Jacques Bergier. 'Stravagante e meraviglioso' – così lo definiscono i due, dalle pagine de *Il mattino dei maghi* –, per l'anno 1910 Fort aveva finito per accumulare 'venticinquemila annotazioni ordinate in scatole di cartone' relative a 'fatti di cui ci si rifiutava di parlare':

> Pioggia rossa su Blankenberg, il 2 novembre 1819, pioggia di fango in Tasmania, il 14 novembre 1902. Fiocchi di neve grandi come sottocoppe a Nashville, il 24 gennaio 1891. Pioggia di rane a Birmingham il 30 giugno 1892. Aeroliti. Sfere di fuoco. Impronte di un animale favoloso nel Devonshire. Dischi volanti. Impronte di ventose su montagne. Macchine nel cielo. Capricci di comete. Strane sparizioni. Cataclismi inspiegabili. Iscrizioni su meteoriti. Neve nera. Lune blu. Soli verdi. Temporali di sangue.[2]

Fort – come ha scritto il suo più recente biografo, Jim Steinmeyer – non aveva inventato il paranormale, che era già una componente essenziale dell'immaginario tardo-vittoriano in cui era cresciuto: aveva però inventato la visione moderna del paranormale, quella ancora oggi dominante in riviste e trasmissioni come *Fortean Times*, *Il Giornale dei Misteri* o *Voyager*.[3] Fort raccoglieva fatti di ogni genere, accomunati solo dall'essere in qualche maniera 'insoliti' o devianti rispetto all'ordine presunto delle cose; non formulava alcuna 'teoria del tutto' – se non la provocatoria immagine di un'altra dimensione che aveva chiamato 'Super Mar dei Sargassi' (*Super-Sargasso Sea*) – ma si limitava a porre domande, spesso deliberatamente *nonsense*; soprattutto, il suo stile paradossale e a tratti spiazzante (siamo pur sempre

2   Pauwels e Bergier, *Il mattino dei maghi*, pp. 165–66.
3   Jim Steinmeyer, *Charles Fort. The Man Who Invented the Supernatural* (New York: Penguin, 2007), p. xv.

negli anni a ridosso dell'avanguardia surrealista) mirava, prima ancora di suggerire qualsiasi spiegazione, a incrinare ogni certezza nell'interpretazione scientifico-positivista della realtà. Fort, in altre parole, presentava il paranormale – letteralmente, ciò che eccede la *norma* – come una forma pienamente naturale, benché insolita, del reale, esasperando all'estremo quella diffidenza verso le spiegazioni date su cui si fonda il metodo sperimentale. I fatti che Fort riportava – anzitutto nel suo libro più fortunato, *The Book of the Damned*, del 1919 – erano, appunto, fatti, garantiti dal loro essere stati riportati nelle cronache dei quotidiani, e che tuttavia – presi isolatamente – rischiavano di passare inosservati. Nei primi anni Venti, scrive Steinmeyer, gli americani cominciavano a scoprire che il mondo era un posto davvero strano, e l'opera di Fort – che quei fatti metteva in fila, uno dietro l'altro – non faceva che confermare come questa impressione non fosse per eccesso, ma casomai per difetto. Piogge di rane o di sangue, astronavi che visitano la terra, cani che parlano, gente che scompare: Fort si chiedeva il perché fatti del genere si verificassero, quotidianamente, ad ogni angolo della terra, ma soprattutto – conclude Steinmeyer – si chiedeva perché a questi fenomeni non si prestasse l'attenzione che meritavano.[4]

Tali fatti – ignorati, elusi, passati sotto silenzio o trascurati – erano ciò che Fort chiamava 'i dannati' (quarant'anni dopo, Frantz Fanon avrebbe usato lo stesso termine per parlare del Terzo Mondo: una coincidenza ovviamente casuale, ma – come vedremo – non priva di riverberi). 'Realtà incongruenti, scacciate dal campo della conoscenza, e a cui [Fort] dava asilo nel suo povero studio del Bronx, e che accarezzava schedandole. "Puttanelle, nani, gobbi, buffoni, e tuttavia la loro sfilata in casa mia avrà l'impressionante solidità delle cose che passano, e passano, e non smettono di passare"'.[5] Non più interpretati come manifestazioni divine o diaboliche, e dunque trasferiti nel limbo rassicurante dell'alterità o dell'eccezione, i 'dannati' di Fort, radunati insieme come una corte dei miracoli o un 'Quarto Stato' del sapere umano, dimostravano invece come non solo il soprannaturale

---

4   Ibid. p. xvi.
5   Pauwels e Bergier, *Il mattino dei maghi*, p. 166.

esistesse, ma che in un certo senso *tutto* fosse soprannaturale[6] – compresa
la scienza stessa:

> A Procession of the damned. By the damned, I mean the excluded. We shall have a
> procession of data that Science has excluded. Battalions of the accursed, captained
> by pallid data that I have exhumed, will march. [...] Some of them livid and some of
> them fiery and some of them rotten. Some of them are corpses, skeletons, mummies,
> twitching, tottering, animated by companions that have been damned alive. There
> are giants that will walk by, though sound asleep. There are things that are theorems
> and things that are rags: they'll go by like Euclid arm in arm with the spirit of anarchy.
> Here and there will flit little harlots. Many are clowns. But many are of the highest
> respectability. Some are assassins. There are pale stenches and gaunt superstitions
> and mere shadows and lively malices: whims and amiabilities. The naïve and the
> pedantic and the bizarre and the grotesque and the sincere and the insincere, the
> profound and the puerile.[7]

> [Una processione di dannati. Con la parola dannati, intendo dire gli esclusi. Avremo
> quindi una sfilata di dati che la Scienza ha escluso. Battaglioni di dannati, capitanati
> da diafani dati che ho esumato, si metteranno in marcia. [...] Alcuni di essi sono
> lividi, altri fiammeggianti, altri ancora putrefatti. Alcuni di essi sono cadaveri, sche-
> letri, mummie che si contorcono, che camminano vacillando, animati da compagni
> che sono stati dannati da vivi. Ci sono cose che sono teoremi e altre che sono solo
> stracci: esse sfileranno sotto braccio a Euclide con lo spirito dell'anarchia. Qua e là
> svolazzeranno delle sgualdrinelle. Molti sono dei buffoni, ma molti sono della mas-
> sima rispettabilità. Alcuni sono assassini. Ci sono deboli fetori e scarne superstizioni,
> semplici ombre e malizie vivaci: capricci e amabilità. L'ingenuo e il pedante, il bizzarro
> e il grottesco, il sincero e l'insincero, il profondo e il puerile.]

Nel riportare eventi tratti da notizie di giornale – con nomi reali, di luoghi
reali e di persone reali – Fort non si limitava, dunque, a far irrompere il
fantastico nella realtà, ma finiva per dimostrare come la realtà stessa fosse
già fantastica, e lo fosse sempre stata.[8] Fort, insomma, giungeva a saltare lo

---

6   Jeffrey J. Kripal, *Authors of the Impossible. The Paranormal and the Sacred* (Chicago
      and London: The University of Chicago Press, 2010), p. 94.
7   Charles Fort, *The Book of the Damned* (New York: Boni and Liveright, 1919), p. 7;
      la traduzione italiana è di Antonio Bellomi, *Il libro dei dannati* (Milano: Armenia,
      1973), p. 3.
8   Kripal, *Authors of the Impossible*, p. 105.

steccato fra l'assunto (scientifico) 'che tutto *possa* essere possibile' e quello per cui tutto è possibile: se non che, come nota Umberto Eco, 'dire che tutto è possibile significa dire che tutto è vero, ed è vero *tutto insieme*, lo yoga come la fisica nucleare, l'elevazione dei poteri psichici come la società cibernetica, l'abolizione della proprietà privata e l'ascesi mistica'.[9]

Eco scriveva queste parole in relazione all'idea di Pauwels e Bergier di un 'realismo fantastico', progetto estetico-culturale tratteggiato anzitutto ne *Il mattino dei maghi* e quindi concretizzato – a partire dal 1961 – nella rivista *Planète*: una corrente di pensiero che era una diretta filiazione delle idee di Fort, filtrate dalle frequentazioni esoteriche di Pauwels (anzitutto René Guénon e Georges Gurdjieff) e dagli interessi scientifici di Bergier. Alle incertezze della modernità, notava Eco, Pauwels e Bergier rispondevano con il sincretismo, un atteggiamento intellettuale, cioè, 'proprio delle epoche di transizione': nella prospettiva di *Planète*,

> il domani è già cominciato, si va delineando una situazione planetaria che ha ormai superato le barriere erette dalle scienze e dalle politiche tradizionali, il mondo del futuro, che si sta disegnando nelle proposte e nelle imprese della scienza odierna, sarà più vasto, imprevedibile, ricco e poetico di quanto possiamo pensare; territori insospettati saranno conquistati all'umani, i regni fattici intravedere dalla magia o dalla Kabbala, dalla astrologia o della letteratura d'anticipazione, potranno coesistere coi territori scoperti dalla scienza; prepariamoci, adattiamoci a questa nuova epoca, impariamo a leggere nei frammenti del presente il più compiuto disegno di un domani diverso. E soprattutto non rinunciamo ad alcun sospetto, ad alcuna ipotesi. Compito dell'immaginazione oggi è appunto di instaurare una 'coraggiosa tolleranza di *tutto* il fantastico'.[10]

Se la scienza ha raggiunto o sta per raggiungere obbiettivi che un tempo sembravano alla sola portata di maghi e alchimisti – alterare la materia, sovvertire il tempo, vincere la vecchiaia e forse la morte, colonizzare le stelle: tutti traguardi che nel 1960 sembravano possibili – non è la magia, sostenevano Pauwels e Bergier, ad aver anticipato la scienza, ma la scienza

9   Umberto Eco, 'Pianeta pericoloso, ovvero la reazione "pour dames"' (1963), in Umberto Eco, *Il costume di casa. Evidenze e misteri dell'ideologia italiana negli anni Sessanta* (Milano: Bompiani, 2012), pp. 235–42 (p. 239).
10   Ibid. pp. 237–39.

a essere magica: per dirla con le parole dell'autore di fantascienza e divulgatore scientifico Arthur C. Clarke, che nel 1962 licenziava il seminale *Profiles of the Future*, l'avanzamento tecnologico renderà qualunque tecnologia indistinguibile dalla magia.[11] L'età atomica sarà dunque, paradossalmente, il momento della riscossa e della rivincita di tutti quei 'dannati' che l'illuminismo prima e lo scientismo ottocentesco poi avevano eliso dalla propria narrazione – le filosofie orientali e l'alchimia, i miracoli e la magia nera o bianca, i fenomeni paranormali e la letteratura fantastica, che in un contesto del genere (con accenti che, pochi anni dopo, farà propri Giorgio Manganelli) si trova a essere l'unica, paradossalmente plausibile forma di *realismo*.[12]

Sintomo e al tempo stesso propulsore della riscoperta dell'occulto nel cuore dell'Occidente, *Il mattino dei maghi* diviene subito un best-seller, e *Planète* – lanciata un anno dopo, e che in Francia raggiunge la tiratura di centomila copie, un record per una rivista di lusso – un'operazione culturale che si estende ben oltre la rivista stessa, attraverso la creazione di circoli locali, congressi, eventi e pubblicazioni parallele. In Italia, il libro arriva nel luglio del 1963, con una prefazione di Sergio Solmi che ne sottolinea l'eclettismo e l'ambiguità, 'fra gusto romantico del *mystery* e ottimismo scientifico progressista, tra nostalgie occultiste ed ermetiche ed esaltazione della ricerca in piena luce; accogliente con eguale trasporto, sia pure sul piano della pura ipotesi, probabile e improbabile, verità e fiaba, fatto storico e leggenda, dimostrazione sperimentale e sogno a occhi aperti'.[13] L'anno dopo sbarca in Italia *Pianeta*, versione italiana del periodico francese curata da un gruppo di giovani 'irregolari' vicini al filosofo cattolico Augusto Del Noce: tra Francia e Italia, *Planète/Pianeta* diviene un punto di riferimento per chi pensa a 'un'altra idea di modernità' rispetto al marxismo e all'esistenzialismo sartriano,[14] accogliendo contributi, fra gli altri, di Jorge Luis Borges, Roger Caillois, Federico Fellini, Ennio Flaiano ed Henry Miller,

11   Clarke, *Profiles of the Future*, p. 24.
12   Giorgio Manganelli, 'Letteratura fantastica' (1966), in Giorgio Manganelli, *La letteratura come menzogna* (Milano: Adelphi, 2005), pp. 54–62.
13   Sergio Solmi, 'Prefazione', in Pauwels e Bergier, *Il mattino dei maghi*, pp. 5–16 (p. 11).
14   Rimando a Luciano Lanna, 'Esoterici e futuristi', *Il Foglio* (23 giugno 2012).

oltre ai disegni del giovane artista e cantautore Herbert Pagani. Su *Pianeta*, Buzzati pubblica nell'autunno del 1965 un racconto – 'Il caso Mastorna' – che sfalda intenzionalmente gli steccati fra narrativa e *forteana*, il termine inglese con cui si indicano i resoconti giornalistici di eventi inspiegabili del genere collezionato da Charles Fort: un episodio di cronaca occorso 'sulla strada provinciale tra Sebalia e Greti, in quel di Mortara' diviene 'l'esempio più classico e forse più elegante di deformazione del tempo, uno dei problemi più interessanti della fisica'.[15] Il racconto è un frutto diretto del reportage condotto da Buzzati in quell'estate, un'esplorazione delle leggende, dei maghi e dell'occulto nella penisola: il cognome 'Mastorna' è un omaggio nemmeno troppo dissimulato a Fellini, che proprio in quell'anno – impegnato in una ricerca analoga a quella di Buzzati – stende il copione del mai realizzato *Il viaggio di G. Mastorna, detto Fernet*.

Il mattino dei maghi conosce due edizioni in cartonato di lusso fra 1963 e 1964, ed entra poi nel catalogo degli Oscar nel 1971; nel 1973 esce finalmente in Italia il libro di Fort, per le edizioni milanesi Armenia, nello stesso anno in cui iniziano le pubblicazioni del periodico inglese *Fortean Times*, dedicato proprio a Fort e alle sue indagini sui 'dannati'. È proprio in questo lasso di tempo – un decennio – che si sviluppa e cresce, in Italia, quella che potremmo chiamare l'industria culturale dell''insolito', e per la quale ho proposto di adottare la nozione di 'occultura': ufologia, archeologia misteriosa, fenomeni paranormali ed esoterismo, un *pot pourri* di sicuro fascino e scarsa accuratezza scientifica che trova nelle opere di Peter Kolosimo la propria elaborazione, forse, più originale.[16] È in questo periodo che

---

15 Dino Buzzati, 'Il caso Mastorna', *Pianeta*, 10 (dicembre 1965–febbraio 1966), 135–43 (pp. 135–36), ora in Dino Buzzati, *Le cronache fantastiche. Fantasmi*, a cura di Lorenzo Viganò (Milano: Mondadori, 2003), pp. 189–94. La stessa contaminazione fra narrativa e *forteana* si ritrova nel racconto 'I'm Scared' dello statunitense Jack Finney, pubblicato il 15 settembre del 1951 sulle pagine del settimanale *Collier's Weekly* (24–25): anche in quel caso, il tema è la sovversione del tempo lineare.

16 È impossibile dare conto, in questa sede, dell'immensa influenza di Kolosimo sulla cultura popolare italiana a partire dalla fine degli anni Sessanta: basti, per ora, il profilo che ne traccia Marco Ciardi, *Il mistero degli antichi astronauti* (Roma: Carocci, 2017), pp. 143–51, al quale rimando per il tema – a questo libro solo collaterale – dell'archeologia misteriosa e delle 'astronavi sulla preistoria'.

iniziano a uscire periodici dedicati – il più celebre è *Il Giornale dei Misteri*, lanciato dalla Corrado Tedeschi Editore nel 1971 e da allora pubblicato quasi ininterrottamente[17] – e diversi editori pubblicano collane dedicate al 'mistero' in tutte le sue sfaccettature, dalla parapsicologia all'archeologia misteriosa, dall'ufologia allo spiritismo: diverse di esse sono attive fin dagli anni Sessanta, come la 'Universo Sconosciuto' della Sugar – nelle librerie dal 1964 – che nel 1969 arriva a conquistare il Premio Bancarella con *Non è terrestre* di Kolosimo, uscito l'anno prima.[18] Come ricorda Franco Pezzini,

> Credo sia difficile per un lettore odierno mettere a fuoco la potenza dell'impatto che all'inizio degli anni Settanta l'irrazionale conobbe sulle riviste popolari nostrane. Era una sorta di tributo obbligato: trovavi l'intervista a Orietta Berti, il pezzo su padre Eligio, qualche ossequiosa concessione alla politica [...] e poi all'improvviso compariva il servizio sulla casa infestata, il mostro di Loch Ness o i dischi volanti. A farla da padroni, erano spiritismo e parapsicologia, le varianti dell'occulto da noi più diffuse e del resto avvertite come più presentabili [...]: un sottomondo di tavolini danzanti e reincarnazioni assortite, meraviglie alla Rol, chirurghi filippini (quelli che, si sosteneva, potevano a mani nude intervenire nelle interiora di un paziente 'operandolo' magicamente), forchette di Uri Geller e melodrammi post mortem dal sapore de *La vita in diretta*.[19]

17   Ricordiamo anche *Scienza e ignoto*, uscito dal 1972 al 1973; e *Pi Kappa, cronache del tempo e dello spazio*, dal 1972 al 1973.

18   Possiamo menzionare almeno 'Radar' (Edizioni Mediterranee, dal 1964), 'I misteri dell'universo' (Newton & Compton, dal 1969), 'Mistero' (Campironi, dal 1970), 'Gli enigmi' (Dellavalle, 1970), 'Mondi sconosciuti' (MEB, 1971), 'L'uomo e l'ignoto' (Armenia, dal 1972), 'Biblioteca dei Misteri' (Edizioni Mediterranee, dal 1972), 'Ai confini della realtà' (Armenia, dal 1973), 'I libri dell'ignoto' (Corrado Tedeschi, dal 1973) e 'Pianeta misterioso' (Armenia, 1974).

19   Pezzini, *Victoriana*, pp. 360–62. Pezzini è ritornato sul punto in 'Cinquanta sfumature di occulto', p. 52: 'gli anni di svolta, di crisi epocale e ribellione, di sogni e di febbri tra fine Sessanta e inizio Settanta vedono l'occulto erompere all'attenzione di un pubblico generalista attraverso schermi, tabloid e mille altri rivoli "ordinari" – comprese pratiche medianiche o magiche cerimoniali non più demonizzate ma anzi in qualche misura di moda. Chi ricorda, nelle librerie italiane dell'epoca, l'impressionante fioritura di volumi, e sui giornali la quantità di articoli – di serietà variabile, dalla bella serie *Gli uomini del mistero*, su una testata di livello come il vecchio "Epoca", alle storie, più o meno sensazionalistiche delle riviste "da signora" – può confermare questa sensazione abbastanza impressionante di un'alta marea epocale'.

Si tratta di un fenomeno che valica i confini nazionali, e che solo di recente – sulla scorta del linguaggio critico della *hauntologie* – si è cominciato a mappare. Adam Scovell ha rintracciato in esso le radici del fenomeno, specificamente britannico, del *folk horror* cinematografico – pellicole, cioè, come *Il grande inquisitore* (*Witchfinder General*) di Michael Reeves (1968), *La pelle di Satana* (*Blood on Satan's Claw*, 1970) di Piers Haggard e *The Wicker Man* di Robin Hardy (1973), in cui l'immagine dell'Inghilterra rurale si carica di suggestioni fra il satanico e il pagano, all'incrocio fra folclore e controcultura *hippy*. Ma se il *setting* favorito del *folk horror* è una campagna immobile, lontana dalla città e dalle tentazioni del moderno, è nelle case della piccola e media borghesia urbana che l'occultura' germina, in anni in cui l'occultismo, in ogni sua declinazione, appare onnipresente nella cultura pop, al cinema e in tv.[20] È ciò che Scovell chiama, con un termine solo limitatamente traducibile, *Urban Wyrd*: un interesse per l'occulto che nasce in contesti cittadini e alfabetizzati, fuori dalla ristrettezza delle cerchie esoteriche tradizionali, rendendosi gioco di società e riferimento culturale *à la page*, amplificato dallo spazio che l'insolito' riceve sulla stampa di massa e non solo. Come primo esempio cinematografico di *Urban Wyrd*, Scovell cita *La notte delle streghe* (*Night of the Eagle*, 1962) di Sidney Hayers, tratto da un romanzo di Fritz Leiber del 1943: nella pellicola, nota Scovell, la magia non viene relegata in un 'altrove' geografico o culturale – la campagna come brodo di coltura per superstizioni ataviche e riti ancestrali – ma viene praticata da persone della classe media, nel cuore di una città dell'Inghilterra contemporanea, per risolvere problemi come l'ascesa sociale o la promozione sul luogo di lavoro.[21] E tuttavia, se è il cinema il punto di approdo

---

20 Scovell, *Folk Horror*, p. 126.

21 Ibid. p. 130. È un fenomeno rimarcato da Alfonso M. Di Nola, per l'Italia, già negli anni Settanta: 'soltanto presso [i ceti e le classi borghesi del paese] si è verificata una crescita statistica notevole dell'interesse demonologico ed è stata accompagnata da sperimentazioni dirette (diffusione di messe nere, utilizzazione degli interventi stregonici, curiosità elitaria per l'occulto). [...] L'incremento della stregoneria e della demonologia si configura [...] come un fenomeno squisitamente urbano, che tocca i grandi agglomerati delle città e li tocca nei suoi [sic] strati che detengono la dirigenza e il potere' (Alfonso M. Di Nola, *Inchiesta sul diavolo* (Bari: Laterza, 1978), pp. 11–12). Tuttavia, aggiunge Di Nola, 'le credenze in questione quali si vanno sviluppando

sia dell'*Urban Wyrd* che del *Folk Horror*, non è nel cinema – conclude Scovell – che dobbiamo rintracciare le origini dei due generi, ma nella stampa di massa: nel caso specifico dell'Inghilterra, nei romanzi di Dennis Wheatley, pubblicati senza sosta dagli anni Trenta agli anni Settanta e in cui il *thriller* si mescola all'occultismo e al romanzo storico. Nel 1968, è la stessa Hammer Film a rivolgersi al lavoro di Whitley, affidando a Terence Fisher l'adattamento del romanzo *The Devil Rides Out* (1934).

L'oscillazione fra *Urban Wyrd* e *Folk Horror* nel comune segno dell'"occultura" non è però un fenomeno unicamente britannico. Certo, romanzi come quello di Wheatley – del quale non è difficile riconoscere nel De Rossignoli de *Il mio letto è una bara* un emulo – arrivano in Italia relativamente tardi, e temi-chiave dell'horror rurale di Reeves, Haggard e Hardy restano, com'è chiaro, specificamente legati alla società britannica degli anni Sessanta e Settanta. L'Italia, tuttavia, conosce ugualmente una normalizzazione dell'occulto presso il pubblico borghese di fine anni Cinquanta e inizio anni Sessanta, grazie a raffinate e serie pubblicazioni da biblioteca – come *Le streghe* dello storico della filosofia Giuseppe Faggin (1959), ad esempio, o *La civiltà delle streghe* di Giuseppina ed Eugenio Battisti (1964) – e a traduzioni che rendono disponibili per il pubblico italiano le novità inglesi e francesi sul tema, come *La messa nera* di H. T. F. Rhodes (1960) o *La magia* di Maurice Bouisson (1962).[22] Al tempo stesso, l'uscita di pellicole come *Il*

---

nella trama sociale urbano-borghese, si qualificano come decisamente deculturate, mancano, cioè, di un retroterra culturale che le giustifichi e le origini. Rappresentano un fatto collettivo di superficie, che ha occasionalmente colmato i vuoti dell'angoscia, della noia e della paura o ha sostituito la curiosità di universi ignoti […]. Per ciò stesso le funzioni antropologicamente utili dell'immagine diabolica sono venute meno se ci si riferisce a un'utilità culturale in termini funzionalistici. Tranquillizzano un'inquietudine strisciante ed entrano in una sfera di autogratificazioni elitarie, quali possono essere, parallelamente, l'astrologia, la divinazione con il pendolo, l'ufologia, la chiromanzia' (p. 12).

22   Giuseppe Faggin, *Le streghe* (Milano: Longanesi, 1959); Giuseppina e Eugenio Battisti, *La civiltà delle streghe* (Milano: Lerici, 1964); H. T. F. Rhodes, *La messa nera*, trad. di Donatella Pini (Milano: Sugar, 1960); Maurice Bouisson, *La magia: riti e storia*, trad. di Donatella Pini (Milano: Sugar, 1964). Ideale *trait d'union* tra tutte queste pubblicazioni, il ricorrere a un apparato iconografico elegante e discreto, fatto per lo

demonio di Brunello Rondi (1963) e *Giulietta degli spiriti* di Federico Fellini (1965) dimostra un analogo slittamento di temi occulti tra ambienti borghesi e campagnoli, tra l'occultismo 'da salotto' e il 'mondo magico' delle classi subalterne. Ciò che muta è la declinazione di questo oscillare: che in Italia (cosa di cui, ovviamente, non c'è troppo da sorprendersi) prende spesso una forma 'impegnata', anche se non necessariamente ortodossa, dialogando con istanze di emancipazione che si affacciano nella politica, nella società e nella cultura del decennio.

Leggende nere dell'età moderna

Vi è, fuori Treviso, un piccolo cimitero abbandonato dell'epoca napoleonica, la cui esistenza è attualmente messa in forse dall'avanzata inesorabile della città. Ogni volta che il medium si recava con il gruppetto dei suoi amici in quella zona, si verificavano cose assai strane. Una volta, in ore vespertine, una delle lapidi divelte si innalzò lentamente e venne a posarsi, dopo un bel volo planato, accanto ai visitatori. Al principe T.F. capitò di trovare, posati su una di quelle lapidi, alcuni documenti importanti che egli era certissimo di avere lasciati ben chiusi nella sua cassaforte. In altra occasione, a tarda sera, una pila elettrica accesa, che navigava tranquillamente a mezz'aria, venne incontro agli amici che stavano passeggiando sulla strada provinciale; proveniva dalla casa di uno di loro. Occhiali che vengono sottratti all'improvviso al loro legittimo proprietario, il quale crede, lì per lì, di essere la vittima di uno scherzo: ma poi li ritrova all'interno della sua macchina, che egli stesso aveva lasciata chiusa e bloccata dall'antifurto.[23]

In una villa nei dintorni di Roma, si verificò uno strano fatto. Una notte, un cacciatore che si era levato prima dell'alba, udì una voce infantile che cantava con tono stridulo una canzoncina; poco dopo la voce s'interruppe, e si udirono delle grida laceranti, miste a singhiozzi. La cosa strana era che questi suoni provenivano da una villa del

---

più di incisioni d'epoca disseppellite dalla trattatistica demonologica o magico-esoterica dell'età moderna, notevolmente distante dagli eccessi grafici delle pubblicazioni 'occulturali' del decennio seguente.

23   Leo Talamonti, *Universo proibito* (Milano: Club Italiano del Lettori, 1976), p. 347. Il libro era uscito originariamente nel 1966, per la solita Sugar.

tutto chiusa e abbandonata. Il cacciatore riferì il giorno dopo la sua esperienza agli amici, che lo esortarono a rivolgersi alla polizia. Ma, quando gli agenti si recarono alla villa, trovarono, come si è detto, che questa era deserta, ed ermeticamente chiusa. Poche notti dopo, due amici che rincasavano a tarda ora, udirono anch'essi delle strane voci, fra le quali si distingueva quella di un bambino che sembrava in preda a un furioso accesso di pianto. I due, che, come sembra, tornavano da un'abbondante libagione, si spaventarono e corsero via. Anche in questo caso, le voci provenivano dalla villa abbandonata. In paese, si cominciò a parlare con timore di queste voci misteriose, anche se molti ritenevano che fosse tutto frutto d'immaginazione, soprattutto nel caso dei due ubriachi.

Testimonianze vaghe, da credere sulla fiducia, e dai riferimenti volutamente imprecisi e inverificabili ('una volta', 'una notte'; il 'principe T. F.', 'un cacciatore'); in entrambi i casi, gli eventi inspiegabili avvengono appena si esce dai centri urbani – 'nei dintorni di Roma', 'fuori Treviso' – in luoghi dimenticati e deserti, come una villa sprangata da anni o un piccolo cimitero in stato d'abbandono, minacciato 'dall'avanzata inesorabile della città'; foto in bianco e nero, più o meno sgranate, corredano i resoconti, ma senza che sia possibile identificare precisamente il luogo, ufficialmente – almeno – per la *privacy* dei suoi invisibili abitanti. Vi è tuttavia una differenza sostanziale. Il primo dei due passi viene dall'inchiesta sul paranormale pubblicata da Leo Talamonti nel 1966 e intitolata *Universo proibito*, uno dei più influenti best-seller sul paranormale usciti negli anni Sessanta, più volte ristampato anche nel decennio successivo.[24] È – o almeno pretende di essere – il

---

24   Leo Talamonti era un ex-ufficiale dell'aeronautica, che da metà anni Cinquanta aveva iniziato a collaborare con diversi periodici e in particolare con *La Settimana Incom*: nelle sue rubriche – 'Inchiesta ad occhi aperti sui fenomeni paranormali' (1961–1962), 'Viaggio alle frontiere della mente' (1962) e 'Viaggio nella dimensione ignorata dell'universo' (1963–1964) –, oltre a divulgare le scoperte più recenti nel campo della parapsicologia, rispondeva alle lettere dei lettori. Questi contatti gli avevano permesso di incrociare le vicende di sensitivi più o meno noti, le cui storie aveva raccolto nel suo primo libro, il fortunatissimo *Universo proibito* (1966): erano seguiti *La mente senza frontiere . Oltre le limitazioni del senso comune e le barriere dell'Io* (Milano: Sugar, 1974) e quindi, entrambi nel 1975, *Gente di frontiera. Storie di creature 'diverse', in anticipo sull'evoluzione: sensitivi, veggenti, medium* (Milano: Mondadori) e *Parapsicologia della vita quotidiana. Avventurarsi razionalmente nelle dimensioni sconosciute della realtà* (Milano: Rizzoli).

resoconto di fenomeni realmente prodotti, nel 'mondo quasi fiabesco' che il quarantaquattrenne Bruno Lava, geometra e medium, schiudeva all'epoca per una ristretta cerchia di borghesi del trevigiano affascinati dall'occulto.[25] Lava avrebbe convissuto per tutta la vita con il sospetto di frodi, ma alle sue sedute partecipavano scrittori e intellettuali come Dino Buzzati, Goffredo Parise e Giovanni Comisso: la sua medianità 'a effetti fisici' si scatenava 'in particolari luoghi [...] come cimiteri, boschi, luoghi solitari o zone vicine a corsi d'acqua.'[26] La popolarità di Lava sarebbe scemata dalla seconda metà degli anni Sessanta, ufficialmente per un affievolirsi delle sue capacità.[27] Lo stesso oblio avrebbe avvolto il cimitero napoleonico cui Talamonti accennava, nella realtà situato a Lanzago di Silea e bersaglio, per anni, di vandali e occultisti improvvisati:[28] i 'fenomeni', si sarebbe scoperto più tardi, sarebbero stati in realtà prodotti da un custode in vena di scherzi.[29]

La seconda citazione viene invece da *Fantasmi di oggi e leggende nere dell'età moderna*, libro che appare, per pochi fotogrammi, nel film *Profondo*

---

25 Talamonti, *Universo proibito*, pp. 346–48.

26 Ugo Dèttore (a cura di), *L'uomo e l'ignoto: enciclopedia di parapsicologia e dell'insolito* (Milano: Armenia, 1979), *ad voc.*

27 Ibid.

28 Federico De Wolanski, 'Nel cimitero dei fantasmi ora crescono gli ortaggi', *La Tribuna di Treviso* (22 agosto 2016) <http://tribunatreviso.gelocal.it/tre viso/cronaca/2016/08/22/news/nel-cimitero-dei-fantasmi-ora-crescono-gli-or taggi-1.13996065> [ultimo accesso 19 dicembre 2017].

29 Alessandra Carrer, 'Lapidi volanti nel cimitero di Lanzago' (2011) <https://www. cicap.org/new/files/raccolta_abstract_11-11-11.pdf> [ultimo accesso 19 dicembre 2017]. Sergio Bissoli racconta di aver cercato invano il cimitero del trevigiano: 'Il prof Leo Talomonti [sic] nel suo libro Universo Proibito parla di un cimitero napoleonico vicinissimo a Treviso, dove avvengono fatti medianici. Lapidi che si sollevano da sole in pieno giorno e in presenza di testimoni. Nel 1983 circa, sono andato a Treviso e ho chiesto dove si trovava il cimitero napoleonico. Nessuna [sic] sapeva niente. Sono andato in Municipio, mi hanno mandato in Biblioteca. Qui mi hanno fatto parlare per telefono a un professore studioso di storia locale. Ebbene, lui non aveva mai sentito parlare del cimitero napoleonico!' (Sergio Bissoli, *Spiritismo 2012* (stampato in proprio, 2012), pp. 2–3). La ricerca ricorda sintomaticamente quella di Marc Daly, il protagonista del *Profondo rosso* di Dario Argento, incapace di rintracciare la 'villa del bambino urlante' sulla sola base del libro e che finisce per trovarla per caso, girando in macchina.

rosso (1975) di Dario Argento. Solo che *Fantasmi di oggi*, esattamente come la storia del 'bambino urlante' che racconta, non esiste: la villa riprodotta nel libro – e che poi appare nel film – è Villa Scott, a Torino, e il libro è un vero e proprio *pseudobiblion* appositamente inventato (e, con ogni probabilità, fabbricato) dallo stesso Argento.[30]

A metà degli anni Settanta, *Profondo rosso* intercetta la popolarità che l'occulto ha ormai assunto da un decennio, aprendosi in un teatro – filmato nel Carignano di Torino – dove ha luogo un congresso di metapsichica. Dal palco, la sensitiva Helga Ullmann – interpretata da Macha Méril – avverte in mezzo al pubblico la presenza di una mente omicida: poco più tardi verrà uccisa nel suo appartamento, letteralmente tappezzato di dipinti di uno dei maestri del macabro pittorico italiano, Enrico Colombotto Rosso. Quanto al libro, rintracciato dal protagonista Marc Daly (David Hemmings) presso la 'Biblioteca del folklore e delle tradizioni popolari' – in realtà il Museo nazionale delle arti e tradizioni popolari, situato all'Eur – è un chiaro omaggio alle pubblicazioni del periodo. Presentato come edito dalle inesistenti 'SGRA Edizioni' di Perugia nel 1956 e firmato da Amanda Righetti (Giuliana Calandra), *Fantasmi di oggi* rievoca nella grafica l'estetica di molte pubblicazioni coeve, come quelle che raccolgono le esperienze del gruppo medianico *Il Cerchio Firenze 77* (la prima era uscita nel 1973). La copertina – con ogni probabilità realizzata dallo stesso Argento – include un'immagine non meglio identificata, nello stile dei dipinti medianici di artisti contemporanei come Narciso Bressanello, Luisa Giovannini o Léon Petitjean[31] o delle illustrazioni metafisiche di scuola francese, come quelle di Herbert Pagani o Philippe Druillet, arrivate in Italia tramite la cerchia di *Planète*. È soprattutto lo stile – Argento si prende la briga di scrivere un intero paragrafo, benché sia possibile leggerlo solo fermando l'immagine – ad apparentarsi a quello di libri come *Universo proibito*: indeterminatezza, tono aneddotico, spiegazioni allusive, sullo sfondo di un'Italia provinciale disseminata di angoli 'segreti' e di 'si dice'.

---

30 '[M]i ero persino preso la briga di inventarmi uno *pseudobiblion*' (Argento, *Paura*, p. 172).

31 Si veda Paola Giovetti, *Arte medianica. Pitture e disegni dei sensitivi* (Roma: Edizioni Mediterranee, 1982).

Particolarmente interessante, da questo punto di vista, è l'indice del volume, che si può ricostruire come segue:

Il pazzo di Verona
La zoppa arsa viva di Pavia
L'incubo del pagliaio
La villa del bambino urlante
Il segreto del monaco rosso
La strega di Pordenone
Il mistero del bosco di betulle
I bambini omicidi di Foggia
Il fiore che dava la morte
La danza nel cimiteri[32]

I titoli possono non essere del tutto frutto d'invenzione, e ispirarsi, almeno in parte, ad autentico materiale storico o folclorico: si pensi alla 'strega di Pordenone', che può corrispondere ad Angioletta Delle Rive, morta nel 1651 nelle carceri dell'Inquisizione a Udine,[33] o a Giacoma Pittacola, sempre di Pordenone, 'che fu citata in giudizio più di venti volte per pratiche magiche.'[34] Poco importa: quel che conta è la distribuzione geografica, volutamente nazionale – dal Friuli al Tavoliere delle Puglie – e deliberatamente provinciale, a tracciare una geografia dell'Italia lunare al di fuori dei centri urbani più popolosi. Sono territori – una provincia italiana abitata da streghe, ciarlatani e indemoniati – che il cinema italiano ha iniziato a esplorare già negli anni Sessanta: Simone Venturini ricorda anzitutto *Il demonio* di Rondi, 'influenzato dalla ricerca folclorica, memore della lezione verista e antesignano di certo orrore del decennio successivo', ma è solo a partire dal Sessantotto che il cinema dell'orrore inizia a 'privilegiare la contemporaneità

---

32 La ricostruzione è dell'utente Pagnimauri del forum *Il Davinotti*, 'Le location esatte di Profondo Rosso', *Il Davinotti* (22 dicembre 2008) <http://www.davinotti.com/ index.php?option=com_content&task=view&id=243> [ultimo accesso 19 dicembre 2017].

33 Ipotesi sempre di Pagnimauri.

34 Mario Spagnol e Giovenale Santi (a cura di), *Guida all'Italia leggendaria misteriosa insolita fantastica*, 2 voll. (Milano: Sugar, 1966–1967), vol. I, p. 458.

e il territorio nazionale'.[35] Se 'il gotico all'italiana perseguiva ambientazioni arcaiche e "nordiche"', 'il cinema post-Sessantotto inizia "una molteplice scoperta delle diverse Italie" dell'orrore':

> Parte significativa dell'horror del periodo procede [...] a un rinnovamento dei *tòpoi*, alla ricerca di luoghi 'dal vero' e di contesti ambientali e culturali specifici: tanto nei centri urbani quanto nei paesaggi rurali, periferici, provinciali. Ciò che sembra essere in atto è un'indagine 'etnografica' e una topografia dell'orrore nazionale. Si pensi all'incipit de *L'etrusco uccide ancora* (Crispino, 1972), in cui l'archeologo è impegnato nella rilevazione fotografica aerea del paesaggio sottostante, oppure al libro immaginario *Fantasmi di oggi e leggende nere dell'età moderna* in *Profondo rosso*, con i suoi capitoli dedicati a vicende inquietanti ambientate, tra gli altri luoghi, a Verona, Pavia, Pordenone, Foggia. Si veda infine il cosiddetto 'gotico rurale' degli anni settanta [...].[36]

È uno slittamento di prospettiva che l'editoria, peraltro, fotografa. Nello stesso anno di *Profondo rosso*, il 1975, escono tre libri, ad opera dei due più popolari divulgatori del paranormale del periodo, che presentano diverse parentele reciproche: *Dimensioni sconosciute* di Massimo Inardi è, come da sottotitolo, un 'viaggio attraverso il mondo dei più noti veggenti, medium e guaritori italiani';[37] *Gente di frontiera* di Talamonti, già autore di *Universo*

---

35   Venturini, *Horror italiano*, pp. 65 e 70.

36   Ibid. pp. 70–71.

37   Medico, ma anche presidente di un'associazione parapsicologica di Bologna – e forse ispiratore del professor Giordani (Glauco Mauri), lo psichiatra interessato all'occulto di *Profondo rosso* (Fabio Camilletti, 'Il giallo all'italiana e la parapsicologia', *Biancoenero*, 587 (2017), 66–75) –, Inardi aveva sfruttato l'inattesa popolarità guadagnata come concorrente del quiz televisivo *Rischiatutto* per divulgare i suoi interessi extra-professionali. Nel 1973 aveva pubblicato il best-seller *L'ignoto in noi. La realtà attuale dei fenomeni della parapsicologia* (Milano: SugarCo, 1973) – ventimila copie vendute in due settimane, ripetutamente ristampato per tutti gli anni Settanta –, seguito l'anno dopo da *Il romanzo della parapsicologia. Le idee, i personaggi, i fenomeni di una delle più affascinanti avventure del pensiero umano* (Milano: SugarCo, 1974) e, nel 1975, da *Dimensioni sconosciute. Viaggio attraverso il mondo dei più noti veggenti, medium e guaritori italiani* (Milano: SugarCo, 1975). In trasmissione, dopo che si era sparsa la voce che Inardi potesse leggere le risposte dalla mente di Mike Bongiorno, si era deciso di far leggere al presentatore solo le domande, mentre le soluzioni sarebbero state lette dalla valletta Sabina Ciuffini.

proibito, è una raccolta di 'storie di creature "diverse", in anticipo sull'evoluzione: sensitivi, veggenti, medium' raccolte in giro per l'Italia; *Parapsicologia della vita quotidiana*, sempre di Talamonti, è una raccolta delle lettere ricevute dall'autore nel corso degli anni, in cui gente comune riferisce esperienze paranormali occorse nella vita di tutti i giorni. L'anno prima era uscito l'analogo *Lettere a un parapsicologo* di Piero Cassoli, arricchito da una prefazione di Emilio Servadio, che raccoglieva le lettere, provenienti da ogni regione del paese, a cui l'autore aveva risposto dalle pagine de *Il Giornale dei Misteri*.[38] Nel 1973, Pier Carpi pubblica *I Mercanti dell'Occulto*, indagine – come recita la quarta di copertina – sul 'sottobosco dell'occultismo in Italia': Carpi, che alla magia crede (o dichiara di credere), 'lancia con questo libro il suo atto di accusa, nel duplice intento di smascherare gli impostori e di salvaguardare coloro che all'occultismo si dedicano con impegno e serietà', tracciando un quadro della provincia italiana, tesa fra religione superstizione, che richiama per atmosfere il coevo *Non si sevizia un paperino* di Lucio Fulci (1972).[39] Nel 1970 esce *Incontro al mistero* di Maria Antonietta Barbareschi Fino, autrice di teatro negli anni Quaranta e ora riciclatasi come divulgatrice del paranormale, che accosta aneddoti (o storie di finzione?) dell'Italia 'misteriosa' a resoconti dei rituali del candomblé brasiliano;[40] e nel 1968 appare il già citato *Italia a mezzanotte* di Giorgio Batini, raccolta, come il sottotitolo annuncia, di *Storie di fantasmi, castelli e tesori*.

Ma l'editoria non aveva solo catturato questo spostamento del punto di vista: lo aveva anticipato, e propiziato. Di fatto, l'Italia segreta ha la sua guida di viaggio sin dal 1966. La strada era stata aperta a Parigi, dall'editore di origine belga Claude Tchou: nel 1964, Tchou aveva affidato all'occultista René Alleau – già sodale di André Breton – la direzione di una monumentale *Guide de la France mystérieuse*, prima di una serie di 'Guides Noirs'.[41] Rilegata in tela nera e dalla forma oblunga come una guida del Touring Club, raffinatissima nella grafica e arricchita di illustrazioni ricavate da pubblicazioni

38   Piero Cassoli, *Lettere a un parapsicologo*, a cura di Brunilde Cassoli (Firenze: Corrado Tedeschi Editore, 1974).

39   Pier Carpi, *I Mercanti dell'Occulto* (Milano: Armenia, 1973).

40   Maria Antonietta Barbareschi Fino, *Incontro al mistero* (Milano: Campironi, 1970).

41   René Alleau, *Guide de la France mystérieuse* (Paris: Tchou, 1964).

ottocentesche e ricontestualizzate con gusto surrealista del *collage*, la *Guide* Tchou elencava in più di mille pagine leggende, fantasmi e angoli 'insoliti' di ogni città e comune della Francia, elencati in ordine alfabetico come in una guida turistica; della guida turistica, Alleau mutuava anche la proposta di itinerari geografico-tematici ('Paris-Côte d'Azur à travers la Provence mystérieuse', 'Sur les voies sacrées du Massif Central', 'Les Pyrénées mythiques'), i simboli che indicavano le varie tipologie di 'attrazioni' indicate ('Les monuments énigmatiques', 'Les coutumes, les fêtes, les légendes', 'Les paysages insolites') e la richiesta ai lettori, infine, di correggere e completare la guida mediante la compilazione di un apposito formulario, al fine di 'partecipare direttamente a questo inventario del mistero francese primo nel suo genere' ('participer directement [...] à cet inventaire sans précédent du mystère français'). Due anni dopo, la solita Sugar aveva risposto all'appello, affidando a Mario Spagnol e Giovenale Santi una altrettanto monumentale *Guida all'Italia leggendaria misteriosa insolita fantastica*. Formato e grafica, al limite del plagio, erano gli stessi della *Guide* della Tchou, con la variante della rilegatura color marocchino che richiamava in modo ancora più pronunciato l'estetica delle guide del Touring, oltre a evitare connessioni immediate con la sola sfera del macabro. All'aggettivo 'misteriosa' dell'originale si affiancavano, con lo stesso fine, 'leggendaria', 'insolita' e 'fantastica': ma la variante più smaccata era nella lunghezza. L'opera italiana appariva in due volumi, dedicati rispettivamente al centro-Nord e al centro-Sud, e – continuamente ristampata fino a oggi – avrebbe dato vita a una singolare proliferazione di guide parallele, dedicate alle singole regioni e città italiane e uscite tra la fine degli anni Sessanta e i primi anni Settanta: Milano (1967), Roma (1968), la Lombardia (1968), il Lazio (1969), Napoli e la Campania (1969), Torino e il Piemonte (1970), Venezia e il Veneto (1970), la Brianza (1970), Firenze e la Toscana (1970) il Trentino Alto Adige e il Friuli Venezia Giulia (1972), le Langhe (1972) e le Alpi (1972).[42] L'idea francese veniva dunque piegata alle spinte centrifughe di un paese plurale, finendo per 'predispo[rre] un viaggio di attraversamento di

42   Per i dettagli si veda la bibliografia. Le guide di Milano, Roma e della Lombardia sono curate da Mario Spagnol e Giovenale Santi; quelle del Lazio, Napoli e Campania, Torino e Piemonte, Venezia e Veneto, Firenze e Toscana e Brianza da Spagnol e Luciano Zeppegno; il solo Zeppegno cura la guida al Trentino-Alto Adige e al

una sorta di *wilderness* e alterità socio-culturali' analogo a quello compiuto, in quegli stessi anni, dal cinema, d'autore e non:

> dalla baia nei pressi di Sabaudia di *Reazione a catena* (Bava, 1971) all'Umbria de *I corpi presentano tracce di violenza carnale* (Martino, 1973); dalle Langhe di *Hanno cambiato faccia* al paese immaginario di Accendura di *Non si sevizia un paperino* (Fulci, 1972); dalle necropoli dell'alto Lazio de *L'etrusco uccide ancora* agli Appennini de *L'ossessa* (Mario Gariazzo, 1974); dai boschi (jugoslavi) de *La notte dei diavoli* a quelli de *La lupa mannara* (Rino De Silvestro, 1976); dalla pianura padana di *Salò o le 120 giornate di Sodoma* a quella di *La casa dalle finestre che ridono*; dalla campagna veneta de *L'ultimo treno della notte* a quella laziale di *Un borghese piccolo piccolo* (Monicelli, 1977); dalla villa di campagna di *Shock* (Bava, 1977) alla montagna trentina di *Buio Omega* (Joe D'Amato, 1979).[43]

Sono le stesse strade, ci accorgiamo, battute dal *folk horror* britannico – più una tonalità che un genere vero e proprio, capace tuttavia di sussumere, nella sua natura prismatica, una costellazione di film usciti a poca distanza l'uno dall'altro come le già citate pellicole di Reeves, Haggard e Hardy, oltre che prodotti culturali segnati da caratteristiche comuni.[44] Elementi costitutivi del *folk horror* sono, nelle parole di Adam Scovell, l'uso tematico o estetico del folclore, finalizzato alla creazione di un sentimento perturbante; il conflitto fra arcaicità campagnola e istanze di modernizzazione; e, a volte, la creazione di un folclore di nuovo genere, normalmente assemblando materiali culturali preesistenti, raggrumati con gusto postmoderno.[45] Sono costanti che si ritrovano, tutte, nel caso italiano – in una campagna diversa, certo, dove sopravvive un diverso folclore che si scontra con una diversa modernità. Non mutano, tuttavia, gli elementi formali: il paesaggio, l'isolamento, la perversione morale e le 'credenze' distorte, e, infine, l'evocazione rituale.[46] Basti confrontare i quasi contemporanei *The Wicker Man* (1973)

Friuli-Venezia Giulia; la *Guida alle Langhe misteriose* è di Luciano Vogliolo, e quella relativa alle Alpi di Serge Bertino.

43 Venturini, *Horror italiano*, p. 71.
44 Scovell, *Folk Horror*, p. 7. La definizione di *Folk Horror* è stata imposta al pubblico dal documentario *A History of Horror with Mark Gatiss*, del 2010.
45 Ibid.
46 Ibid. pp. 17–19.

e *Non si sevizia un paperino* (1972), i cui punti di contatto sono tanto rilevanti quanto le differenze reciproche. Il paesaggio della Summerisle di Hardy è diversissimo dalla Basilicata demartiniana di Fulci, e l'isolamento dei suoi abitanti ha radici profondamente diverse da quello dei contadini di Accettura. Le tensioni messe in campo – paganesimo e cristianesimo, 'mondo magico' e modernità, comunità chiusa e istituzioni dello stato, violenza e giustizia –, sono, tuttavia, analoghe: e chiamate a esprimere, nelle parole di Alfonso M. Di Nola, quel 'piano schizoide' su cui vive l'uomo delle campagne, che 'da un lato apprende e domina perfettamente la macchina dalla quale dipende all'interno della fabbrica, da un altro lato non si sradica dai suoi antichi santi, dalle sue madonne e dai suoi dei locali'.[47]

Cambia soprattutto, e significativamente, la risposta che i due registi forniscono. Nel film di Hardy, il protagonista positivo – vittima innocente della comunità auto-segregata di Summerisle – è il poliziotto, rappresentante dello stato e della Chiesa d'Inghilterra, che il montaggio alternato dei titoli di testa ci mostra intento a ricevere la comunione in atteggiamento devoto: la polarizzazione fra natura e cultura, fra 'mondo magico' e religione organizzata inclina in favore di quest'ultima, svelando il fondo cruento di utopie neopagane come quella di Summerisle, dietro le quali (siamo all'indomani della strage di Bel-Air) si nasconde, agli occhi di Hardy, una violenza satanica. La pellicola di Fulci è molto più sfumata, nel dipingere un universo amorale in cui il 'moderno' non è meno violento dell''antico': ma in cui, esattamente all'opposto di quanto avviene in *The Wicker Man*, la vittima innocente è proprio il rappresentante del 'mondo magico' – la 'maciara' interpretata da Florinda Bolkan – e l'assassino il rappresentante della Chiesa e del mondo sedicente 'civile', il sacerdote cui presta il volto Marc Porel. Non siamo solo di fronte a una divergenza ideologica fra il cristiano Hardy e il comunista Fulci: se il *folk horror* riguarda il passato visto come 'trauma paranoico e distorto' (*paranoid, skewed trauma*),[48] la differenza è da rintracciarsi nella specificità italiana e del suo rapporto con il proprio passato, i propri traumi, con le proprie strutture di isolamento e di marginalizzazione.

---

47   Di Nola, *Inchiesta sul diavolo*, p. 15.
48   Scovell, *Folk Horror*, p. 14.

I mostri

Il frutto più immediato della *Guide* di Tchou – definita 'un curioso e bel libro [...] con dentro le leggende di Francia, i monumenti enigmatici, i mostri, i maghi, i demoni, i fantasmi, i tesori nascosti' – era stato l'aver ispirato uno dei più noti scrittori d'Italia a fare qualcosa di simile, e 'raccontare qualcuno dei misteri grandi o piccoli che esistono anche da noi, tanti e tanti in un Paese antico e profondo come l'Italia'.[49] È il primo articolo del reportage 'In cerca dell'Italia misteriosa' che Dino Buzzati realizza per il *Corriere della Sera* nell'estate del 1965, e successivamente raccolto nel volume postumo *I misteri d'Italia*.

Il lavoro di Buzzati è seminale, e non solo perché è il primo a introdurre al grande pubblico personaggi che saranno al centro delle opere successive di Inardi, Talamonti o Cassoli – come Gustavo Rol, Pasqualina Pezzola o lo stesso Bruno Lava –, ma perché stabilisce delle coordinate a cui si atterranno gran parte delle successive indagini dell'Italia segreta: la struttura del reportage giornalistico contaminata dalla tentazione narrativa; la vaghezza deliberata e il gusto per l'esitazione perturbante; l'enfasi sulla provincia e i piccoli misteri locali e lo slittare, continuo, tra folclore e contemporaneità, facendo collidere leggende e memorie storiche con fatti di cronaca e contesti assolutamente moderni. Il minimo comun denominatore di queste narrazioni è l'"insolito', e l'idea che l'Italia sia, da questo punto di vista, una miniera ricchissima e vergine, per una singolare commistione di retaggio dell'antico e sordità all'occulto, di incredulità ridanciana e abissi ancora da sondare. La *Guida* di Spagnol e Santi si propone di far discendere il lettore 'dalle camere [...] in cui si svolge tanta parte della nostra vita civile, a quelle grotte che (in senso non tanto metaforico) stanno sotto tutte le nostre cucine e le nostre cantine: storie preistoriche e antistoriche, favole bislacche, miti assurdi, follie regionali, rimasugli di cosmogonie millenarie, relitti di vita arcaica, profonde aberranti sopravvivenze'.[50] Ai fantasmi, scrive

---

49   Buzzati, *I misteri d'Italia* (Milano: Mondadori, 1978), p. 9.
50   Spagnol e Santi, *Guida all'Italia leggendaria misteriosa insolita fantastica*, vol. I, p. xii.

Batini, 'l'italiano non ci crede ufficialmente, e in compagnia. Dalla bocca di questo italiano escono frasi ironiche, decisivi dinieghi. E contemporaneamente – questo è il lato più paradossale e divertente – decine e decine di storie di fantasmi', passate di bocca in bocca come aneddoti di folclore locale o come leggende metropolitane.[51] In realtà, come nota lucidamente già Buzzati – parlando del Veneto, ma non solo – l'Italia è un paese 'così misterioso proprio perché il mistero non si vede'.[52] Questo gioco – dell'Italia lunare che riaffiora, come un rimosso, tra le maglie delle narrazioni ufficiali di un paese sorridente e razionale – è parte costitutiva della retorica dell'"insolito', e di come essa si presenta nell'Italia del miracolo economico.

Della riscoperta dell'Italia lunare il boom è la condizione stessa di possibilità. È la nuova Italia delle autostrade e delle utilitarie, delle vacanze e del potenziamento della rete ferroviaria a garantire quella mobilità[53] che rende l'esplorazione dell'Italia segreta un itinerario non solo mentale. Mondi in apparente incomunicabilità reciproca si trovano così a collidere: 'la civiltà arcaica e contadina sul punto di scomparire, con i suoi riti magici e le sue superstizioni millenarie; la Chiesa cattolica come luogo di mediazione tra il paganesimo campestre e la fede romana, nonché raccordo con la vita "civile" della nazione; e infine il nuovo potere del miracolo economico, con i suoi stili di vita e le sue mitologie che incombono [...] sul vecchio mondo e si apprestano a fagocitarlo', i 'tre poli' – cioè – intorno ai quali Fulci struttura *Non si sevizia un paperino*, definito da Andrea Pergolari e Guido Vitiello il film della cosiddetta 'mutazione antropologica' 'che Pasolini non ha saputo fare'.[54]

La narrativa intercetta le nuove spazialità aperte dalle metamorfosi economiche e infrastrutturali attraverso oggetti narrativi ibridi, fra giornalismo, etnografia, letteratura, fotografia e cinema, in cui si racconta il mutamento della penisola con sguardo deliberatamente errante: i materiali delle spedizioni etnografiche condotte da Ernesto De Martino a partire dagli anni

---

51   Batini, *Italia a mezzanotte*, p. 16.
52   Buzzati, *I misteri d'Italia*, pp. 19–21.
53   Robert Lumley e John Foot, *Italian Cityscapes: Culture and Urban Change in Contemporary Italy* (Exeter: University of Exeter Press, 2004), p. 6.
54   Pergolari e Vitiello, *Ha visto il montaggio analogico?*, pp. 63–64.

Cinquanta nell'Italia del Sud, il *Viaggio in Italia* di Guido Piovene (1957),
Un volto che ci somiglia di Carlo Levi e János Reismann (1960), *Il sorpasso*
di Dino Risi (1962), *Fratelli d'Italia* di Alberto Arbasino (1963), *Comizi
d'amore* di Pier Paolo Pasolini (1965) e il primo volume di *Vino al vino* di
Mario Soldati (1969) sono altrettanti esempi – e, naturalmente, non gli
unici – di come il viaggio attraverso la penisola fornisca una struttura narrativa duttile, tesa a indagare, per documentarli o contemplarli con nostalgia,
quei 'margini' (sociali, geografici, storici) che la cultura di massa rischia di
erodere.[55] Ad animare questi esperimenti è proprio, spesso, il senso di una
perdita imminente, causata dai mutamenti economici e sociali: provincia
segreta, 'immobile [...], sospesa su abissi di passato',[56] l'Italia lunare è del
resto, in fondo, un'invenzione squisitamente leopardiana – e, di conseguenza, intimamente antimoderna. È leopardiana l'idea di uno spazio –
geografico e mentale – precluso o resistente al moderno: quell'Italia 'non
del tutto cancellata', opposta alla dimensione diabolica e tentacolare delle
città, che si svela 'dovunque le strade asfaltate della civiltà abbiano tagliato
fuori campagne deserte e vecchi paesi frananti', riaffiorando nelle pagine
di Cesare Pavese e Carlo Levi, di De Martino e di Tommaso Landolfi, nel
cinema di Fellini e Pasolini o, più tardi, nelle fotografie di Luigi Ghirri.[57]
Leopardiana l'idea di una sopravvivenza sotterranea del mito, che si fa per-
cepibile solo quando la luce della luna allenta, anche solo per un istante, il

---

55   Per il concetto di 'margini' rimando a David Forgacs, *Italy's Margins. Social Exclusion
     and Nation Formation since 1861* (Cambridge: Cambridge University Press, 2014).
56   Giulio Bollati, 'Note su fotografia e storia', in *L'immagine fotografica 1845–1945*, a
     cura di Carlo Bertelli e Giulio Bollati, 2 voll. (Torino: Einaudi, 1979), vol. I, pp. 3–55
     (p. 17).
57   Ibid. Per un *excursus* di *questa* Italia lunare, si veda anche Marco Antonio Bazzocchi,
     L'Italia vista dalla luna. Un paese in divenire tra letteratura e cinema (Milano: Bruno
     Mondadori, 2012). Intervistato da Tullio Kezich su *Giulietta degli spiriti*, Fellini
     dichiara che 'i fenomeni [paranormali] si osservano con maggiore frequenza nelle
     nature più semplici. Forse dipende anche dal fatto di vivere molto vicini alla natura, al
     mondo animale: le veglie nelle stalle, i gatti, gli uccelli notturni, i cani randagi. Tutti
     elementi di un mondo subumano che intridono l'atmosfera, che possono contagiare
     l'umano' (Fellini, *Giulietta degli spiriti*, p. 41).

principio di realtà.[58] Già ne *La pietra lunare* di Tommaso Landolfi (1939), sorta di libera variazione su temi leopardiani – e fino all'inclusione, a mo' di appendice, di un *cut-up* di brani preparatori al *Discorso di un italiano intorno alla poesia romantica* –, 'lunari' sono definite quelle creature liminari e ibride – fattucchiere, fantasmi, satiri – che sopravvivono, sempre più a stento, nelle campagne, relitti di una civiltà addirittura preromana, incalzate dai 'solari' di città e dalle loro magnifiche sorti e progressive.[59] Al pari degli oggetti narrativi di cui sopra, i viaggi nell'Italia lunare conservano dunque una bipolarità che li rende compiutamente 'icone del rimorso': testimonianze di un immaginario nazionale fondato sul contrasto fra antico e moderno, fra 'margine' e centro, teso fra le meccaniche della rimozione e il riaffiorare, incessante, di ciò che è stato rimosso.[60]

Si tratta, anzitutto, di margini geografici. Buzzati inizia il suo reportage con la Val Belluna ('mi è parso giusto cominciare dal posto dove sono nato. Qui infatti per me comincia l'Italia'),[61] si sposta a Treviso per raccontare degli esperimenti di Bruno Lava e quindi accompagna Fellini – che sta girando *Giulietta degli spiriti*, e 'ha girato penisola e isole per oltre due mesi visitando i più strani o addirittura inverosimili personaggi, maghi, indovini, streghe, invasati, medium, astrologi, operatori metapsichici, depositari di occulte potestà'[62] – a incontrare Pasqualina Pezzola, una sensitiva di Civitanova Marche. Fellini, che originariamente intendeva 'fare [...] un viaggio in Italia alla ricerca dei maghi' per 'ricavarne un libro, una specie di itinerario misterioso, di baedecker [sic] esoterico',[63] gli racconta di due

58 Su Leopardi e la sopravvivenza perturbante del mito si veda il mio *Leopardi's Nymphs: Grace, Melancholy, and the Uncanny* (Oxford: Legenda, 2013).

59 Sul rapporto tra Leopardi e Landolfi nel comune nome della luna si vedano Leonardo Cecchini, 'L'esperienza della notte: La pietra lunare', in *Parlare per le notti. Il fantastico nell'opera di Tommaso Landolfi* (Copenhagen: Museum Tusculanum Press, 2001), pp. 74–83 e Anna Dolfi, *Leopardi e il Novecento: sul leopardismo dei poeti* (Firenze: Le Lettere, 2009), p. 81.

60 Giuliana Minghelli, 'Icons of Remorse: Photography, Anthropology and the Erasure of History in 1950s Italy', *Modern Italy*, 21, 4 (2016), 383–407 (p. 407).

61 Buzzati, *I misteri d'Italia*, p. 9.

62 Ibid. p. 39.

63 Fellini, *Giulietta degli spiriti*, p. 38.

degli incontri che più l'hanno colpito: 'zio Nardu', un anziano del nuorese 'che diventava cavallo'[64] e il torinese Gustavo Rol (ancora, la modernità borghese che collide col 'mondo magico' delle campagne). È a Rol che è dedicato l'articolo successivo – 'Un pittore morto da 70 anni ha dipinto un paesaggio a Torino', uno dei pezzi che cementeranno la figura del sensitivo torinese nell'immaginario nazionale –,[65] prima di spostarsi in Abruzzo (San Vito di Valle Castellana, Ortona) e compiere, poi, un percorso a zigzag tra Campania, Marche e ancora Abruzzo. Batini spazia dall'Orto Botanico di Siena a una tomba romana ritrovata a Riva del Garda, dalla 'Torre dei Diavoli' di Poppi in Casentino al Museo delle Anime del Purgatorio di Roma, intervallando le narrazioni con leggende urbane come quella dell'autostoppista fantasma.[66] Il libro di Pier Carpi omette la maggior parte dei nomi propri, con un'attenzione alla dimensione narrativa che travalica il reportage di denuncia per scivolare in un andamento romanzesco (è il momento in cui Carpi sta sperimentando con la narrativa: il suo primo romanzo, *Un'ombra nell'ombra*, uscirà l'anno dopo, nel 1974). *I Mercanti dell'Occulto* è strutturato come una serie di ritratti, su e giù per la penisola: si parte da Milano, dove l'autore vive e opera – la 'signora candidissima' che esercita la professione di fattucchiera in 'un minuscolo appartamento alla periferia' della città,[67] la 'famosa cartomante' che 'riceve centinaia di persone del bel mondo' in centro[68] – per passare a un 'paesino del Montefeltro' (la già menzionata cittadina di Carpegna) dove le campane hanno suonato da sole,[69] alla città della Sicilia dove un 'funzionario del dazio' dichiara di intrattenere rapporti con intelligenze aliene[70] o a quella emiliana – San Damiano Piacentino – dove una veggente avrebbe visto la Madonna.[71] Ideali viaggi in Italia sono le raccolte compilate da Cassoli e Talamonti, che

---

64   Buzzati, *I misteri d'Italia*, p. 41.
65   Ibid. pp. 49–60.
66   Batini, *Italia a mezzanotte*, pp. 21–25.
67   Carpi, *I Mercanti dell'Occulto*, p. 27.
68   Ibid. p. 43.
69   Ibid. p. 161.
70   Ibid. p. 185.
71   Ibid. p. 210. Del caso si era occupato anche Buzzati in due articoli del 1966, anch'essi raccolti ne *I misteri d'Italia*, pp. 115–24 e 125–34 rispettivamente.

fotografano – sorta di 'comizi d'orrore' – il rapporto della 'maggioranza silenziosa' con l'occulto: fenomeni di precognizione, jettatura, telepatia, ritorno dei morti, che i lettori riferiscono con lettere firmate o meno. Un viaggio in Italia è *Dimensioni sconosciute* di Inardi, pur nella coscienza che 'di soggetti paranormalmente dotati [...] l'Italia è piena e non era quindi materialmente possibile [...] avvicinarli tutti e parlare di tutti':[72] è un'Italia in trasformazione, quella raccontata da Inardi, fatta di soggetti spinti via dai loro luoghi d'origine – da Napoli a Bologna, da Palermo a Roma, da Bologna a Roma – e in cui la televisione svolge già un ruolo omologante. A sensitivi e manifestazioni già finiti sotto i riflettori dei media – Rol, Pezzola, Lava, le campane di Carpegna – si affiancano fenomeni che i media hanno creato. Sei ragazzini – Paride Giatti, di 11 anni, dalla provincia di Ferrara; Alessandro Gasperini, 11 anni, dalla provincia di Forlì; Lucia Allegretti, 10 anni, da Asti; Orlando Bragante, 14 anni, dalla provincia di Vercelli; Maria Giuseppina Lai, 15 anni, dalla provincia di Nuoro; un ragazzo calabrese di cui Inardi ignora il nome – hanno ripetuto gli esperimenti del sensitivo israeliano Uri Geller dopo averlo visto esibirsi alla televisione, il 16 gennaio 1975 (sarà un caso, ma dal 1970 vengono pubblicate in Italia le avventure degli X-Men, i 'mutanti' adolescenti della Marvel).[73] È un viaggio nei 'margini' dell'Italia, infine – e fin dal titolo –, quello compiuto da Talamonti in *Gente di frontiera*: dal villino di Viale Regina Margherita, a Roma, dove opera una nobildonna spiantata dai poteri medianici, alle esperienze vissute in prima persona dall'autore, durante la guerra, in Sardegna; dalla Napoli abitata dalle anime del Purgatorio alla provincia settentrionale che vede le vicende di una 'strega' assolutamente contemporanea, fino all'ormai immancabile salotto torinese di Gustavo Rol.

I margini sono, però, anche sociali. In ordine sparso, e senza pretesa di esaustività, l'Italia lunare è fatta di ferrovieri medium del veronese,[74] principesse polacche in esilio che si guadagnano da vivere facendo

---

72   Inardi, *Dimensioni sconosciute*, p. 10.
73   Ibid. pp. 301–12. *Cristalli sognanti* e *Nascita del superuomo* di Theodore Sturgeon – due dei romanzi-chiave sul tema fantascientifico dei mutanti – erano stati pubblicati rispettivamente nel 1953 e nel 1954.
74   Buzzati, *I misteri d'Italia*, p. 25.

precognizioni,[75] odontotecnici napoletani che dipingono quadri in *trance*,[76] veggenti meridionali che vivono a Milano in 'povertà evidentissima',[77] ragazzini mutanti della provincia,[78] pensionate che praticano 'le scienze occulte'[79] o sensitive cresciute in una famiglia contadina e scambiate per streghe 'in una delle province più nordiche d'Italia'.[80] Soggetti tutti, a loro modo, marginali: nobili decaduti, piccolo borghesi – spesso pensionati –, contadini e sottoproletariato urbano (spicca la quasi totale assenza delle due grandi categorie protagoniste del conflitto sociale intorno al 1968: operai e studenti universitari). È evidente che il commercio con l'*insolito* è per molti di costoro – in larga parte donne – un modo di prendere la parola al di fuori dei canali consentiti, e che le rubriche della posta di rotocalchi come *La Settimana Incom* o di riviste come *Il Giornale dei Misteri* sono i canali principali con cui, a questo bisogno, viene data voce.[81] Nel pubblicare le lettere ricevute a partire dagli anni Cinquanta, Talamonti

---

75   Talamonti, *Gente di frontiera*, p. 21.

76   Inardi, *Dimensioni sconosciute*, p. 28.

77   Talamonti, *Gente di frontiera*, p. 72.

78   Inardi, *Dimensioni sconosciute*, p. 302.

79   Carpi, *I Mercanti dell'Occulto*, p. 28.

80   Talamonti, *Gente di frontiera*, p. 153. La pluralità sociale era stata rimarcata anche da Aniela Jaffé, collaboratrice di Carl Gustav Jung che nel 1958 aveva interpretato in chiave junghiana i risultati di un'inchiesta sul paranormale condotta dal periodico svizzero *Schweizerischer Beobachter*: 'La prima cosa che colpisce quando si considerano le lettere giunte alla redazione, è il loro alto numero. Questo dato di fatto indica non solo l'interesse per l'argomento, ma mostra anche che le esperienze occulte [...] sono molto più frequenti di quanto solitamente si pensi. [...] Queste persone non agiscono con leggerezza: è chiaro che spesso hanno esitato prima di prendere la penna in mano. Il motivo di questa esitazione è la constatazione che spesso le loro esperienze non sono state prese sul serio. [...] La sensazione che se ne ricava è che nelle esperienze narrate domini qualcosa che suscita discrezione e addirittura rispetto. [...] Le persone che hanno scritto le lettere appartengono a tutti i livelli sociali; i più tuttavia sono contadini, operai, impiegati e artigiani' (Aniela Jaffé, *Sogni, profezie e apparizioni. Fantasmi, precognizioni, sogni e miti: una interpretazione psicologica*, trad. di Paola Giovetti (Roma: Edizioni Mediterranee, 1987), p. 14).

81   Jaffé, *Sogni, profezie e apparizioni*, pp. 14–15 nota qualcosa di simile: 'Vorrei aggiungere che alcune delle lettere più belle, più autentiche e sincere sono state scritte da "gente del popolo" o da semplici contadine e casalinghe, mentre le lettere degli intellettuali

sceglie di parafrasare Freud, e di intitolare il libro *Parapsicologia della vita quotidiana* – ma la scelta è qualcosa di più che una semplice *boutade*. Nel proporre episodi e aneddoti che sfidano la scienza e il senso comune, le lettere a Talamonti (come quelle a Cassoli) sfiorano continuamente i bordi di un non-dicibile storico e sociale, di ciò che nella narrazione della storia si perde: l'eclissarsi del mondo contadino, lo sfaldarsi delle strutture familiari che la migrazione economica ha accelerato (quante precognizioni della morte di parenti lontani), la sopravvivenza di credenze arcaiche – come la devozione per le anime del Purgatorio, o i sogni profetici – che non trovano posto nel mondo tecnicizzato, le memorie traumatiche del fascismo e della guerra. Molti episodi riguardano proprio il conflitto: la signora Matilde da Taormina che preconizza in sogno l'entrata in guerra dell'Italia,[82] A. B. da Genova che viene visitata da sogni ricorrenti e tragici mentre si trova a Lipsia nel 1944,[83] il partigiano Alberto Cosattini che si salva da un'imboscata delle Brigate Nere tramite una premonizione,[84] il ragioner F. L. da Messina che 'vede', in *trance*, i bombardamenti sulla città[85] o Paolo Ferrari da Nimis (Udine), salvato più volte da un *daimon* durante la guerra in Tripolitania,[86] sono tutti esempi di come il paranormale possa agire da via di fuga nei confronti di un presente traumatico e inafferrabile, o come spunto per una presa di parola che valorizzi la propria, soggettiva esperienza della guerra. L'intervento soprannaturale inserisce la guerra stessa in un piano provvidenziale che esclude il caso: Marina Corese, intervistata da Talamonti, dichiara di essere stata soccorsa, durante l'insurrezione popolare napoletana contro i tedeschi, da un'anima del Purgatorio. 'Altro che subcosciente!', commenta.[87] Se il fine è venire a patti col trauma, la parapsicologia può tornar buona quanto la psicopatologia.

---

e delle persone più colte sono sovente sciupate da considerazioni critiche che ne sminuiscono la spontaneità'.

82   Talamonti, *Parapsicologia della vita quotidiana*, p. 29.
83   Ibid. pp. 35–36.
84   Ibid. p. 46.
85   Ibid. pp. 54–55.
86   Ibid. p. 67.
87   Talamonti, *Gente di frontiera*, p. 83.

Soprattutto, si tratta di margini culturali. Gli anni Sessanta, del resto, vedono l'emergere di nuovi modi di guardare ai 'margini' dell'Italia che si avvicendano cronologicamente – intersecandosi, tuttavia, l'uno con l'altro.[88] Fin dal secondo dopoguerra si assiste a una nuova attenzione per la questione meridionale: scrittori come Carlo Levi (*Cristo si è fermato a Eboli*, 1945; *Le parole sono pietre*, 1955) e antropologi come Ernesto De Martino (le trasmissioni radiofoniche del 1953–1954; *Sud e magia*, 1959; *La terra del rimorso*, 1961) guardano a quell'Italia marginalizzata e rurale come a un sito di sopravvivenze, resistente al moderno, che con la sua stessa, periferica esistenza mette in discussione narrative consolidate di progresso, civiltà e modernità. Nel 1961 Franco Basaglia assume la direzione dell'ospedale psichiatrico di Gorizia: è l'inizio di un'esperienza medica e intellettuale che condurrà a una nuova concezione della malattia mentale e delle strutture di controllo e di cura, dando vita al movimento antipsichiatrico e a una rivalutazione del deviante come agente di sovversione, resistente alle logiche del potere.[89] Fra le influenze più determinanti per l'evoluzione del proprio pensiero, Basaglia citerà due libri usciti proprio nel 1961, *Folie et déraison* di Foucault e *Les Damnés de la terre* di Fanon; nel 1966, l'arrivo a Gorizia di Giovanni Jervis – già collaboratore del progetto che aveva dato vita a *La terra del rimorso* – farà incrociare il lavoro di Basaglia con l'esperienza demartiniana di studio del tarantismo.[90] Negli stessi anni, l'idea foucaultiana del conflitto tra strutture di potere e soggetti marginalizzati entra nella pratica storica: superando il tradizionale rifiuto della storiografia marxista per i temi legati all''irrazionalismo', gli anni Sessanta vedono il nascere di un innovativo metodo di studio delle credenze delle classi subalterne ispirato a Gramsci e a De Martino, e di cui non a caso l'oggetto primario di analisi è la stregoneria.[91] È il 1966 quando Carlo Ginzburg

---

88 Forgacs, *Italy's Margins*, pp. 4–5.

89 Ibid.

90 John Foot, *La 'Repubblica dei Matti'. Franco Basaglia e la psichiatria radicale in Italia, 1961–1978*, trad. di Enrico Basaglia (Milano: Feltrinelli, 2014), p. 64. Sull'influenza di Fanon e di Foucault su Basaglia si veda Alvise Sforza Tarabochia, *Psychiatry, Subjectivity, Community. Franco Basaglia and Biopolitics* (Oxford: Peter Lang, 2013), pp. 67–69 e 74–93 rispettivamente.

91 Ginzburg preciserà nel 1972 come la sua ricerca si inquadrasse nel solco 'delle note di Gramsci sul folklore e la storia delle classi subalterne, dei lavori di De Martino, nonché

pubblica *I benandanti*, saggio che mira a studiare un aspetto fino ad allora
trascurato dei processi per stregoneria in area friulana attraverso un'impo-
stazione inedita: ascoltare le streghe – come, negli stessi anni, Basaglia inizia
a fare con i 'matti' –, e leggere le loro dichiarazioni non come 'fantasticherie assurde o confessioni strappate dalla ferocia e superstizione dei giudici',
ma come testimonianze (che Ginzburg, a questa data, considera ancora
trasmesse 'direttamente, senza schermi') di credenze popolari, manipolate
dagli inquisitori per farle ricadere nello schema del sabba stregonesco.[92] Di
pochi anni successivi sono gli studi di Luciano Parinetto sulla stregoneria e
la superstizione nel dibattito dell'illuminismo, che daranno vita nel 1974 a
Magia e ragione e, successivamente, a una serie di lavori sulla caccia alle streghe come dispositivo di controllo sociale.[93] Dal 1969 è attivo all'università
di Bologna Piero Camporesi, che dallo studio dei temi del cibo e del corpo
nella letteratura di Antico Regime traccerà nel 1980, con *Il pane selvaggio*,
il quadro di un mondo in cui 'non solo i deformi abitatori dei monti o gli
uomini della selva, ma anche la gente di villaggio e di città viveva immersa
in un tempo d'attesa, in un'atmosfera sospesa e stregata dove il portento, il
miracolo, l'insolito appartenevano all'ordine del possibile e del quotidiano.'[94]
Nel 1976, Luisa Muraro pubblica *La Signora del gioco*, lettura della stregoneria
alla luce della pratica femminista dell'autocoscienza e della presa di parola,
che coincide eloquentemente con due opere dedicate – benché da prospettive
opposte – al tema delle streghe: il romanzo *Il giorno del giudizio* di Salvatore
Satta e il film *Suspiria* di Dario Argento, entrambi usciti nel 1977.[95] Dalla metà
degli anni Sessanta alla metà degli anni Settanta, l'antipsichiatria e il 'mondo

---

delle ricerche di Bloch sulla mentalità medievale' (*I benandanti. Stregoneria e culti
agrari tra Cinquecento e Seicento* (Torino: Einaudi, 2002), p. xvii), ed è inevitabile,
leggendo *I benandanti* come primo capitolo di un trittico che si perfezionerà con
Il formaggio e i vermi (1976) e *Storia notturna* (1989), vederlo come un tentativo di
dar voce ai 'dannati' della storia.

92   Ginzburg, *I benandanti*, pp. ix e vii rispettivamente.

93   Luciano Parinetto, *Magia e ragione. Una polemica sulle streghe in Italia intorno al
      1750* (Firenze: La Nuova Italia, 1974).

94   Piero Camporesi, *Il pane selvaggio* (Milano: Il Saggiatore, 2016), p. 7.

95   Luisa Muraro, *La Signora del gioco. Episodi della caccia alle streghe* (Milano: Feltrinelli,
      1976).

magico', la stregoneria e la lotta di classe incrociano a più riprese le loro strade. Nella canzone *Ti ricordi Nina* dello psichiatra e cantautore Gianni Nebbiosi, uscita nel 1972 per l'etichetta 'I Dischi del Sole', la donna protagonista può essere indifferentemente maga o santa, strega o matta, a seconda dello sguardo che la incasella – sia esso lo sguardo 'magico' dei compaesani o quello del medico 'venuto da lontano' con il suo sapere scientifico. In *Non si sevizia un paperino*, dello stesso anno, la figura della 'maciara' (presa di peso da *La terra del rimorso*) oscilla continuamente sul crinale tra magia e follia, facendosi figura per eccellenza – in quanto, al tempo stesso, donna, strega, contadina e 'matta' – del margine. La pellicola di Fulci cattura così una tendenza diffusa del cinema horror italiano, in cui ciò che è autenticamente 'mostruoso'

> non è quasi mai incarnato da rappresentanti di culture 'marginali' [...], quando da esponenti della società civile, della cultura dominante, delle istituzioni: professori universitari (*I corpi presentano tracce di violenza carnale*), figure religiose (*Non si sevizia un paperino*; *La casa dalle finestre che ridono*), alta borghesia (*Contronatura*; *Hanno cambiato faccia*), società segrete e sette esoteriche (*Balsamus*, *La corta notte delle bambole di vetro*, *Il profumo della signora in nero*), duchi, vescovi, banchieri e giudici (*Salò*), artisti e artigiani (*Un tranquillo posto di campagna*, *Buio Omega*), padri e madri (*Profondo rosso*, *L'ultimo treno della notte*, *Un borghese piccolo piccolo*, *Gran Bollito*) e perfino 'innocenti' bambini (*Reazione a catena*).[96]

Non stupisce, allora, che anche l''occultura' finisca per intercettare – a suo modo, rimodulandola – questa tendenza a delineare una '"topografia dell'orrore del potere" [...] che [...] si estende a tutto il corpo sociale',[97] dando la parola agli esclusi e ai 'mostri' come agenti chiamati a ristabilire una giustizia civile. E non è un caso che Talamonti adotti – per parlare della sua 'gente di frontiera' – un lessico militante, imprevedibilmente indebitato all'atmosfera libertaria degli anni in cui scrive, nei quali anche praticare la parapsicologia finisce, a suo modo, per essere un fatto di emancipazione. Nell'anno del corso di Foucault su *Les Anormaux*, Talamonti descrive la sua 'gente di frontiera' come una minoranza deviante e perseguitata. Esattamente come i 'dannati' di Fanon, come i 'matti' di Basaglia e i 'contadini' di Levi e De

96   Venturini, *Horror italiano*, p. 71.
97   Ibid. p. 72.

Martino, i personaggi 'di frontiera' di Talamonti sono degli esclusi, tenuti ai margini da dispositivi di controllo sociale che li etichettano, alternativamente, secondo i criteri del 'primitivo' e del 'patologico':

> Non è azzardato affermare che la situazione di tali persone, nei paesi dell'Occidente, assomiglia per lo più a quella di una minoranza etnica oppressa da una massa umana di peso superiore e piuttosto incline a considerarla con diffidenza, fino al punto di rivolgerle accuse precise. Le più temibili non sono quelle di mistificazione di frode [...]. Più gravi e squalificanti sono le indiscriminate etichette *patologistiche* di derivazione psichiatrica e psicanalitica, come quelle che chiamano in causa l'isterismo, la mitomania, la nevrosi nelle sue varie forme, e perfino la disintegrazione della personalità.[98]

È una distorsione, certo: l'immagine di un conflitto sociale pervertita a sostenere le pratiche di una pseudoscienza. E tuttavia è, anche, un ritorno alle origini, un ricatturare qualcosa che aleggiava nella letteratura dell'etnoantropologia italiana sin dagli esordi. Per Talamonti, la 'gente di frontiera' è composta da individui che 'si comportano in conformità a usanze e credenze che possono sembrare gratuite' e tuttavia 'non [...] prive di una certa coerenza interna', ispirate a una 'visualità [...] primitiva' e 'non [...] inficiata dalle antinomie e contraddizioni che angustiano le culture "avanzate"'.[99] In altre parole, i 'dannati' di Talamonti fanno a pieno titolo parte del 'mondo magico' in senso demartiniano, marginalizzati dalla cultura dominante nell'essere devianti rispetto a un paradigma logocentrico. Del resto, quando Benedetto Croce aveva recensito – di fatto stroncandolo – *Il mondo magico*, il suo bersaglio era stato proprio il relativismo culturale dell'opera:[100] De Martino non vedeva il 'mondo magico' come uno stadio 'primitivo', 'anteriore' o gerarchicamente sottomesso al mondo secolarizzato e civile della scienza post-illuministica, ma come un universo mentale in sé conchiuso e autonomo, e dunque da studiare secondo i propri principi.[101]

---

98   Talamonti, *Gente di frontiera*, pp. 14–16.

99   Ibid. p. 9.

100 Benedetto Croce, 'Recensione al *Mondo magico*' (1948), in Ernesto De Martino, *Il mondo magico: Prolegomeni a una storia del magismo* (Torino: Bollati Boringhieri, 2007), pp. 240–41.

101 Cesare Cases, 'Introduzione' a De Martino, *Il mondo magico*, pp. vii-lii.

De Martino, tuttavia, diceva di più. La tesi di De Martino era che, a volte, la magia *funziona*: per autosuggestione di chi vive immerso nel 'mondo magico', certo; per frode, o per allucinazione; ma queste spiegazioni potevano non bastare.

> La mente passa da ipotesi in ipotesi, dal dubbio alla certezza e quindi nuovo al dubbio [...]. Per porre termine a questa penosa oscillazione, sembra che non ci sia altro mezzo che di affidarsi ai risultati della psicologia paranormale, che si propone di muoversi sul solido terreno della osservazione e dell'esperimento. Sembra infatti che qui siano state impiegate tutte le garanzie necessarie, e che pertanto il problema di fatto possa essere sciolto in modo decisivo. La psicologia paranormale opera sui fenomeni in esame una riduzione artificiale che li allontana dalla concretezza della loro forma storica e spontanea, e li avvicina, per quanto è possibile, alla forma dell'esperimento naturalistico. [...] Non è forse questo il terreno appropriato sul quale sarà possibile decidere una buona volta se i poteri magici sono o meno reali?[102]

Nel cuore della 'Collana Viola', dunque, e sin dal primo volume, De Martino aveva proposto di mettere i risultati della parapsicologia al servizio della storia delle religioni, e le pagine seguenti rivelavano una curiosa familiarità con gli studi di metapsichica di Hans Bender, J. B. Rhine ed Eugène Osty, ma anche con le opere del *ghost hunter* Harry Price[103] e gli esperimenti condotti da William Crookes sul medium Daniel Dunglas Home.[104] *Il mondo magico* – retaggio della formazione del giovane De Martino, a lungo influenzato dalla figura del suocero Vittorio Macchioro, archeologo e storico delle religioni, ma anche occultista e cultore di spiritismo nella Napoli del primo Novecento – apriva dunque, già nel 1948, una breccia che contaminava basso e alto, etnoantropologia accademica e speculazione parapsicologica, metapsichica ottocentesca e sguardo neorealista

---

102 Ernesto De Martino, *Il mondo magico: Prolegomeni a una storia del magismo* (Torino: Einaudi, 1948), p. 55.

103 Ibid. p. 62 n. 2.

104 Ibid. p. 68. Non differentemente faceva un illustre contemporaneo di De Martino: Eric Dodds, Regius Professor di greco all'università di Oxford e membro (in seguito presidente) della Society for Psychical Research.

ai 'dannati della terra'.[105] Una contaminazione che sarebbe stata destinata a passare inosservata, quasi con vergogna, nella lunga eredità *ufficiale* dell'opera demartiniana, ma nella quale si scorge già il messaggio più intimo e profondo del *folk horror* italiano: l'idea che i 'mostri', gli esclusi, vadano ascoltati, e che – a ben vedere – il vero mostro è il potere che esclude, che disciplina, che sorveglia e che punisce.[106]

105 Sulla formazione giovanile di De Martino si veda ora Emilia Andri, *Il giovane De Martino* (Massa: Transeuropa, 2014).

106 Molti anni dopo, a metà anni Ottanta, sarà il fumetto *Dylan Dog* a raccogliere questa eredità, adottando come epigrafe di ogni numero la rilettura di Angelo Stano de *Il quarto stato* di Giuseppe Pellizza da Volpedo (1901): capitanati da Dylan Dog e dal suo assistente Groucho, i mostri avanzano, prefigurando così la liberazione dei 'dannati della terra'.

CAPITOLO 4

La bellezza del demonio. L'altro '68 di Toby Dammit

> Vi sono molte cose che possono venire dal Diavolo. Vede, qui da noi abitava una volta una ragazza, una giovane che era stata sempre fedele alla Democrazia cristiana. Poi d'improvviso si mise con i comunisti. Il Diavolo l'aveva posseduta. L'ho esorcizzata. Le sono usciti dalla bocca almeno cento diavoli. Poi è tornata alla Democrazia cristiana.
> — 'FRATE T.', testimonianza raccolta in Val di Chiana (1972–1973)

> Semolina pilchards climbing up the Eiffel Tower
> Elementary penguin singing Hare Krishna
> Man, you should have seen them kicking Edgar Allan Poe
> I am the eggman, we are the eggmen, I am the walrus.
> — JOHN LENNON & PAUL MCCARTNEY, *I Am the Walrus* (1967)

> [Sardelle di semolino che s'arrampicano sulla Tour Eiffel, pinguini elementari che cantano Hare Krishna, oddìo, avresti dovuto vederli prendere a calci Edgar Allan Poe. Sono il tizio delle uova, siamo i tizi delle uova, sono il tricheco.]

Storie straordinarie

Tutto cominciò con un produttore delegato colpito da un infarto. È così che Ornella Volta, romanzando con delicatezza e ironia, ricostruisce la genesi di *Tre passi nel delirio* (*Histoires extraordinaires*), coproduzione italo-francese del 1968, liberamente tratta da racconti di Edgar Allan Poe. Molti dei capolavori del fantastico, scrive Volta, erano nati da un incubo del loro autore: era accaduto a Horace Walpole con *Il castello di Otranto*, a Mary Shelley per *Frankenstein*, a Bram Stoker con *Dracula*. E così accade a

Tre passi nel delirio, nel momento in cui Raymond Eger – che già nel 1960 aveva prodotto *Il sangue e la rosa* di Vadim – si ritrova in clinica con la proibizione assoluta di fare qualsiasi cosa, compreso leggere. 'Non potendo introdurre materialmente una biblioteca nella sua stanza', racconta Ornella Volta, Eger 'si sforzò di ricostruirla con il pensiero': da ricordi d'adolescenza creduti sepolti riaffiorano le *Histoires extraordinaires* di Edgar Allan Poe, in Francia – grazie a Baudelaire – un 'classico'.[1]

L'idea – è importante notarlo fin da subito – nasce in Eger (o almeno così la racconta Volta: il che, per i nostri scopi, è identico) dall'improvvisa rivelazione dell'assoluta contemporaneità di Poe. Da un lato è la clinica a trasfigurarsi in un ambiente degno dei suoi racconti – o, meglio, è Poe a rivelarne di scorcio l'atmosfera alienante:

> La nuda stanza della clinica divenne la cella del *Seppellimento prematuro*. La lancetta della sveglia sul comodino oscillò come la falce del tempo ne *Il pozzo e il pendolo*. E il battito sempre più nitido che distingueva nel petto si associò indiscutibilmente a quello de *Il cuore rivelatore*. Immensi gatti neri si appesero al lampadario, cavalli giganteschi sporsero il muso tra i tendaggi della finestra, bianche e spettrali figure di donna si sedettero silenziose ai piedi del letto.[2]

Dall'altro, a Eger risulta immediatamente chiaro come 'lo scrittore americano della prima metà dell'Ottocento non ave[sse] fatto altro che pronosticare il futuro'. Poe, commenta Volta, aveva inventato il poliziesco e la fantascienza, fornito materiali inesauribili all'immaginario decadente, 'aveva consacrato l'umorismo nero' e prefigurato Freud; addirittura, 'nella maggiore importanza che egli sosteneva potesse darsi, anziché ai singoli fatti, alle relazioni dei fatti tra di loro', si poteva scorgere 'un'anticipazione dello strutturalismo', e 'in certe sue descrizioni apocalittiche un presagio della bomba atomica'.[3]

Per Eger e Volta, dunque, Edgar Allan Poe parla anzitutto alla contemporaneità – e, in effetti, tra gli anni Cinquanta e Sessanta lo scrittore di

---

1   Liliana Betti, Ornella Volta e Bernardino Zapponi (a cura di), *Tre passi nel deliro di F. Fellini, L. Malle, R. Vadim* (Bologna: Cappelli, 1968), p. 16.
2   Ibid. p. 27.
3   Ibid.

Baltimora è onnipresente, al cinema e non solo. Adattato, plagiato o adoperato come garanzia di 'goticità' in pellicole di genere, a partire da quelle che Roger Corman realizza sin dai primi anni Sessanta per la American International Picture,[4] l'influenza di Poe eccede sin da subito, e specialmente in Francia, i confini della sala cinematografica. È del 1956, ad esempio, il seminario di Jacques Lacan su *La lettera rubata*, successivamente incluso negli *Écrits* (1966), sicuramente noti a Eger e a Volta (ed è di certo al seminario di Lacan che Volta fa riferimento quando scrive che Poe ha prefigurato lo strutturalismo);[5] ed è del 1958 la riedizione, da parte delle Presses Universitaire de France, dello studio psicoanalitico di Marie Bonaparte su Poe, originariamente uscito nel 1933, che contribuisce a creare un cortocircuito fra gli abissi esplorati dall'autore di Baltimora e le profondità acherontiche sondate da Freud. Per questi motivi, Eger formula sin da subito l'intento di distanziarsi da tutte quelle pellicole – dall'argentina *Obras maestras del terror* (1960) di Enrique Carreras al ciclo di Corman interpretato da Vincent Price, e fino allo statunitense *The Black Cat* di Harold Hoffman (1966) – che avevano proposto, di Poe, una lettura didascalica e filologicamente corretta, con ambientazioni ottocentesche e *paraphernalia* gotici. *Tre passi nel delirio*, concretizzazione dell'idea iniziale di Eger, sarà dunque uno dei primi film a cercare di ricodificare Poe in termini contemporanei.[6]

---

4   Dennis R. Perry e Carl H. Sederholm (a cura di), *Adapting Poe. Re-imaginings in Popular Culture* (Basingstoke: Palgrave Macmillan, 2012), p. 7, ricordano come, nel promuovere *La maschera della morte rossa* di Corman (1964), la casa di produzione mise ugualmente in risalto il ruolo di Vincent Price come protagonista e quello di Poe come autore del soggetto (si veda anche, nello stesso volume, il saggio di Joan Ormrod, 'In the Best Possible Tastes: Rhetoric and Taste in AIP's Promotion of Roger Corman's Poe Cycle', pp. 145–63).

5   Sul racconto di Poe, il seminario di Lacan e la sua centralità nella teoria contemporanea si veda John P. Muller e William J. Richardson (a cura di), *The Purloined Poe. Lacan, Derrida, and Psychoanalytic Reading* (Baltimora, MD: The Johns Hopkins University Press, 1987).

6   Come notano Perry e Sederholm, *Adapting Poe*, p. 7, 'legitimate adaptations of Poe do not necessarily need to be conscious [...]. Some of the essays on film adaptations in this volume seem on the surface to have little to do with Poe's source texts but ultimately reprocess Poe's major concerns in contemporary terms' [gli adattamenti da Poe non hanno bisogno di essere consci per essere legittimi. [...] Alcuni dei saggi

Il produttore francese non era nuovo a operazioni del genere. Con *Il sangue e la rosa*, fa notare Volta, Eger aveva contribuito a dar vita al 'primo film fantastico di Serie A del dopoguerra': in quella pellicola, Vadim aveva messo in scena 'suggestive donne-vampiro vaganti tra la terra di Lesbo e la campagna romana', facendo riaffiorare il sottotesto omoerotico della *Carmilla* di Le Fanu – solo alluso nell'originale – attraverso la scelta di un'ambientazione contemporanea, protesa fra atmosfere *Dolce vita* e un'immagine dell'Italia da *Grand Tour*.[7] È questo ciò che distingue un film come *Il sangue e la rosa* dalle pellicole horror a basso costo – i film della Hammer, o il filone del gotico italiano – che, agli occhi di Ornella Volta, non possiedono alcuna dignità artistica: indulgendo in un gotico manierato e artefatto, essi depotenziano la capacità di Poe di esplorare angosce pienamente contemporanee. L'epoca d'oro del cinema dell'orrore si era avuta, secondo Volta, nella breve stagione dell'espressionismo tedesco, con i capolavori di Murnau e Robert Wiene: da allora, tuttavia, 'il *weirdie* (film, la cui trama non rispetta le convenzioni della cosiddetta realtà)' era troppo sovente coinciso con il '*quickie* (film di serie B da girarsi in pochi giorni con mezzi ultraridotti)'.[8] L'idea di Eger, maturata nell'isolamento della clinica, consiste dunque nel dare un ulteriore giro di vite al progetto iniziato con *Il sangue e la rosa*: realizzare un *weirdie* ad alto budget, 'con noti attori e grandi registi', e per questo – appena uscito – il produttore contatta nomi come Vadim, Claude Chabrol, Fellini, Louis Malle, Orson Welles e Luchino Visconti. Alla fine, restano solo Vadim, Malle e Fellini: l'episodio del regista romagnolo, intitolato *Toby Dammit*, può essere pienamente considerato la prima e unica incursione di Fellini nei territori del gotico, e – a suo modo – una delle pellicole della grande stagione del gotico italiano.[9] Ma in che modo?

---

relativi ad adattamenti cinematografici di questo volume sembrano, in superficie, avere poco a che spartire con Poe come fonte, ma in ultima analisi non fanno che ricodificare i temi principali di Poe in termini contemporanei].

7   Betti, Volta e Zapponi, *Tre passi nel deliro*, p. 25.

8   Ibid. p. 26.

9   *Toby Dammit* è normalmente (e giustamente) incluso nei repertori e dizionari dell'horror italiano: Enrico Lancia e Roberto Poppi (a cura di), *Fantascienza, fantasy, horror: tutti i film italiani dal 1930 al 2000* (Roma: Gremese, 2004), pp. 256–57; Lupi, *Storia del cinema horror italiano*, pp. 146–48; e Manuel Cavenaghi, *Cripte e*

Quando viene contattato da Eger, Fellini sta vivendo un momento fecondo e problematico della propria parabola autoriale. Con *Le tentazioni del dottor Antonio* (1962) e *Giulietta degli spiriti* (1965) il cinema di Fellini ha subito il definitivo passaggio al colore, con una presenza sempre più massiccia di tematiche 'occulturali' e di atmosfere perturbanti: *Giulietta* ha accentuato ulteriormente la tendenza all'affievolirsi dei nessi logici e all'ipertrofia visiva, segnalando una tensione verso atmosfere sempre più sature di onirismo, complici l'analisi junghiana con Ernst Bernhard e gli esperimenti con l'acido lisergico assieme a Emilio Servadio. La preparazione di *Giulietta*, come si è visto, ha portato Fellini a esplorare il lato più segreto e 'lunare' della provincia italica – maghi, fattucchiere e sensitivi – e a entrare in contatto con un personaggio come Gustavo Rol, che per qualche anno sarà per il regista una vera e propria guida spirituale. Come scrive Dino Buzzati nel suo già citato reportage dell'estate 1965,

> Per il suo nuovo film *Giulietta degli spiriti* Fellini ha girato penisola e isole per oltre due mesi visitando i più strani o addirittura inverosimili personaggi, maghi, indovini, streghe, invasati, medium, astrologi, operatori metapsichici, depositari di occulte potestà, ne ha fatto una scorpacciata, ne è rimasto saturo. Non è che volesse utilizzare questi tipi per il suo film. *Giulietta degli spiriti* non è un documentario di prodigi tradotti in chiave fantastica. [...] Il pellegrinaggio è servito a Fellini soltanto come preparazione psicologica indiretta. Il contatto con quelle abnormi creature in certo modo dava impulso alla carica magica che già Fellini aveva dentro di sé, così come in certi scrittori la musica serve a promuovere le idee. [...] In *Giulietta degli spiriti* [...] il clima di sortilegio, di inquietudine, di attesa, non viene mai meno, con una varietà abbacinante di motivi e fantasmagorie.[10]

L'interesse di Fellini per l'Italia lunare era maturato fin dai primi anni Cinquanta, quando, 'verso i trent'anni', gli era 'capitato per caso di leggere certi libri, chiacchierare con certe persone'. Come ricorda il regista, tutto era avvenuto

---

incubi: dizionario dei film horror italiani (Milano: Bloodbuster, 2014), pp. 311–12. Curti – l'unico a mettere al centro della sua analisi di *Toby Dammit* il contributo di Bernardino Zapponi – dedica al film di Fellini poche, ricchissime pagine di *Fantasmi d'amore* (pp. 244–57).

10 Buzzati, *I misteri d'Italia*, pp. 39–40.

con la massima irregolarità, con notevole confusione: non saprei tracciare nessun itinerario di questi miei interessi, stimolati solo dalla curiosità nei riguardi di cose proibite. Ho incontrato qualche tipo dotato di particolari facoltà. Dapprima fakiri, illusionisti, ciarlatani. Poi qualche personaggio meno suggestivo, meno pittoresco, ma assai più emozionante. Ho cercato di assistere a esperimenti, di constatare fenomeni insoliti: ma raramente ne ho saputo trarre un senso più pertinente, più personale. Qualche indicazione, insomma, che mi aiutasse a decifrarne il senso.[11]

La ricerca di metà anni Sessanta è diversa nello spirito. Fellini ha incontrato Jung, ma anche Gustavo Rol: e quello che entrambi gli hanno insegnato è una forma discreta, obliqua, di compenetrare reciprocamente realtà e meraviglia. Alla domanda di Kezich se creda veramente nel paranormale, Fellini risponde:

Ho conosciuto molte persone più o meno dotate, mi sono trovato di fronte a dei 'medium' intesa questa parola nel senso letterale di 'mezzo'. Si trattava di persone talmente investite da forze sconosciute da annullare ogni loro capacità di difesa. Il dialogo con questi tipi non era molto interessante: cessata l'esaltazione, ti trovi di fronte a un essere vuoto, a un vestito. Ciò che ti dovrebbe veramente interessare è vedere come alcune di queste creature riescono a salvare la loro individualità. Penso che in questo senso Rol sia un'eccezione solitaria. Ciò che fa Rol è talmente meraviglioso che diventa normale [...]. Infatti le cose che fa, lui le chiama 'giochi', nel momento in cui le vedi per tua fortuna non ti stupiscono. Soltanto nel ricordo assumono una dimensione eccezionale. [...] Ti assicuro che è commovente il suo tentativo spesso disperato di stabilire un rapporto individuale con la notte tempestosa da cui viene abitato.[12]

Non è un caso che, parlando di *Giulietta*, Fellini adoperi lo stesso termine:

Quando mi sono buttato a fare il film ho intravisto l'unica possibilità di salute nella fantasia scatenata, nella levità di un *gioco* che qua e là potesse proporre certe trasparenze. Non si potrebbe fare un film sui sogni in astratto, prescindendo dalla personalità del sognatore. Così non avrei potuto fare in astratto un film sul mondo magico. Quello di *Giulietta*, evidentemente, è un mondo magico sulla misura di certe mie personalissime deformazioni [...].[13]

11   Fellini, *Giulietta degli spiriti*, p. 36.
12   Ibid. pp. 38–39.
13   Ibid. p. 41 (corsivo mio).

È in questo contesto – di tensione verso un mondo magico interiorizzato e non astratto, calato nella 'personalità del sognatore' e stupefacente, come i 'giochi' di Rol, più nel ricordo che nel momento in cui lo si contempla – che Fellini accetta la proposta di Eger, mentre sta abbozzando il *Mastorna*; e in cui entra in contatto con Ornella Volta, che gli farà in seguito da assistente di regia per *I Clowns* e che coordina (assieme a Liliana Betti e Bernardino Zapponi) il volume Cappelli dedicato a *Tre passi nel delirio*.

Il rapporto di Fellini con l'idea di Eger è tormentato e ambivalente: ma è eloquente che, in linea con quanto sostenuto dalla stessa Volta – e a differenza di Vadim e Malle, che ambientano i loro episodi nel diciannovesimo secolo – la rilettura felliniana di Poe prenda sin dall'inizio la forma di un'attualizzazione, che da Poe disossa idee e situazioni (anche da racconti diversi) senza tentare in alcun modo un approccio filologico.[14]

Liliana Betti, che ricostruisce la gestazione di *Toby Dammit*, ricorda come sin dall'inizio Fellini scelga, per lavorare al film, un nuovo ufficio 'presso uno squallido mobilificio di periferia':

> Scrivanie, scaffali, armadi in legno di tek razionali ed anonimi, un salotto, sempre in tek, composto da grosse e squadrate fette di gomma piuma rivestite di panno giallo e nero. 'Va benissimo così, no? Un arredamento troppo soppesato, troppo preciso e personale, mi darebbe fastidio. L'anonimità, invece, non ti condiziona in nessun modo, non ti suggerisce o impone nessun stato d'animo o umore particolari. Uno si sente del tutto libero. E poi a me dà allegria.'[15]

---

14   Le enumera una volta per tutte Curti, *Fantasmi d'amore*, pp. 252–53: 'Terence Stamp [...] è truccato a somiglianza dei ritratti dello scrittore [...]. [...] L'inquadratura del viso dell'annunciatrice ritagliato sul monitor del terminal di Fiumicino è una versione tecnologizzata del *Ritratto ovale*; l'intervistatrice tv (Milena Vukotić) chiede a Toby se abbia visto il diavolo in forma di gatto nero; quando al divo viene presentata la propria controfigura (Federico Boido), il doppio di *William Wilson* si manifesta con stivali e cappelli da cowboy; e all'attore in pieno stupor alcolico appare una donna ideale che gli promette eterno amore, cosicché il fantasma della Claudia di *8½* si tramuta nella Ligeia di Poe; infine, la Ferrari rossa che costituisce l'oggetto del desiderio di Toby è una versione *up-to-date* del destriero "colore del fuoco" di *Metzengerstein*'.

15   Betti, Volta e Zapponi, *Tre passi nel delirio*, p. 32.

Se Roger Caillois, in quegli stessi anni, radunava in *Nel cuore del fantastico* (1965) un repertorio iconografico che escludeva drasticamente il moderno, fatto di bizzarrie barocche, emblemi e astrazioni, tavole anatomiche e architetture allegoriche,[16] Fellini compie la scelta opposta, situando la sua personalissima riattivazione di Edgar Allan Poe in un contesto scopertamente modernista, che si rifletterà nella pellicola. Scorrendo la sceneggiatura di Fellini e Zapponi appare infatti evidente come l'ambientazione del film debba coincidere con la Roma pop degli anni Sessanta, fra urbanizzazione elefantiaca e maldestre tentazioni anglofile. Come scrive Kevin Flanagan, *Toby Dammit* ricapitola gli spazi della modernità pop internazionale attraverso il contesto dei media italiani degli anni Sessanta e il loro guardare a Londra.[17] Di qui le precise indicazioni di sceneggiatura, tese a fornire un'immagine grottesca e impietosa della *swingin' Rome* e del suo esterofilo provincialismo:

> Dammit [...] vede... Cartelli di lavori in corso: deviazioni. Un nuvolone nero di catrame, nel quale si intravedono mostruose bocche di ferro che rovesciano l'asfalto liquido, gli operai seminudi si muovono lenti come diavoli. Su una fontana barocca, asciutta, ornata di leoni e sfingi di marmo [...], alcuna [sic] fotomodelle sono in posa per delle foto di moda. Hanno curiosi vestiti di plastica allacciati con catenelle d'oro; sono ferme con le braccia ad angolo retto, e delle espressioni dolorose, quasi piangenti. [...] Come un gruppo d'indossatrici, in atteggiamenti di fotografia, stanno davanti a un bar periferico cinque o sei ragazzacci coi capelli lunghi, ricci, neri; hanno magliette Carnaby Street lacere, con scritte in inglese, blue jeans, stivaletti o scarpe da tennis: quasi una parodia dei beatniks.[18]

Ugualmente, il set del programma a cui partecipa Toby Dammit è contraddistinto da elementi di arredamento saldamente connotati in senso modernista – arredi geometrici e astratti – che richiamano e riprendono lo spazio scelto da Fellini per lavorare alla sceneggiatura: 'Dammit [...] È seduto su un alto sgabello, alle spalle ha gli elementi della scenografia,

---

16   Rimando ora a Roger Caillois, *Nel cuore del fantastico*, trad. di Laura Guarino (Milano: Abscondita, 2004).

17   Kevin M. Flanagan, 'Rethinking Fellini's Poe: Nonplaces, Media Industries, and the Manic Celebrity', in Perry e Sederholm, *Adapting Poe*, pp. 59–69 (p. 61).

18   Betti, Volta e Zapponi, *Tre passi nel delirio*, p. 76.

astratti, costituiti da grossi cubi stupidamente bucherellati, ammonticchiati e disposti in vario modo'.[19]

Sin da subito, è dunque chiaro che l'evocazione di Poe debba avvenire sotto il segno dell'obliquità e della trasposizione indiretta. Fellini – Liliana Betti è molto attenta a sottolinearlo – si rifiuta di leggere Poe: è alla sua collaboratrice che tocca 'una settimana di lettura ininterrotta', con periodici resoconti al regista,[20] ed è solo a montaggio in fase di ultimazione che Fellini si consente un siparietto con Nino Rota, citando il racconto originale – 'Non scommettete la testa col diavolo' – con 'l'emozione, ancora sospesa, di un recentissimo incontro. Nino lo interrompe: "Ma scusa, *Non scommettete la testa col diavolo*, non l'avevi...". Federico quasi seccato per la frivola curiosità dell'amico: "No, ho letto il racconto ieri sera per la prima volta. È bellissimo"'.[21] Nello scegliere il soggetto per il suo episodio, diversi racconti catturano l'attenzione di Fellini, ma senza mai destargli un'ispirazione che vada al di là di una o due scene: 'L'appuntamento' ('perché si presta ad una composizione figurativa di grande suggestione. [...] Ma non si può fare un episodio di 30 minuti con una sola inquadratura')[22] o 'La Falce del tempo' ('"L'anziana signora la faccio interpretare a Margaret Rutheford, e l'episodio lo giro tutto dal vero a Siena e nel Duomo di Siena"').[23] È la stessa scelta che Fellini e Zapponi faranno una volta optato per 'Non scommettete la testa col diavolo', delle cui 'poche pagine conservano solo il macabro finale, col salto mortale che costa a Toby la vita e l'immagine del diavolo che si porta via la testa mozza, e scartano tutto il resto, tra cui il materiale in astratto affine al regista';[24] e noteremo – sempre nel segno di un recupero obliquo, e verrebbe da dire anti-gotico, di Poe – come l'attenzione

19   Ibid. p. 81.
20   Ibid. p. 33.
21   Ibid. p. 59.
22   Ibid. p. 33.
23   Ibid. p. 45.
24   Curti, *Fantasmi d'amore*, pp. 247–48. Flanagan connette questa strategia all'idea, di Millicent Marcus, che ciò che interessasse a Fellini – nell'adattamento di testi altrui – fossero gli spazi vuoti e le 'brecce' (*breaches*) lasciati dall'opera originaria, aperture nelle quali la creatività del regista potesse inserirsi ('Rethinking Fellini's Poe', p. 61).

di Fellini si appunti sempre su racconti minori, al di fuori del canone più noto e già sfruttato dal cinema.

Limitarsi a notare questi aspetti – Fellini che ci dà qualcosa di diverso rispetto a Poe, qualcosa che oltrepassa, eccede o è estrinseco al testo di Poe –, tuttavia, significherebbe cadere in una narrazione incoraggiata (e, dunque, implicitamente falsata) dallo stesso Fellini, un punto centrale su cui è Flanagan a richiamare l'attenzione. Critici e biografi, nota Flanagan, tendono a leggere l'opera di Fellini negli stessi termini posti dal regista o dai suoi collaboratori più vicini, a detrimento dei contesti storici, istituzionali e culturali in cui essa germina.[25] Da questo punto di vista, vedere in *Toby Dammit* un piccolo gioiello sorto per caso da un lavoro su commissione, in cui Fellini non credeva (pensava al *Mastorna*) e che diviene tale proprio perché dissecca il testo di Poe lasciando spazio alle ossessioni personali e 'visionarie' dell'autore – la discesa agli inferi di Toby Dammit, specchio distorto e condensato della catabasi di Mastorna-detto-Fernet – significa assecondare la narrazione dello stesso Fellini: la stessa enfasi con cui il regista afferma di non aver letto il racconto prima d'aver ultimato il film è spia di una precisa volontà di autorappresentarsi come traduttore deliberatamente infedele, che con *Toby Dammit* dà vita a una libera variazione sul tema di 'Non scommettete la testa col diavolo'. E valga ad esempio la dichiarazione – quasi un manifesto – che Betti mette in bocca a Fellini, nei giorni dell'incertezza se accettare o meno il progetto di Eger:

> Dimmi tu che senso ha fare una trasposizione cinematografica di Poe. A parte il fatto che questi trapianti, queste associazioni sono sempre innaturali e funeste, Poe è uno scrittore così grande che il suo linguaggio è un'unità perfetta dove le immagini e il loro significato si penetrano e si illuminano a vicenda. Fare un Poe alienato dalla sua scrittura e per di più al giorno d'oggi, dopo le esperienze dell'esistenzialismo, del surrealismo e della psicoanalisi è un'operazione arbitraria, poco interessante, che toglie ogni fascino alle sue intuizioni e costruzioni fantastiche. Farne una traduzione fedele alla lettera? In questo caso Mario Bava è il regista più qualificato, più rigoroso e più attrezzato per una simile impresa.[26]

---

25   Flanagan, 'Rethinking Fellini's Poe', p. 60.
26   Betti, Volta e Zapponi, *Tre passi nel delirio*, pp. 43–44.

La menzione di Bava è eloquente, e non solo perché la bambina-diavolo di *Toby Dammit* riprenderà scopertamente – nell'abbigliamento, nel giocare con la palla – il piccolo fantasma femminile di *Operazione paura*.[27] Il fatto è che *Toby Dammit*, più che con Poe, si rivela – ritengo – un confronto serrato con il gotico e l'horror italiani, riferimento costante (benché sotterraneo) di Fellini:[28] ideale prosecuzione di quell'esplorazione dell''Italia lunare' iniziata con *Le tentazioni* e proseguita con *Giulietta*, il contributo di Fellini a *Tre passi nel delirio* non è solo una trasposizione cinematografica di Poe, ma una riflessione meta-cinematografica sulla possibilità stessa di un'operazione del genere, e, soprattutto, sulla legittimità del gotico in Italia.

Entelechie

L'incontro che rende possibile *Toby Dammit* è quello con Bernardino Zapponi, che non solo firma la sceneggiatura insieme a Fellini ma sovrintende, in pratica, all'intera gestazione della pellicola. Già a ridosso dell'uscita del film, l'incontro con Zapponi pare già pronto a essere narrato nei termini di una fatalità provvidenziale, come un fenomeno junghiano di sincronicità: o, meglio, di entelechia, quella finalità e quel senso nella vita di ognuno che l'analista di Fellini, Ernst Bernhard, aveva cominciato a

---

27 Curti, *Fantasmi d'amore*, pp. 248–49 riporta una dichiarazione in merito dello stesso Bava ('è la stessa del mio film, tale e quale. L'ho detto a Giulietta Masina e lei ha alzato le spalle con un sorriso e mi ha detto, sai com'è Federico...'), 'ma, se è vero che Bava e Fellini si conoscevano fin dagli anni '40, è assai più probabile che anziché Fellini ad attuare lo scippo sia stato Zapponi, ammiratore del regista sanremese da tempi non sospetti, al punto di annunciare un numero speciale a lui dedicato di "Il delatore", mai uscito per la chiusura della rivista'. Curti elenca poi i precedenti dello stesso Bava, rintracciati dalla critica nel corso dei decenni: *Freud* di John Huston (1962), *La donna è una cosa meravigliosa* di Mauro Bolognini (1964), ma anche *M – Il mostro di Düsseldorf* di Fritz Lang (1931), uscito in Italia nel 1960.

28 Rimando a Curti, *Fantasmi d'amore*, pp. 255–57, per una ricognizione delle suggestioni gotiche in Fellini.

teorizzare dal 1943.[29] Mentre Fellini si dibatte alla ricerca di un racconto di Poe che lo ispiri, scrive Liliana Betti,

> ecco entrare in scena l'imprevisto con un nome altrettanto misterioso: GOBAL. Gobal è il titolo di una raccolta di novellette di Bernardino Zapponi, secche, esatte, e che hanno in comune una chiave grottesca, assurda, kafkiana. Goffredo Parise che ha scritto un'acuta prefazione al volumetto di Zapponi, ne parla a Federico, gliele propone la lettura. Federico si innamora perdutamente di un racconto [...]. Telefona a Zapponi, lo va a trovare. Indovinate un po' dove abita? Proprio di fronte all'ufficio di Via della Fortuna. Queste coincidenze hanno il potere di mandare in visibilio Federico, non tanto per un irrazionale spirito superstizioso, ma per una razionalissima, quasi ovvia, constatazione pratica: la facilità con cui certi eventi si presentano e si svolgono è la testimonianza della loro benevolenza, della loro felice necessità.[30]

Vale allora la pena esaminare più nel dettaglio il contributo di Zapponi a *Toby Dammit*, partendo proprio da quella 'raccolta di novellette' che dopo aver raggiunto il loro scopo – catturare l'immaginazione del Maestro – vengono così rapidamente accantonate. In realtà, quando a maggio del 1967 esce *Gobal*, Bernardino Zapponi ha già quasi quarant'anni, ed è un'autorità nel campo del macabro, del fantastico e del bizzarro. Ha lavorato nell'editoria e nella televisione, e nell'anno cruciale 1958 ha lanciato l'effimera rivista *Il Delatore*, uscita in due serie, la prima di quattro numeri fra il 1958 e il 1959 e la seconda di cinque fra il 1964 e il 1965, accogliendo contributi – fra gli altri – di Leonardo Sinisgalli, Bruno Munari e Camilla Cederna e sfoggiando splendide copertine di Roland Topor. I fascicoli sono monografici, e si caratterizzano tutti per il bazzicare temi alternativi e anticonvenzionali rispetto alla cultura 'ufficiale': il sadismo, il cattivo gusto, 'I ragazzi' – con un elogio dei *Teddy Boys* firmato da Mino Maccari – e la Commedia dell'Arte (prima serie); la follia, il gergo della malavita italiana, il silenzio, la morte e il travestitismo (seconda serie). Zapponi ha anche lavorato per la Sugar, pubblicando nel 1963 una storia dell'inquisizione dal titolo di *Nostra Signora dello Spasimo*.

---

29   Ernst Bernhard, *Mitobiografia*, a cura di Hélène Erba-Tissot, trad. di Gabriella Bemporad (Milano: Adelphi, 2007), pp. 20–23.
30   Betti, Volta e Zapponi, *Tre passi nel delirio*, pp. 45–46.

Nel panorama dell'epoca, Zapponi si distingue dunque per una voluta, tenacemente perseguita marginalità e, al tempo stesso, per un occhio attento a cogliere mode e temi che stanno salendo alla ribalta un po' ovunque: il rinnovato interesse per il gotico, l'interesse pruriginoso per forme di sessualità non convenzionali, il voyeurismo borghese verso pratiche come il sadismo e la tortura. E per l'orrore: Zapponi è uno dei primi intellettuali a prestare un'attenzione non condiscendente al cinema di genere, arrivando a progettare un numero de *Il Delatore* dedicato a Mario Bava – in un momento in cui solo i critici francesi vedono nel regista sanremese qualcosa di più che un artigiano – e finendo, anni dopo, per sceneggiare *Profondo rosso* assieme a Dario Argento.

Liliana Betti minimizza l'importanza di *Gobal*, adoperando il lessico, ormai canonico, che la cultura italiana riserva al fantastico (quelle di Zapponi sono 'novellette [...] secche, esatte, [...] che hanno in comune una chiave grottesca, assurda, kafkiana'). Nello stendere la premessa al volume, tuttavia, Goffredo Parise si rende benissimo conto di quali siano i veri modelli della raccolta:

> I richiami alla letteratura, diremo così, nera, sia tedesca che anglosassone, dell'ottocento romantico, sono evidenti. La pagina, la parola sono ricalcate dalle buone traduzioni di autori inglesi di racconti di fantasmi, da Hoffmann, da Poe e da Austin, e l'intenzione stilistica si confessa con tale candore che non si può parlare di parentele, di influenze, ma quasi di una operazione letteraria di coincidenze e di sovrapposizioni, insieme cosciente e incosciente e che si denuncia fin dalle prime righe di ogni racconto. Nello scrittore non vi è alcuna astuzia, nessuno schermo: egli appare come un bambino che dopo aver letto, mettiamo, *Pinocchio*, lo rifa: con la fedeltà mimetica e al tempo stesso ammirativa tipica dell'infanzia e perciò priva di riserve 'adulte'. Senonché, in questo caso, il bambino che rifa gli scrittori inglesi di fantasmi o Hoffmann o Poe è un bambino pazzo o pazzoide, cioè possiede senza saperlo quel tanto di follia creativa deformante che il bambino mimetico, ma sano, non possiede.[31]

La premessa di Parise è paternalista ai limiti dell'insultante, e s'avvicina pericolosamente alla stroncatura: l'autore, scrive, 'è sconosciuto, non frequenta letterati, non usa tattiche di politica culturale, insomma, con una

---

31 Goffredo Parise, 'Premessa', in Bernardino Zapponi, *Gobal* (Milano: Longanesi, 1967), pp. 9–13 (pp. 11–12).

tipica espressione di gergo letterario-mondano, si potrebbe dire che "non è nessuno"';[32] il libro è un '*pastiche*' il cui pregio – di necessità – non potrà mai essere 'l'autenticità', ma che ha almeno una sua 'semplicissima e stupefatta esistenza' che lo rende preferibile 'alla grigia inautenticità di molti prodotti letterari' contemporanei';[33] 'non posso profetizzare', conclude, 'una carriera letteraria per Bernardino Zapponi, né questi suoi "acquerelli" la possono far prevedere. Gli auguro tuttavia, se non il successo che non avrà mai, un po' di lettori da incantare con la sua grazia'.[34]

E però è un'insistenza che fa stupire: perché ribadire così strenuamente l'inattualità di *Gobal*? La raccolta di Zapponi, scrive Parise, 'è un inquietante *pastiche* figurativo, tanto più inquietante quanto privo di simboli, di rimandi, di analogie',[35] e che non rimanda ad altro che a un debito intertestuale nei confronti del proprio corpus, quella 'letteratura [...] nera [...] dell'ottocento romantico' caratterizzata primariamente dall'essere *non italiana*, e dunque da un'incapacità costitutiva di parlare al qui e all'ora. L'insistenza di Parise è tanto più eloquente quanto nega ogni scarto rispetto alle proprie fonti: *Gobal*, ai suoi occhi, è in tutto e per tutto un rifacimento, governato dal mero piacere infantile dell'imitazione: il libro non implica nulla, non dice nulla se non la sua propria, purissima letterarietà.

Quella di Parise è a tutta evidenza una difesa – anche perché nella quarta di copertina di *Gobal* è annunciata l'uscita di *Cara Cina* dello stesso Parise, mentre in terza si reclamizzano altri due volumi con cui il catalogo Longanesi intende intercettare l'interesse del pubblico italiano per la Rivoluzione Culturale maoista, iniziata l'anno prima.[36] Ed è difficile spiegare diversamente l'insistenza di Parise sulla mancanza di valenze extratestuali del libro di Zapponi quando poco dopo la metà di esso troviamo un racconto significativamente intitolato 'I cinesi', una novella fantastorica dedicata a un'invasione aliena nel prossimo futuro. Il volume di Parise dava conto di

32   Ibid. p. 11.
33   Ibid. p. 12.
34   Ibid. p. 13.
35   Ibid. p. 12.
36   Le *Citazioni* di Mao a cura di Giorgio Zucchetti e *L'ABC della Cina d'oggi* di Giorgio Fattori, reportage dalla Pechino delle Guardie Rosse.

una Cina di cartapesta, fabbricata dal regime a uso e consumo dei viaggiatori occidentali e dalla quale tuttavia Parise, come altri viaggiatori italiani vicini alla sinistra extraparlamentare, si era lasciato sedurre. In *Cara Cina* non c'è traccia della distruzione dei templi e dei roghi di libri organizzati dalle Guardie Rosse, dei campi di concentramento e della persecuzione degli intellettuali (tutte realtà storiche non ignote in Italia, per quanto confinate al ghetto della stampa conservatrice), e si auspica, anzi, che l'Occidente abbia da imparare dalla dignitosa povertà del popolo cinese. Sotto lo schermo di una storia a metà fra l'horror e la fantascienza, invece, Zapponi parla di una 'Nuova Cina' in cui gli alieni si sono sostituiti agli abitanti, e che ora tentano l'invasione dell'Occidente. Non un messaggio propriamente condivisibile, ma nemmeno un omaggio al romanticismo 'nero', privo di correlazioni con il presente, come la prefazione di Parise vorrebbe dare a intendere: Zapponi dà conto dell'ansia inesprimibile che la 'Nuova Cina' di Mao Tse Tung causa presso il pubblico occidentale, nazione di cui si sa poco o nulla, che si sta avviando a divenire una potenza mondiale e che pertanto risulta perturbante e aliena.

In realtà, se c'è un libro che non può essere tacciato di passatismo quello è *Gobal*. I racconti di Zapponi sono saldamente localizzati nella contemporaneità, a volte – come nel caso de 'Gli zoccoletti' – scegliendo deliberatamente contesti consacrati dalla cultura di massa degli anni del boom: in questo caso una spiaggia estiva, dove calzature tipicamente anni Sessanta stimolano nel narratore un'indefinibile attrazione feticistica. In '"Ho la lebbra, amore"', il protagonista tenta per tutto il racconto di dire alla moglie la fatidica frase che dà il titolo al racconto: lei non lo ascolta mai, mentre si trucca, mentre sono a cena con amici 'nel ristorante che aveva rubato lo chef a Cipriani,'[37] al *night* – finché, di notte, egli non scopre delle piccole macchie sulla schiena di lei. Il contagio s'insinua nel mondo dorato della *Dolce vita*: la riattualizzazione, dissimulata, de 'La maschera della Morte Rossa' di Poe trasforma l'universo della borghesia italiana in un giardino delle delizie in cui – come nelle allegorie medievali – si annida lo spettro della morte. Zapponi è anche memore dell'uso che della

---

37 Ibid. p. 124.

lebbra aveva fatto Ennio Flaiano in *Tempo di uccidere* (1947), ossessione inesprimibile in cui traluce la cattiva coscienza dell'Occidente coloniale. 'Eh già', commenta il narratore, 'troppe gite in Africa, troppi safari. Da molto tempo avevo notato certe macchie sul dorso, ma speravo in una malattia qualunque. Ora non avevo più illusioni'.[38] Se la malattia del protagonista di Flaiano era illusoria, con '"Ho la lebbra, amore"' di Zapponi il protagonista porta con sé il contagio in una Roma sfavillante, le cui vie portano ancora i nomi dell'esperienza coloniale in Africa orientale che la cultura ufficiale ha (apparentemente) rimosso. In 'Il partito', il protagonista esplora una contraddizione interiore che si rivelerà ben presto di struggente attualità nella costellazione extraparlamentare della politica italiana. Da giovane, egli ha militato nel 'partito', un'organizzazione che non viene mai menzionata altrimenti e che non viene nemmeno mai connotata in termini di schieramento (quando il protagonista parla di 'posizioni d'estrema...' viene interrotto dal suo interlocutore, per cui non sapremo mai se il partito si colloca a sinistra o a destra). In seguito se ne è distaccato, finché il partito non lo richiama: 'le posizioni di *vigilante attesa*, stabilite nel congresso di Ferrara' – gli spiega un giovane delegato – 'sono nuovamente superate. Ora il partito mobilita le sue forze: il nuovo slogan è *azione ad oltranza*',[39] e quel che gli si chiede ora è di collocare un ordigno a un certo indirizzo. Il narratore ripudia però la svolta terroristica: 'In questi ultimi anni [...]', spiega,

> la mia vita è cambiata. Ho perso la fede nel partito. I miei successi economici e sociali mi hanno introdotto in ambienti nuovi, che prima giudicavo negativamente senza un'adeguata conoscenza. Ma lo sviluppo delle mie idee ha seguito una logica interiore, non influenzata dai maggiori agi. Credo che l'attuale situazione di benessere, che ha stabilizzato la vita italiana in uno standard europeo, non debba venire alterata da gesti degni d'un passato ormai morto.[40]

Il racconto segue gli scrupoli del narratore, fra il suo senso del 'dovere di conservare rapporti amichevoli con un partito per il quale ho tanto lottato

38   Ibid. p. 123.
39   Ibid. p. 177.
40   Ibid. pp. 177–78.

e sofferto'[41] e la percezione che il partito si è ridotto ormai a 'quattro strac-
cioni ubriachi', con 'una sede sporca come nemmeno la stanza dell'ultima
delle mie sguattere';[42] la moglie (borghese), dal canto suo, lo invita a non
'compromettere il nostro matrimonio' 'per una sciocca ragazzata da terroristi'.[43] Infine la rivelazione: che la casa dove sistemare l'ordigno è quella del
narratore, e che è proprio lui l'obbiettivo del partito, chiamato a eseguire
da solo la sentenza che lo condanna a morte. La conclusione e l'impianto
generale, nemmeno troppo larvatamente indebitati a Kafka, non devono
farci perdere di vista la stringente attualità del racconto – una riflessione
sulla lotta armata, i 'compagni che sbagliano' e il riflusso due anni prima della
costituzione dei Gruppi d'Azione Partigiana di Giangiacomo Feltrinelli e
del genovese Gruppo XXII Ottobre. La veloce liquidazione di *Gobal* da
parte di Parise suona dunque come una volontaria messa a silenzio di questa
attualità nell'inattualità del libro di Zapponi. Se il debito con la letteratura
gotica è scoperto, essa viene nondimeno piegata, per via di paradosso e obliqua allusione, all'esplorazione dei lati oscuri della società contemporanea.

Si capisce allora meglio cosa, di *Gobal*, attragga Fellini, fino a chiamare
Zapponi come sceneggiatore di *Toby Dammit* e a proporre inizialmente
alla produzione di trarre l'episodio dai suoi racconti anziché da quelli di
Poe. Zapponi condivide con Fellini l'obbiettivo di tradurre e trasfigurare lo
spirito del gotico al di là della lettera: e di farlo, quanto più è importante,
nel *qui* e *ora*, nel contesto dell'Italia della fine degli anni Sessanta. I racconti
inizialmente scelti da Fellini, e proposti ai produttori francesi, sono due. Il
primo è 'L'autista', altra storia di feticismo di cui l'oggetto, stavolta, è un'automobile lussuosa (l'automobile come oggetto del desiderio e, al tempo
stesso, strumento di morte, ritornerà in *Toby Dammit*). Il secondo, e ben
più interessante per noi, è 'C'è una voce nella mia vita...', dall'impianto che
ricalca quello de 'Il cuore rivelatore' di Poe. È stato commesso un delitto, che
rimarrebbe impunito se qualcosa non continuasse a chiamare dalla tomba:
nel racconto di Poe era il battito del cuore della vittima, in questo caso la
cornetta staccata di un telefono, che continua a chiamare il suo assassino.

41   Ibid. p. 178.
42   Ibid. p. 187.
43   Ibid. p. 182.

È un uso della tecnologia che anticipa certe soluzioni dell'horror, specialmente orientale, dei primi anni 2000 – il rimando più immediato è *Phone*
di Ahn Byeong-ki (2002) –, e nei fatti il fantasma di 'C'è una voce nella
mia vita…' è pienamente un *onryō*: quel tipo di fantasma vendicativo, cioè,
che abita la tradizione nipponica, e al quale cui la narrativa e il cinema più
recenti hanno dato una nuova vita attraverso singolari commistioni con la
tecnologia e l'informatica.[44] È interessante, però, che il racconto di Zapponi
– e fin dal titolo – sia intervallato da versi di Giovanni Pascoli, autore caro
a Fellini, e nello specifico da 'La voce': inclusa nei *Canti di Castelvecchio*
(1903), 'La voce' è una canzone enigmatica, nella quale i morti cari al soggetto che parla – il padre, la madre, i fratelli – continuano a parlare dalla
tomba con voce tanto flebile da risultare impercettibile, in un bisbigliare
incessante nel quale si intende solo, come un rintocco funebre ripetuto a
conclusione di ogni terzetto di strofe, il soprannome che il poeta aveva da
bambino ('*Zvanî*'). De 'La voce', poesia notissima – il narratore ricorda di
averla 'dovut[a] imparare a memoria in terza elementare'[45] – Zapponi fa
un uso programmaticamente distorto, che ne svela il fondo intimamente
perturbante. Isolate dal contesto, e messe a contrappunto di una storia d'o-
micidio, le strofe pascoliane si slegano dalla memoria scolastica del poeta
per assumere toni pienamente gotici:

> *C'è una voce nella mia vita*
> *che avverto nel punto che muore;*
> *voce stanca, voce smarrita,*
> *col tremito del batticuore,*
> *voce d'un'accorsa anelante…*
> Questi versi del Pascoli […] mi riaffiorarono in testa di colpo, quel giorno che accadde
> il curioso incidente che tanto sconcerto portò nella mia vita. Misteriosi legami che
> Freud ha solo in parte saggiato, collegano i ricordi e le intuizioni; o per meglio dire,
> i ricordi talvolta si affacciano a proiettare luce sul futuro, anziché sul passato; quasi

---

44 Rimando a Danilo Arona e Massimo Soumaré, 'Tra *horror japanesque* e J-horror:
    l'evoluzione del terrore nella pelle del Reale', in *Onryo, avatar di morte*, a cura di
    Danilo Arona e Massimo Soumaré (Milano: Mondadori, 2011), pp. 9–14.
45 Zapponi, *Gobal*, p. 63.

che l'inconscio si serva del materiale suo, affondato in lui e a sua disposizione, per indicare con uno stratagemma la via da seguire.[46]

Per il narratore – che ha ucciso, ma che ha rimosso – la memoria intertestuale di Pascoli, riaffiorata all'improvviso, è dunque il sintomo, la smagliatura nel reale, che consente l'anamnesi della colpa: mentre le strofe de 'La voce' risuonano nella sua mente come un rintocco ossessivo, il narratore riceve continue 'telefonate' dalla voce – stavolta reale – della sua vittima. L'ultimo appuntamento che la voce gli dà, attraverso una cornetta del telefono staccata, è sul luogo del delitto: lì lo aspetta la polizia.[47]

La scelta di contaminare Pascoli e Poe ha forti implicazioni in termini narratologici, ma anche – e soprattutto – in termini di metodo: come già Mario Soldati con le sue *Storie di spettri*, Zapponi pone una questione relativa alla legittimità di un horror italiano, che arrivi ai fremiti perturbanti dei suoi corrispettivi anglosassoni non per via d'imitazione, ma attraverso riferimenti culturali pienamente nazionali. Fruttero e Lucentini, vuole un aneddoto forse apocrifo, avevano ammonito che 'Un disco volante non può atterrare a Lucca': ma, come abbiamo visto, erano stati i primi – sebbene per via di gioco – a smentirsi. Zapponi si spinge più in là: è proprio l'Italia, la sua provincia, la voce dei suoi poeti come Pascoli a farsi terreno fertile per sviluppi nuovi e inesplorati dell'orrore letterario. Ed è questo che Fellini – agli antipodi di Parise – coglie in *Gobal*: non un omaggio a un genere cristallizzato e morto, ma un metodo per farlo rivivere nell'oggi, caricandolo di nuove inquietudini.

46　Ibid.

47　Il tema della chiamata dall'aldilà per mezzo di un telefono staccato ritornerà nell'adattamento cinematografico, firmato proprio da Zapponi assieme a Dino Risi, di *Fantasma d'amore* di Mino Milani: nel doppio finale del film, il protagonista, rientrato a casa, stacca il telefono che continua a squillare – il che non impedisce al vendicativo *onryō* di Anna Brigatti di continuare a tormentarlo, e infine di farlo impazzire.

Horror cristiano

Il progetto di Eger si reggeva su una contraddizione: fare un gotico *d'autore*. Ma il gotico è forse il genere più intimamente, visceralmente anti-autoriale, non per caso inaugurato da un romanzo come *Il castello di Otranto* di Horace Walpole. Storia di 'un falso aristocratico che viene in possesso di un'eredità per mezzo di un falso testamento e che cerca di assicurarsi una falsa discendenza per mezzo di piani delittuosi' ('a false nobleman unlawfully inheriting both title and property through a false will and attempting to secure a false lineage through nefarious schemes'), *Il castello di Otranto* – secondo l'efficace formulazione di Fred Botting – moltiplica le maschere e le contraffazioni ben oltre il piano strettamente tematico, presentandosi, nella prima edizione, come 'la traduzione fittizia, realizzata da un traduttore fittizio, di una storia medievale fittizia di un autore medievale fittizio' ('a fake translation by a fake translator of a fake medieval story by a fake author').[48] Infestato sin dagli esordi dalla produzione apocrifa, dal gioco intertestuale e dal plagio, il gotico intercetta dunque, e fin dagli esordi, le ambiguità e le ombre della moderna nozione d'autore, mettendo in scena testualità malcomprese o distorte che stanno come emblemi – ha scritto David Punter – dell'instabilità di ogni pratica discorsiva:

> Gothic and much contemporary criticism [...] share [...] an overarching, even a sublime, *awareness* of mutability, an understanding of the ways in which history itself, and certainly narratives of history, are not stable, do not constitute a rock onto which we might cling – indeed, as Gothic has always sought to demonstrate to us, there are no such rocks, there is no sure foundation. There is, to paraphrase Slavoj Žižek, only distortion – slips of the tongue, tricks of the eye, which ensure that what we see is always haunted by something else, by that which has not quite been seen, in history or in text – just as Gothic itself, we might say, consists of a series of texts which are always dependent on other texts, texts which they are not, texts which

---

48 Fred Botting, 'In Gothic Darkly: Heterotopia, History, Culture', in Punter, *A New Companion to the Gothic*, pp. 13–24 (p. 14). Si veda anche Jerrold E. Hogle, 'The Ghost of the Counterfeit in the Genesis of the Gothic', in *Gothick Origins and Innovations*, a cura di Allan Lloyd Smith e Victor Sage (Amsterdam: Rodopi, 1994), pp. 23–33.

are ceaselessly invoked while no less ceaselessly misread, models of *méconnaissance* in the form of lost manuscripts, of misheard messages in cyberspace, in the attempt to validate that which cannot be validated, the self-sufficiency, the autonomy of a textuality that is already ruined beyond repair.[49]

[Il gotico e gran parte della critica contemporanea [...] condividono [...] una generale e quasi sublime *consapevolezza* del mutevole, e una coscienza dei modi in cui la storia, e di certo le narrazioni storiche, non sono qualcosa di stabile, non sono una roccia su cui possiamo arrampicarci – e in realtà, ciò che il gotico ha sempre cercato di dimostrare è che non esistono rocce del genere, non esistono fondamenta sicure. Per parafrasare Slavoj Žižek, c'è solo la distorsione – il *lapsus* o il tic alla palpebra che ci garantiscono come ciò che vediamo sia sempre posseduto da qualcos'altro, da ciò che quasi non si vede, sia nella storia che nei testi – proprio come il gotico, si può dire, è fatto da una serie di testi che dipendono da altri testi, testi che essi non sono, testi che non si smette di invocare ma nemmeno si smette di leggere in modo improprio, modelli di *méconnaissance* che prendono la forma di manoscritti perduti o di messaggi nel cyberspazio, fraintesi nel tentativo di prendere atto di ciò di cui non si può prendere atto, l'autosufficienza e l'autonomia di testualità già irreparabilmente corrotta.]

Difficile non riconoscere, in questi testi che dipendono da altri testi volontariamente o involontariamente fraintesi, l'operazione tentata da Zapponi in *Gobal* e poi, assieme a Fellini, in *Toby Dammit*. In 'C'è una voce nella mia vita...' la poesia di Pascoli, trattenuta dalla memoria in modo incompleto, si sovrappone al 'messaggi[o] dal cyberspazio' che arriva dalla cornetta del telefono rotta. Nella sceneggiatura di *Toby Dammit* è il libro dei *Racconti* di Poe a rivelare, nell'ultima scena (poi girata da Fellini in modo diverso), la profonda testualità del film, pellicola 'd'autore' che discende, tuttavia, dalla stampa *pulp* di massa che Poe aveva contribuito a inventare:

La Ferrari è ferma poco lontano, di sbieco. Riverso all'indietro, c'è il corpo di Toby Dammit, decapitato. Il cavo di acciaio gli ha troncato netta la testa. Questo fotogramma, immobile, si trasforma lentamente in disegno: una di quelle figure popolari, a piccoli tratti di penna; è l'illustrazione di un libro, che si richiude. Sulla copertina del libro, c'è il ritratto di Edgar A. Poe.[50]

49   Punter, 'Introduction: The Ghost of a History', in *A New Companion to the Gothic*, pp. 1–9 (p. 3).
50   Betti, Volta e Zapponi, *Tre passi nel delirio*, p. 96. Tale scelta rimarrà però sulla carta.

Il gotico cinematografico italiano, del resto, era stato fin dagli esordi un genere segnato da una profonda instabilità autoriale: pseudonimi angloamericani, titoli ingannevoli e inesistenti fonti letterarie con cui un genere percepito come forestiero e destabilizzante aveva trovato la propria via nella cultura della penisola. In questo gioco di maschere, *pastiche* e identità fasulle, Poe – autore già abbastanza noto grazie alla mediazione francese – aveva giocato un ruolo centrale: non tanto il Poe storico, e nemmeno i suoi testi, ma un Poe, come ha scritto Jeffrey Andrew Weinstock, che era finito per essere *testualizzato* egli stesso, e trasformato (negli anni in cui Roland Barthes teorizzava la morte dell'autore) in un autore *non-morto*, capace cioè di parlare e di produrre senso oltre la tomba.[51] In *Danza macabra* di Antonio Margheriti, del 1964, Poe – accreditato come soggettista e presente come personaggio – è, scrive Weinstock, una *funzione*: fintamente tratto da un racconto di Poe, con l'intento di caricare la pellicola con quel *surplus* di autenticità che il suo nome e la sua notorietà possono garantire, il film annovera tra i personaggi lo scrittore in persona; la sua presenza, tuttavia, è già – in sé – una citazione, e Poe, nota Weinstock, finisce per essere 'Poe', un segno che mira a riattivare nello spettatore una generica memoria intertestuale di goticità.[52]

In modo non troppo dissimile, la produzione di *Tre passi nel delirio* aveva già provveduto a enfatizzare discretamente il ruolo di Poe come elemento connettivo fra i tre episodi e garanzia di una memoria culturale specifica: la quarta di copertina del volume Cappelli incorniciava in altrettanti 'ritratti ovali' le foto di Poe, Fellini, Malle e Vadim, come a suggerire uno spettrale dialogo fra l'immaginazione di uno scrittore defunto e le capacità visionarie dei tre registi viventi. È pero interessante notare come la 'testualizzazione' di Poe assuma una vera e propria funzione strutturale proprio all'interno di *Toby Dammit*. Fellini dà precise istruzioni a che Terence Stamp venga truccato come Poe, una somiglianza che si accentua sempre di più durante la sfrenata corsa di Toby in automobile; come indicazione a costumisti e truccatori, Fellini schizza una caricatura dell'autore

---

51   Jeffrey Andrew Weinstock, 'Edgar Allan Poe and the Undeath of the Author', in Perry e Sederholm, *Adapting Poe*, pp. 13–29.

52   Ibid. pp. 14–17.

americano scopertamente iconica, in cui le sopracciglia sono abbassate in modo innaturale – a suggerire mestizia e malinconia – e gli occhi sono cerchiati da vistose borse (la stessa caratterizzazione si trova nel disegno preparatorio realizzato da Fellini per l'inquadratura di Toby in macchina con l'interprete e il sacerdote). Ugualmente, l'alcolismo di Toby Dammit rimanda in modo esplicito al *delirium tremens* di Poe, così come è possibile leggere nella morte dell'attore inglese – di cui si perdono letteralmente le tracce, e il cui corpo senza testa verrà con ogni probabilità ritrovato sul far del giorno – un criptico accenno alle ultime ore di Poe, sulle quali non è mai stata fatta definitivamente luce. La somiglianza fra Stamp e Poe viene infine accentuata dai titoli di coda, che seguono immediatamente la conclusione dell'episodio, in cui è precisamente una stampa raffigurante Poe a campeggiare sullo sfondo. La sceneggiatura, come si è detto, era stata tuttavia più esplicita, proponendo nella chiusa un Poe definitivamente ridotto a icona, sublimato nella fisicità del libro dei *Racconti*: tale conclusione, poi abortita, rendeva così il corpus testuale di Poe un testo perturbante e profetico, capace di contenere l'anacronistica immagine di un uomo decapitato da un cavo d'acciaio durante una corsa in Ferrari in pieni anni Sessanta. Nella sceneggiatura di Fellini e Zapponi, il destino di Toby Dammit è in qualche modo già scritto – come quello del protagonista di *Danza macabra*, dal quale (si può immaginare) Poe trarrà una delle sue storie, che è poi quella, inesistente, da cui sarebbe tratto il film che lo spettatore ha appena visto. Un gioco simile, benché più rarefatto, viene messo in scena in *Toby Dammit*: tratta da un racconto di Poe, la pellicola di Fellini mette in scena un 'doppio' dello stesso Poe che incontra una fine che Poe ha raccontato. In entrambi i casi, chi è centrale non è Poe, ma 'Poe'.

Ma c'è di più. Toby – come la Nora Davis de *La ragazza che sapeva troppo*, e come accadrà poi ai protagonisti di Argento o al professor Forster de *Il Segno del comando* – è un forestiero che giunge in Italia: e che, suo malgrado, incontra in Italia un orrore ben più reale di quanto avrebbe potuto immaginare. Toby – il cui viaggio romano, ha scritto D. A. Miller, riprende tappa per tappa quello di Sylvia ne *La dolce vita*, portando però la sequenza fra arrivo all'aeroporto, trasferimento a Roma, intervista e nightclub a una routine che sconfina nel parossismo[53] – è in tutto e per tutto un'icona dell'alterità, che corrisponde a una specifica idea di *britishness*. Abbigliato e truccato come Edgar Allan Poe, Toby fa da significante a un'idea romantico-byroniana dell'artista,[54] non senza le sfumature demoniache che tale stereotipo portava sin dagli esordi con sé. La stessa scelta di Terence Stamp per il ruolo si rivela funzionale al modello: nello stesso anno, del resto, Stamp interpreta il misterioso 'ospite' nel *Teorema* di Pier Paolo Pasolini, figura aliena – e a tratti diabolica[55] – che porta scompiglio e dissoluzione in una famiglia dell'alta borghesia lombarda. Al tempo stesso, perennemente ubriaco, *dandy*, imprevedibile, Toby si rivela una caricatura portata alle estreme conseguenze delle *rockstar* e degli attori britannici dell'epoca, come Mick Jagger, Richard Burton, Oliver Reed e Peter O'Toole – oltre che, aggiunge Miller, dello stesso Stamp. Così, Toby Dammit finisce per incarnare – allo stesso modo della Sylvia de *La dolce vita* – una presenza 'altra' nella capitale, che consente di trasfigurare Roma con occhio straniato e interrogare il suo rapporto ambiguo con quella modernità forestiera che Toby incarna. In effetti, come abbiamo visto, la Roma in cui Toby giunge è quella della modernità pop degli anni Sessanta, che guarda a Londra con acritica esterofilia: e tutto quello che Toby vede e incontra – le modelle, i giovani *beat*, l'ambiente della mondanità cinematografica – può essere visto come una versione enfiata, grottesca e distorta della Londra di metà anni Sessanta, un paese alla disperata ricerca del moderno, pronto a onorare

53   D. A. Miller, 'Toby Dammit', *Film Quarterly*, 64, 3 (2011), 12–17.

54   Steven Kovács, 'Fellini's "Toby Dammit": A Study of Characteristic Themes and Techniques', *Journal of Aesthetics and Art Criticism*, 31, 2 (1972), 255–61.

55   'Ho adattato il mio personaggio alla persona fisica e psicologica dell'attore. In origine, avrei voluto fare di questo visitatore un dio della fecondità, il dio tipico della religione pre-industriale, il dio solare, il dio biblico, Dio Padre. Naturalmente, messo di fronte alla situazione reale, ho dovuto abbandonare l'idea di partenza, e ho fatto di Terence Stamp un'apparizione genericamente ultraterrena e metafisica: potrebbe essere il Diavolo, una mescolanza di Dio e Diavolo. Quello che importa è tuttavia il fatto che risulta qualcosa di autentico e inarrestabile'. Si tratta di un estratto di un'intervista rilasciata a Jon Halliday per la BBC, ora in Pier Paolo Pasolini, *Saggi sulla politica e sulla società*, a cura di Walter Siti e Silvia De Laude (Milano: Mondadori, 1999), pp. 1392–93.

chiunque per il solo fatto di essere straniero. Di questa disperata ricerca di esoticità è paradigmatico il 'Western cattolico' che Toby è venuto a girare, sponsorizzato dalla Chiesa. Parodia degli *spaghetti western*, il film che Toby dovrebbe interpretare – nella sua improbabilità – incarna in modo estremo e paradossale la natura intrinsecamente mostruosa di ogni ibrido fra generi assolutamente 'stranieri' (come il western, ma anche l'horror-gotico) e l'italianità. Così, implicitamente, *Toby Dammit* incorpora e discute il paradosso stesso del rielaborare, in Italia, un immaginario forestiero. Lo straniamento sperimentato da Toby, in una Roma pop e industriale, mima e riflette lo straniamento a cui generi come il western – ma anche l'horror e il noir – sono divenuti soggetti una volta trapiantati in Italia.

E tuttavia, ritengo, tale operazione va presa più sul serio di quanto normalmente non si faccia: soprattutto, più di quanto Fellini e Zapponi non suggeriscano. Toby Dammit – scrive Miller – è venuto a Roma per interpretare il primo Western cattolico: non c'è da stupirsi, allora – aggiunge, con un punto esclamativo – che abbia chiesto in cambio una Ferrari. Simili categorizzazioni – che menzionano e subito dismettono il 'Western cattolico' come estrema e paradossale *boutade*, incoraggiati anche dall'aspetto caricaturale del sacerdote che ne enuncia la ragion d'essere (Salvo Randone) – non fanno tuttavia che reiterare acriticamente la narrazione costruita da Fellini e Zapponi: la contaminazione, cioè, fra benessere e onnipresenza del cattolicesimo come un grottesco ibrido, che condanna la cultura italiana a rimanere perennemente confinata in uno spazio premoderno. Dimenticando come l'Italia di *Toby Dammit* sia anzitutto la visione – distorta e allucinata dall'alcool, e forse dalla droga – dello stesso Toby, la cui inglesità è, come abbiamo visto, ribadita per l'intera pellicola, e confermata proprio da Toby (eloquentemente, parlando del diavolo) nel corso dell'intervista che rilascia alla televisione italiana:

> Intervistatore: *Crede in Dio?*
> Dammit riceve come uno scossone; un colpo inaspettato; per un attimo tace, poi risponde dolcemente.
> Dammit: *No.*
> L'altro intervistatore riprende, maligno
> Intervistatore: *E nel diavolo?*
> Dammit sorride, come se gli si parlasse di un caro, affettuoso amico.

Dammit: *Sì.*
[...] Gracchia, la voce dell'intervistatore, ironica:
Intervistatore: *Interessante. E com'è il diavolo? L'ha visto, il diavolo?*
Dammit annuisce, un po' assordato.
Dammit: *Sì... l'ho visto.*
La voce dell'intervistatore è sempre più gracchiante e satanica: sembra proprio una voce da diavolo.
Intervistatore: *E com'è, com'è? È un caprone? È un pipistrello, un gatto nero?*
La ragazza seduta non può trattenere un riso, ma si vergogna di ridere, e si copre la bocca con la manina.
Dammit: *No... Io sono inglese... non cattolico. Il diavolo è grazioso, agile... Sembra una bambina!*
Dammit è assorto e pensieroso. Quasi triste. Sembra oppresso da un presentimento, mormora:
...Una bambina bionda...
E la bambina appare di nuovo sempre agile, sfuggente, diabolica... Ma solo Dammit la vede.[56]

In *Danza macabra* di Margheriti, Poe aveva dichiarato – di fronte all'incredulità del giornalista Alan Foster (Georges Rivière) – che ogni suo racconto si basava sulla realtà: Foster avrebbe scoperto a proprie spese quanto l'affermazione corrispondesse a verità. Ugualmente, in *Toby Dammit* il problema di cosa sia 'reale' è presente a più livelli: la realtà di quanto Toby percepisce, annebbiato com'è dall'alcool o dalla droga – anche *La ragazza che sapeva troppo* di Bava si chiudeva col dubbio se l'intera vicenda non fosse altro che una fantasticheria propiziata dalla marijuana – ma la realtà, soprattutto, del soprannaturale, della bambina demoniaca che solo Dammit vede. Rileggiamo in quest'ottica le parole del sacerdote. Il 'Western cattolico', egli dichiara, dovrà rappresentare

> il ritorno del Cristo in una desolata terra di frontiera. Che è poi la vivente realtà dei desideri di ogni uomo: che Cristo torni a manifestarsi – lui, ossia la pace dell'anima – come una presenza concreta e tangibile... Vivo, Cristo, lo è già, in noi; ma presentarlo così, nella sua ovvia quotidianità [sic]... Ah certo, può sembrare una operazione disperata; blasfema persino [...].[57]

56   Betti, Volta e Zapponi, *Tre passi nel delirio*, pp. 84–85.
57   Ibid. p. 75.

'Disperata' e 'blasfema' – aggiungeremo – come una trasposizione letterale di Edgar Allan Poe, al confronto di una presenza 'viva' – e tanto più tale quanto dissimulata – dell'autore di Baltimora: Fellini e Zapponi, in altre parole, inquadrano il problema del cinema di genere come un conflitto fra lettera e spirito, una dicotomia che ha origine nella *Lettera ai romani* di San Paolo – la distinzione fra coloro che sono 'ebrei secondo la carne', cioè esternamente, ed 'ebrei secondo il soffio', quelli, cioè, che credono nel Gesù Messia[58] – e che si era poi trovata ad essere alla radice del dissidio fra protestanti e cattolici nell'interpretazione della Bibbia. Una risposta 'protestante', quella di Fellini e Zapponi, che di Poe salvano lo 'spirito' in opposizione a a una lettura filologicamente corretta, ma senz'anima: e che finisce, tuttavia, per reiterare il problema – assolutamente cattolico – della realtà effettiva del male. Nel momento in cui il sacerdote cattolico dispiega davanti agli occhi di un attonito Toby Dammit la concretezza della concezione ecclesiastica dell'eucarestia – l'esistenza corporale, 'concreta e tangibile', del Cristo Salvatore – egli finisce per confermare, indirettamente, l'esistenza altrettanto concreta del diavolo. È alla luce di questa conversazione che vanno interpretate le risposte di Dammit all'intervistatore: una relazione completamente cattolica fra credere e vedere, che fa dell'epifania il fondamento della legittimità del soprannaturale. I protagonisti di Bava e poi di Argento, come il professor Forster de *Il Segno del comando*, scoprivano in Italia l'esistenza reale di qualcosa di cui avevano letto solo nei romanzi. Il protestante Toby Dammit – proveniente, cioè, da un contesto culturale che ha dismesso la visibilità come canale conoscitivo del sacro – scopre in Italia la presenza 'concreta e tangibile' non tanto di Cristo, ma del male: l'esistenza, cioè, di Satana nella sua dimensione *fisica*.

---

58   Adotto qui la distinzione fatta da Giorgio Agamben, *Il tempo che resta. Un commento alla 'Lettera ai romani'* (Torino: Bollati Boringhieri, 2000), pp. 50–55.

The nature of my game

Tre passi nel delirio esce nelle sale italiane il 12 settembre del 1968. Momento politico denso, in Italia e non solo, in mezzo al quale un problema squisitamente teologico come l'esistenza concreta del diavolo dovrebbe essere, alla fine, una questione tutto sommato marginale. Anche la Chiesa sta attraversando un rinnovamento complesso e radicale: da tre anni si è chiuso il Concilio Vaticano II, e immagini folcloristiche come quella del diavolo – caprone cornuto o bambina bionda che sia – dovrebbero essere state accantonate da un pezzo. Ma è davvero così?

La Chiesa darà la sua risposta quattro anni dopo, con una celebre dichiarazione rilasciata da Paolo VI in udienza generale, il 15 novembre del 1972. Se la teologia post-conciliare si era in larga parte indirizzata verso una definizione del diavolo come immagine puramente metaforica – è il caso del teologo svizzero Herbert Haag, docente a Tubinga, che nel 1969 pubblica il volume *La liquidazione del diavolo* –, il pontefice, discutendo 'i bisogni maggiori della Chiesa', dichiara senza mezzi termini l'imprescindibilità della lotta a Satana, visto come 'essere vivo, spirituale, pervertito e pervertitore':

> Quali sono oggi i bisogni maggiori della Chiesa? Non vi stupisca come semplicista, o addirittura come superstiziosa e irreale la nostra risposta: uno dei bisogni maggiori è la difesa da quel male, che chiamiamo il Demonio. [...] non siamo noi, proprio noi cultori del Verbo i cantori del Bene, noi credenti, i più sensibili, i più turbati dall'osservazione e dall'esperienza del male? Lo troviamo nel regno della natura, dove tante sue manifestazioni sembrano a noi denunciare un disordine. Poi lo troviamo nell'ambito umano, dove incontriamo la debolezza, la fragilità, il dolore, la morte, e qualche cosa di peggio; una duplice legge contrastante, una che vorrebbe il bene, l'altra invece rivolta al male [...] Troviamo il peccato, perversione della libertà umana, e causa profonda della morte, perché distacco da Dio fonte della vita (*Rom.* 5, 12), e poi, a sua volta, occasione ed effetto d'un intervento in noi e nel nostro mondo d'un agente oscuro e nemico, il Demonio. Il male non è più soltanto una deficienza, ma un'efficienza, un essere vivo, spirituale, pervertito e pervertitore. Terribile realtà. Misteriosa e paurosa. Esce dal quadro dell'insegnamento biblico ed ecclesiastico chi si rifiuta di riconoscerla esistente; ovvero chi ne fa un principio a sé stante, non avente essa pure, come ogni creatura, origine da Dio; oppure la spiega come una pseudo-realtà, una personificazione concettuale e fantastica delle cause ignote dei nostri malanni. Il problema del male, visto nella sua complessità, e nella sua assurdità

rispetto alla nostra unilaterale razionalità, diventa ossessionante. Esso costituisce la più forte difficoltà per la nostra intelligenza religiosa del cosmo.[59]

Non si tratta solo di una questione dottrinaria. Da un sondaggio del 1981 condotto in dieci paesi, fra cui l'Italia,[60] risulta come, fra la fine degli anni Settanta e l'inizio degli anni Ottanta, credesse nel diavolo il 25 per cento degli europei, percentuale che arrivava al 37 per cento contando gli incerti;[61] in Italia si dichiarava credente o incerto il 45 per cento degli intervistati, e non si trattava nemmeno della percentuale più alta (la Gran Bretagna si assestava al 45 per cento e l'Irlanda del Nord – considerata a parte – addirittura al 66 per cento).[62] Sette anni dopo un sondaggio solo italiano, relativo alle credenze religiose, rivelava un dato ben più interessante. La vasta maggioranza degli intervistati (l'84 per cento) rivelava di credere in Dio, anche se la percentuali dei praticanti era decisamente più bassa (il 53,8 per cento) e più bassa ancora quella di chi si dichiarava credente o incerto riguardo all'esistenza del diavolo (intorno al 46 per cento):[63] ma la credenza in Dio, notava Ezio Marra, presenta *'una varianza relativamente limitata* in funzione delle caratteristiche sociali degli individui' ed è invece caratterizzata da alta 'variabilità semantica', sussumendo diverse idee di Dio, a volte decisamente anti-confessionali; 'viceversa, *nel caso del Diavolo*, la variabilità semantica è abbastanza limitata' – il Diavolo, in altre parole, era per quasi tutti solo ed esclusivamente quello cattolico – 'ma *la varianza* della credenza [...] è *molto elevata* ed è funzione delle caratteristiche sociali delle persone'. La credenza nel diavolo spaccava dunque il campione in senso sociale: 'la paura del Diavolo al punto di non volerne parlare' – e quindi rifiutare di continuare l'intervista – riguardava

---

59   Paolo VI, udienza generale del 15 novembre 1972 <http://w2.vatican.va/content/paul-vi/it/audiences/1972/documents/hf_p-vi_aud_19721115.html> [ultimo accesso 19 dicembre 2017].

60   Gli altri erano Belgio, Danimarca, Francia, Germania Ovest, Gran Bretagna, Irlanda, Olanda e Spagna.

61   Ezio Marra, 'Diavol-mente. Un sondaggio su alcune credenze degli italiani alla fine degli anni Ottanta', in *Diavolo, diavoli. Torino e altrove*, a cura di Filippo Barbano (Milano: Bompiani, 1988), pp. 15–49 (p. 25).

62   Ibid. p. 26.

63   Ibid. p. 28 e pp. 41–49 per le tabelle relative.

'più le donne che non gli uomini, più gli anziani che non i giovani, più le casalinghe che non altre categorie professionali o non professionali, più le persone con basso titolo di studio che non gli altri'.[64] Coloro disposti a parlarne, però, rivelavano sorprese. Alla domanda specifica 'Il Diavolo Le fa paura?', i laureati avevano risposto affermativamente più dei diplomati, e gli abitanti delle città più di quelli dei piccoli centri.[65]

Per quanto sorprendente possa suonare, la credenza – e la paura – nel diavolo non erano in contrasto con l'urbanizzazione e il livello di alfabetizzazione: un processo già fotografato da Alfonso M. Di Nola nei primi anni Settanta, quando – conducendo assieme al Collettivo studentesco del Magistero di Arezzo una *Inchiesta sul Diavolo* – parlava di una 'nuova mitologia' satanica diffusa prevalentemente presso i 'ceti e [le] classi borghesi del paese, perché soltanto presso di essi si è verificata una crescita statisticamente notevole dell'interesse demonologico ed è stata accompagnata da sperimentazioni dirette (diffusione di messe nere, utilizzazione degli interventi stregonici, curiosità elitaria per l'occulto)'.[66] L'editoria aveva intercettato questo interesse, rendendo disponibili grimori e manuali di occultismo in pubblicazioni più o meno curate, battendo il filone dell'esorcismo cattolico (pionieristico, in questo senso, *Gli indemoniati* di Corrado Balducci, esorcista dell'Arcidiocesi di Roma, uscito già nel 1959 e aperto a un dialogo franco con la psichiatria)[67] o realizzando elegantissime operazioni editoriali, come l'antologia *Incontri con Satana* curata da Bruno Tasso per Sugar (1961) o *Il Diavolo* di Decio Canzio (1969), a cui aveva collaborato, fra gli altri, Ornella Volta e che era arricchito da illustrazioni originali di Dino Battaglia.[68] È il fenomeno, che abbiamo già avuto modo di definire,

64   Ibid. p. 29.
65   Ibid. pp. 29–30.
66   Di Nola, *Inchiesta sul Diavolo*, pp. 11–12.
67   Corrado Balducci, *La possessione diabolica* (Roma: Edizioni Mediterranee, 1976), uscito in piena voga 'esorcistica', proseguirà in questo approccio anti-superstizioso, dialogando sia con la psichiatria che con la parapsicologia 'scientifica' (la prefazione, alle pp. 5–9, è di Emilio Servadio).
68   L'antologia di Tasso (*Incontri con Satana. Antologia di racconti demoniaci* (Milano: Sugar, 1961)) raccoglie quasi solo racconti stranieri – di Charles Dickens, Robert Louis Stevenson e Lord Dunsany, fra gli altri – ma si chiude con 'Ferrovia sopraelevata'

dell'*Urban Wyrd*: un occultismo salottiero, asistematico e modaiolo, completamente slegato dal folclore delle classi subalterne che si affaccia ripetutamente nel cinema dell'epoca, dal documentario *Angeli bianchi... angeli neri* di Luigi Scattini (1970) alle atmosfere *art déco* de *Il profumo della signora in nero* di Francesco Barilli (1974). Ed è possibile, come abbiamo visto, leggere in questa chiave anche lo stesso *Teorema* di Pasolini: la seduzione che su una cerchia borghese esercita l'alterità portata da un misterioso 'straniero', che finisce per causare, specie su soggetti di sesso femminile, fenomeni – come la catatonia o la levitazione – tradizionalmente associati alla sfera della possessione demoniaca.

La connessione fra satanismo e liberazione sessuale, e più in generale il sovvertimento dei valori tradizionali, è del resto esplicita nelle fonti dell'epoca, il più delle volte in toni di condanna nei confronti dei movimenti giovanili e della controcultura. È sintomatico, ad esempio, che il cronista del *Corriere della Sera* Alfonso Madeo, nel descrivere le reazioni degli adolescenti milanesi di fronte ai Beatles – in concerto al Vigorelli nel 1965 –, adoperi immagini che rimandano alla sfera del tarantismo e della possessione:

> Tre ragazzine fanno a pezzi una fotografia dei ragazzi di Liverpool, ne ingoiano i frammenti. Una, lassù, è colpita dalla tarantola. Si grida, si balla e si grida. L'eccitazione

---

di Dino Buzzati, organizzato come una *pièce* teatrale e già uscito per la collana 'L'Alzabecco' della Luciano Ferriani Editore nel dicembre 1960. Le illustrazioni sono quelle di Louis Le Breton per la sesta edizione del *Dictionnaire infernal* di Collin de Plancy, uscita nel 1862, largamente utilizzate in varie pubblicazioni di carattere occulto (e nei titoli di coda de *Il Segno del comando*) per tutto il decennio. Il libro di Canzio (*Il Diavolo. Incarnazione, metamorfosi, storia, quando appare, dove cercarlo* (Milano: Editoriale Milanese, 1969)) è un lussuosissimo volume che matura, in larga parte, negli ambienti del fumetto milanese, e specificamente della rivista *Horror* (alla quale collaboravano sia Volta che Battaglia). Due anni dopo Canzio verrà chiamato da Sergio Bonelli a lavorare nella sua casa editrice, dove svolgerà in larga parte il ruolo di editor, scrivendo comunque sceneggiature – fra gli altri – per *Zagor* e *Tex*. Pur se mai più ristampato da allora, *Il Diavolo* di Canzio – 'ormai mitico quasi quanto il "Necronomicon"' – fornirà temi e immagini al secondo volumetto dell'*Enciclopedia della Paura* di *Dylan Dog*, uscito nell'estate del 1988 (Ferruccio Alessandri (a cura di), *L'Enciclopedia della Paura: Il Diavolo dall'A alla Zeta* (Milano: Sergio Bonelli Editore, 1988), p. 1).

sale e diventa follia collettiva: ammaccatura, *bailamme*, stordimento, convulsioni. Un gruppo di giovani si strappa la camicia di dosso. Una biondina si rotola su se stessa. Tutti scuotono la testa, agitano fazzoletti, battono le mani. [...] Una, in maglietta nera, è stata portata via perché in preda a crisi isterica.[69]

Alfonso Di Nola ricorda di 'un giovane' che 'a San Lorenzo, il quartiere operaio di Roma, [...] diceva, con forte voce che spaccava gli immoti silenzi dei falansteri costruiti dal fascismo che, se esiste un futuro extramondano, avrebbe preferito l'inferno, non il paradiso'.[70] Rispetto all'insensato, congelato tempo di luce e visione' quel giovane, scrive Di Nola, anteponeva 'il caos di un immaginifico mondo di personaggi che possono parteciparti le proprie vitali esperienze, dalla rapina alla violenza e allo stupro'. In un *instant book* prontamente tradotto in Italia e dedicato agli omicidi della *Family* di Charles Manson, l'occultista francese Georges Demaix non esita a mettere in un unico calderone il satanismo e gli *hippy*, il consumo di stupefacenti e le sperimentazioni sessuali, il rock psichedelico e la cultura radicale fatta di 'internazionalismo' e 'soppressione delle barriere razziali': a suo avviso, evidentemente, anticamere degli omicidi di gruppo come quelli commessi dalla *Family*.[71] Scattini monta assieme immagini di messe nere – come quelle dell'esoterista statunitense Anton LaVey – con quelle di gruppi di *hippy* californiani, dediti al consumo massiccio di marijuana e di LSD e convinti di ricevere comunicazioni dagli alieni.

Va anche detto che l'immaginario del rock di fine anni Sessanta flirta volentieri, benché in modo complessivamente superficiale, con il satanismo: i Beatles includono lo stregone inglese Aleister Crowley fra i personaggi della copertina di *Sgt Pepper's Lonely Hearts Club Band*, e i Rolling Stones – oltre a intitolare un loro album *Their Satanic Majesties Request* – dedicano a Satana la canzone *Sympathy for the Devil* (1968), ispirata a *Il Maestro e Margherita* di Bulgakov e la cui genesi viene documentata

69   L'articolo apparve sulle pagine del *Corriere della Sera* il 24 giugno 1965, cit. in Franco
      Brizi e Maurizio Becker, *The Beatles in Italy. Come li raccontava la stampa dell'epoca*
      (Roma: Arcana, 2012), p. 14.

70   Di Nola, *Inchiesta sul Diavolo*, p. 11.

71   Georges J. Demaix, *Gli schiavi del diavolo*, trad. di Marinella Venegoni (Torino:
      Dellavalle, 1971), p. 28.

nel documentario *I Rolling Stones secondo Godard* (*One Plus One*, 1968).
Godard gira il suo film in contemporanea ai fatti del Maggio francese; la
prima avviene in autunno, poco dopo *Tre passi nel delirio*, ma le connessioni – sullo sfondo di un anno-chiave come il 1968 – sono più ampie e
ramificate. Anne Wiazemsky recita sia nel documentario di Godard che
in *Teorema*, e Terence Stamp è protagonista sia del film di Fellini che di
quello di Pasolini. Ne *I Rolling Stones secondo Godard* si vede Brian Jones
aggirarsi ai margini dello studio di registrazione, sempre più in rotta con
la band e sconvolto dalle droghe e dall'alcool come Toby Dammit (anche
lui morirà presto, appena l'anno dopo). In tutto il mondo occidentale, la
generazione che solo pochi anni prima pareva accontentarsi di ingenue
canzonette *yé-yé* sta gridando cose oltremodo sconvenienti, come se fosse
posseduta (la casa de *L'esorcista* di William Peter Blatty, del 1971, dà, e
non per caso, sul campus di Georgetown, dove un'attrice sta recitando
in un musical sulla contestazione studentesca). Nell'estate del 1970 Luigi
Cozzi intervista Keith Richards, presentandolo (immaginiamo con quanta
gioia di Mick Jagger) come 'il leader del complesso più temuto, disprezzato, malfamato e maledetto del mondo, The Rolling Stones': Richards,
descritto da Cozzi secondo stilemi ormai consolidati per i giovani inglesi
'arrabbiati' dell'epoca – 'alto e magro', 'non sorride mai' e 'con gli occhi pare
inseguire lontane nebulose di sogno' –, definisce *Sympathy for the Devil*
una 'canzone voodoo', mentre citazioni da *Midnight Rambler* e *Honky
Tonk Women* cementano, per i lettori di *Horror*, l'immagine satanica della
band.[72] Forse, alla luce di tutto questo, l'idea di rifare 'Non scommettete la
testa col diavolo' suona meno *felliniana* – e dunque inattuale e *impolitica*,
se l'aggettivo viene inteso, come di norma si fa, quale 'sinonimo di sogno,
libertà creativa, invenzione visiva, poesia'[73] – di quanto si possa pensare.

Fellini, ci riferisce Liliana Betti, si era chiesto a lungo chi dovesse essere
il diavolo. '[P]otrebbe essere il benzinaro che sonnecchia nel cubo di vetro

---

72   Luigi Cozzi, 'Il vagabondo di mezzanotte. Intervista con Keith Richard [sic]', *Horror*,
      9 (settembre 1970), 31–32 (p. 31).
73   Andrea Minuz, *Viaggio al termine dell'Italia. Fellini politico* (Soveria Mannelli:
      Rubbettino, 2012), edizione Kobo. Minuz, tuttavia, non considera *Toby Dammit*
      nella sua 'lettura "politica"' di Fellini.

di una vicina stazione di servizio. O un tramviere che cammina spedito sul ponte con l'involtino della colazione sotto il braccio'.[74] Ma queste idee appartengono ancora al momento in cui Fellini pensa al film come a 'un raccontino rigoroso, pulito, percorso da una specie di trasalimento metafisico': questo diavolo è ancora troppo filologicamente corretto, troppo vicino all'originale di Poe – in cui il diavolo è un vecchietto – e al tempo stesso non alieno a una caratteristica peculiare del diavolo nel folclore italiano, quella 'sottile vena di comicità' di cui parla l'etnologo Giuseppe Cocchiara, in un volume del 1945 sicuramente noto almeno a Zapponi, e intitolato *Il diavolo nella tradizione popolare italiana*.[75] La versione finale testimonia invece di una riflessione più profonda e articolata, e che testimonia di un'acuta percezione delle fonti. 'Non scommettete la testa col diavolo' è, infatti, un racconto *morale:*[76] una sua resa visiva non potrà dunque appoggiarsi troppo né alle grossolanità del folclore – col suo diavolo, scrive Angelini nella prefazione al volume di Cocchiara, 'elementarmente corposo e carnale', che 'si fa sempre riconoscere per il nero colore, lo spesso vello, il fetore sulfureo e le immancabili corna' – né alle vette metafisiche della 'demonologia ufficiale, [...] drago dalle mille teste che in mille modi può ferire o annientare'.[77] Il diavolo di Toby Dammit dovrà dunque appartenere dunque a quella

> zona intermedia [...], in cui il diavolo non ha la prima né la seconda forma e *nemmeno ha una precisa forma*: sono i racconti *di tipo misto* (*popolari*, ma *rinarrati da artisti*; *didascalici e moraleggianti*, ma riservati ai fanciulli o alle famiglie; ecc.), che non ardiscono parlare del diavolo in quanto tale, avvolgendo la sua troppo ingombrante figura in *una nebbia di sinistre associazioni*, in una specie di quarta dimensione. [...] Il diavolo, in questi racconti [...], non si presente come un essere soprannaturale o una creatura delle viscere della terra, ma si fa *sentire*: può essere dietro le fattezze di un'algida dama, come nello sguardo di un cavaliere venuto dal nulla; basta che l'aria

74   Betti, Volta e Zapponi, *Tre passi nel delirio*, p. 50.
75   Cito dall'edizione più recente, Giuseppe Cocchiara, *Il diavolo nella tradizione popolare italiana*, a cura di Pietro Angelini (Roma: Editori Riuniti, 2004), p. 104.
76   Il sottotitolo – nella versione del racconto inclusa in Betti, Volta e Zapponi, *Tre passi nel delirio*, pp. 61–69 – è 'Racconto con morale' (p. 61).
77   Pietro Angelini, 'Introduzione', in Cocchiara, *Il diavolo nella tradizione popolare italiana*, pp. 7–17 (p. 15).

si fermi, che faccia improvvisamente buio o regni uno strano silenzio, ed eccolo, impalpabile, nel brivido che ci sfiora. È da questa rarefatta atmosfera che nasce, come un enorme fungo velenoso, [...] l'antireligione, la credenza nel diavolo che è in noi.[78]

Nel volume di Cocchiara, questa 'zona intermedia' si palesa soprattutto nei racconti di patti col diavolo, apologhi morali in cui all'evocazione del diavolo segue subito la sua manifestazione indiretta, in figure forestiere e aliene nelle quali traluce un brivido di alterità: un esempio è il *Fatto di un giuocatore e miracolo di Maria Santissima* di Luigi Bisconti', in cui 'il giuocatore esclama che venderebbe l'anima al diavolo e subito dopo [...] gli appare un forestiero'.[79] In tali racconti, non ci si sofferma 'sui particolari che accompagnano l'evocazione': il più delle volte, basta pronunciare il nome del diavolo per garantirne l'apparizione, cosicché presso molte regioni italiane vi si può alludere solo per via di eufemismo.[80]

Storia di patti con Satana, 'Non scommettete la testa col diavolo' torceva questa ambiguità sottile degli apologhi popolari, riformulandola in modo grottesco; *Toby Dammit* le ridona lo straniamento primigenio e consustanziale al modello, mostrandoci un protagonista che – nominando il diavolo – lo evoca e in qualche modo desidera, recuperando la crudezza fatalistica dei racconti moraleggianti d'altri tempi. Ovviamente è l'immagine della bambina a incarnare in sommo grado tale straniamento. Nella sceneggiatura, si tratta di

---

78 Ibid. p. 16 (corsivi miei).
79 Cocchiara, *Il diavolo nella tradizione popolare italiana*, p. 89.
80 Ibid. pp. 91–92. Un esempio notissimo è la fiaba di 'Naso d'Argento', inclusa nel 1956 da Italo Calvino nelle *Fiabe italiane* (*Fiabe italiane. Raccolte dalla tradizione popolare durante gli ultimi cento anni e trascritte in lingua dai vari dialetti* (Milano: Mondadori, 1993), pp. 93–98) attraverso una collazione di ventisei varianti regionali (cfr. pp. 1005–1010). Una ragazza si attira il demonio in casa solo per essersi limitata ad auspicare di andarsene 'da questo posto disperato [...], dovessi pur capitare a casa del diavolo'. Calvino elimina la menzione del diavolo fin dal titolo, lasciando che il perturbante traluca solo nel misterioso naso argenteo esibito dal compassato gentiluomo che si presenta a casa dell'incauta fanciulla e delle sue sorelle. Un anno dopo la collezione di Calvino, 'Naso d'Argento' viene anche riportata da Vittorio Di Giacomo, *Leggende del Diavolo* (Bologna: Cappelli, 1957), p. 21.

una bambina sui dieci anni. *È una strana apparizione.* Magra, slanciata, veste abiti eleganti, ma un po' troppo ricchi per la sua età, con certi fronzoli *ottocenteschi*, nastri e merletti. I capelli sono *di taglio moderno*: lunghissimi, lisci, biondi. Sotto la fronte molto alta, due occhi grandi, *adulti*, consapevoli; l'espressione è intensa, come febbricitante. Guarda Dammit come se lo conoscesse. Fa un piccolo cenno di ringraziamento, con un sorriso un po' ironico. [...] Dammit nota che le piccole unghie della bambina sono smaltate di rosso vivo.[81]

La bambina invia segnali contraddittori: aria ottocentesca *ma* capelli acconciati alla moda contemporanea, gentile *ma* sottilmente ironica, giovanissima *ma* dallo sguardo adulto e dalle unghie dipinte con cura, del colore del demonio. Al tempo stesso, è evidente che quella è la forma che ha assunto per Dammit, e per Dammit solo – quel Dammit che, nel racconto di Poe, era aduso 'afferrare e baciar le bambine'.[82] Nella sceneggiatura, la voce fuori campo di Toby – soppressa nella pellicola – la chiama '*il mio angelo odioso. Io la respingo e lei ritorna, con la sua palla bianchissima, leggera. Lei lo sa che giocheremo insieme prima o poi*'.[83] E l'annuncio divulgato dalla produzione sui quotidiani romani non lascia dubbi: 'Federico Fellini cerca bambina dodicenne, bionda, pallida, occhi azzurri, tipo anglo-sassone'.[84] Così facendo, Fellini e Zapponi danno vita a un demonio perturbante e inafferrabile, che avrà 'il volto da lemure di un'attrice russa e il corpo di una giovane studentessa di danza' (non dissimilmente, Mario Bava aveva adoperato un maschietto).[85] Un demonio dall'aspetto studiatamente vittoriano ma dalla natura intimamente italiana, anche se la nuova Italia al diavolo non crede (o pensa di non credere) più. Un diavolo che attrae il protestante, laico attore inglese come un qualcosa di perduto, che suscita nostalgia: nella campagna romana, Toby Dammit si perde come tanti suoi connazionali, alla ricerca di una contiguità con l'altrove che solo in quegli spazi si fa possibile.

81   Betti, Volta e Zapponi, *Tre passi nel delirio*, pp. 79–80 (corsivi miei).
82   Ibid. p. 63.
83   Ibid. p. 80.
84   Ibid. p. 57.
85   Ibid.

Conclusione. La notte che Pinelli uscì dalla tomba

> È curioso come tra i ferrovieri i medium siano abbastanza frequenti.
> — DINO BUZZATI, *I misteri d'Italia*[1]

> E attraverso i muri, attraverso le porte,
> passano i fantasmi delle persone morte.
> Passa il desiderio di zombie proletari
> che solo nel silenzio sanno illudersi uguali.
> Passa il sogno perduto di ricomposizione
> ma come ricomporre un bacio, un'emozione.
> Passa un sogno suicida che dice che ha sparato
> a un cuore che non c'è, al cuore dello Stato.
> — GIANFRANCO MANFREDI, *Zombie di tutto il mondo*
> *unitevi* (1977)

Nell'ultima puntata de *Il Segno del comando*, andata in onda il 13 giugno 1971, George Powell (Massimo Girotti) – di facciata funzionario del British Council, in realtà agente sotto copertura del servizio segreto britannico – affronta un singolare consesso, nel salone di un palazzo del rione Monti di Roma. Intorno al tavolo, 'curiosamente disposti come gli apostoli all'ultima cena con Cristo', siedono Anchisi, principe della nobiltà nera della capitale e appassionato di occultismo (Franco Volpi), un antiquario (Roberto Bruni), un'albergatrice di Trinità dei Monti che si gabella per medium (Silvia Monelli), un sarto teatrale (Amedeo Girardi) 'e altre figure anonime e spettrali'.[2] La congrega – una loggia esoterica che tiene sedute spiritiche nel palazzo di Anchisi – sfida Powell. Questi, sostengono, sta nascondendo loro qualcosa, e credono anche di sapere cosa sia: l'agente inglese deve aver ritrovato quel misterioso manufatto del diciottesimo secolo noto, appunto,

---

1   Buzzati, *I misteri d'Italia*, p. 25.
2   D'Agata, *Il Segno del comando*, p. 212.

come 'Il Segno del Comando' – un *Mac Guffin* dai poteri non meglio precisati, cercando il quale già molte persone hanno già perso la vita.[3]

Di fronte alle minacce di Anchisi e degli altri, Powell rimane indifferente: sa bene che sono innocui – un po' pazzi, forse, ma incapaci di fare del male. Di loro, Powell si è solo servito, come si è servito di tutti fin dal principio: di Edward Forster, il professore di Cambridge in grado di leggere in filigrana i diari del poeta Byron e ricostruire così le indicazioni per ritrovare il Segno del comando; della setta di occultisti del rione Monti, gente bislacca ma ben fornita dal punto di vista economico; di un losco avventuriero irlandese (Carlo Hintermann) e della sua compagna (Rossella Falk), alla ricerca di facili guadagni; e della polizia italiana, con la quale ha finto di collaborare per ritrovare e portare in Inghilterra l'unica cosa che davvero gli interessa, nascosta nel luogo dove avrebbe dovuto trovarsi l'amuleto misterioso. E che altro non è se non un carteggio compromettente, prova di contatti inopportuni fra l'Inghilterra e la Germania nazista. Un ufficiale della Wehrmacht, acquartierato nel cuore della Città Aperta, aveva pensato di occultare le lettere in vista di tempi migliori, ma la morte gli aveva impedito di recuperarle. Per l'iper-razionalista Powell è quello il segreto, ciò che veramente conta: un documento politico, la prova di una cospirazione internazionale. Di manufatti esoterici, a lui non importa niente.

Prima di entrare nel palazzo, Powell ha incontrato il commissario Bonsanti (Andrea Checchi). Il personaggio era stato imposto dalla Rai, pare, per stemperare le derive horror della serie, e per fornire una spiegazione alternativa e soddisfacente rispetto a quella, unicamente soprannaturale,

---

3   La definizione di 'Mac Guffin' è stata resa celebre dalle interviste di Alfred Hitchcock con François Truffaut: 'In tutte le storie di spionaggio', dichiara Hitchcok, '[...] c'era sempre il furto della pianta della fortezza. Questo era il Mac Guffin. Mac Guffin è dunque il nome che si dà a questo tipo d'azione: rubare... delle carte, – rubare... dei documenti – rubare... un segreto. La cosa non è importante in se stessa, e i logici hanno torto a cercare la verità nel Mac Guffin. Nel mio lavoro ho sempre pensato che le "carte", o i "documenti", o i "segreti" della costruzione della fortezza debbano essere estremamente importanti per i personaggi del film, ma di nessun interesse per me, il narratore. [...] in realtà il Mac Guffin non è niente' (François Truffaut, *Il cinema secondo Hitchcock*, trad. di Giuseppe Ferrari e Francesco Pititto (Milano: Il Saggiatore, 2009), pp. 111–12).

prevista all'inizio dagli sceneggiatori.[4] Bonsanti assume dunque il ruolo di chi ricapitola i fatti a beneficio dello spettatore, fornendo al tempo stesso – come forse, nel 1971, si poteva sentire il bisogno – un'immagine positiva e rassicurante della polizia italiana. La copertura è saltata, dichiara Bonsanti a Powell: il controspionaggio italiano lo ha scoperto ("Dunque avete dei servizi segreti tanto efficienti?". "Pare di sì. [...] Crede che soltanto l'Intelligence Service sia un modello di perfezione?'"),[5] e ora Powell deve lasciare il paese. Poco male: il carteggio è già in volo per Londra, e a Roma Powell non ha più niente da fare. Dopo aver affrontato la congrega di occultisti, che lo ha minacciato con l'adombrare punizioni soprannaturali, Powell prende la macchina, ma per sbaglio imbocca – forse perché ubriaco, o forse perché l'auto è stata sabotata – uno scalone: l'auto si impenna, si rovescia ed esplode. È stato solo un errore? o è stata la maledizione del principe Anchisi e degli altri, meno innocua di quanto potesse sembrare? o ancora – infine – si è trattato di un assassinio, di un regolamento di conti fra servizi segreti più o meno deviati?

Più che la trasposizione letteraria di D'Agata – che resta complessivamente fedele alla prima sceneggiatura, ed è quindi più incline a orientarsi verso una spiegazione soprannaturale, recuperando il finale pensato in primo luogo – è la serie televisiva a suggerire la compresenza di diverse ipotesi per l'incidente, spezzando per un istante, per mezzo di un montaggio concitato, la 'solennità d'impianto', fatta di 'ritmi lenti e sognanti', che caratterizza in modo peculiare la cifra registica de *Il Segno del comando*.[6] La morte di Powell resta dunque irrisolta, sospesa tra fatalità, evento soprannaturale e omicidio politico; e a farle da sfondo un paesaggio – una Roma notturna ed eterea, labirintica e inafferrabile – ugualmente reso

---

4   Come rammenta Curti, *Fantasmi d'amore*, pp. 374–75, nel ricalcare per lunghi tratti la trama del racconto *Il vicolo di Madama Lucrezia* di Prosper Mérimée, sceneggiatori e regista 'opta[no] per un finale aperto (scelto, pare, tra cinque diversi e cambiato all'ultimo momento dal regista su pressione di alcuni attori che trovavano quello originario non all'altezza dell'atmosfera magica costruita nel corso dello sceneggiato) che rilancia il mistero'. Nella trasposizione letteraria di D'Agata ritorna invece il finale originariamente previsto.

5   D'Agata, *Il Segno del comando*, p. 209.

6   Curti, *Fantasmi d'amore*, p. 377.

enigmatico da scelte sintattiche che spezzano topografie consolidate. Se nelle sequenze diurne, come abbiamo già avuto modo di notare, i luoghi sono perfettamente riconoscibili, e corrispondono anzi a quelli consacrati dal turismo di massa della Roma della *Dolce vita* – Trinità dei Monti, il ristorante Casina Valadier, l'isola Tiberina –, quelle notturne – come la scena di Forster che insegue Lucia per i vicoli di Trastevere, e con la quale si apre ogni episodio – confondono deliberatamente lo spettatore, accogliendo il punto di vista 'forestiero' di Forster e presentando quella Roma occulta 'che il quotidiano nasconde a noi',[7] un dedalo di vicoli ciechi, di stradine buie, di ingressi posteriori e palazzi disabitati. È una Roma tentacolare, irriducibile a qualsivoglia interpretazione, nella quale agiscono forze situate al di là del controllo e della percezione del singolo: servizi segreti e società altrettanto segrete – poteri, in ogni caso e in ogni senso, occulti.

Il Segno del comando, si diceva, arriva sugli schermi italiani in un momento particolarmente teso, da un punto di vista politico e non solo: in poche parole, sono finiti gli anni Sessanta, o meglio (per dirla con Giacomo Manzoli), all'euforia che aveva pervaso i primi anni del dopo-*boom* è subentrata la seconda fase della seconda modernità italiana, quella disforica e disillusa.[8] Anche l'interesse per l'"insolito' finisce per portare i segni del cambiamento. Con gli anni Sessanta, si conclude la grande stagione del gotico cinematografico italiano: con *L'uccello dalle piume di cristallo*, Dario Argento imprime una nuova direzione al giallo-thriller, mentre, in quello stesso anno 1971, *Reazione a catena* di Mario Bava prelude a un horror più violento e smaliziato, specchio delle tensioni del decennio che si sta aprendo. La parapsicologia e le scienze occulte, come abbiamo già visto, sono oramai sempre più fenomeni di costume, normalizzati dalla televisione, dal cinema e dalle riviste a larga diffusione: la loro popolarità attraverserà tutti gli anni Settanta, subendo un brusco crollo alla fine del decennio. Nel 1978,

---

7   Dichiarazione di Dante Guardamagna, cit. in ibid. p. 375: 'Flaminio Bollini e io [...] ci siamo detti che una delle nostre città, rivelata a un nordico (come Hoffmann o magari Mann), assume di colpo una dimensione che il quotidiano nasconde a noi. Quindi avventura e scoperta le abbiamo affidate a un moderno professore inglese specialista di Byron'.

8   Manzoli, *Da Ercole a Fantozzi*, p. 24 n. 11.

la pubblicazione di *Viaggio nel mondo del paranormale* di Piero Angela ridimensiona radicalmente l'occultura' che si era imposta nei vent'anni precedenti come fenomeno *mainstream*:[9] i suoi temi-chiave non smetteranno di rimanere popolari, ma ritorneranno a confinarsi nell'alveo delle sottoculture, ormai privi della vitalità di un tempo. Anche l'insolito', si può dire, conosce il suo riflusso.

Su ben altra scala, al boom economico degli anni Sessanta si sono sostituite esplosioni decisamente più letterali: una bomba al padiglione della Fiat della Fiera campionaria di Milano il 25 aprile 1969; ordigni posizionati su vari treni nell'agosto di quell'anno; e infine, il 12 dicembre, i sette chilogrammi di tritolo che esplodono nella sede milanese della Banca Nazionale dell'Agricoltura, in Piazza Fontana, uccidendo diciassette persone e ferendone ottantotto (per curiosa ironia della sorte, quel giorno era in programma la presentazione, alla galleria d'arte Cortina di Milano, di *Poema a fumetti* di Dino Buzzati, ideale *trait d'union* fra l'Italia lunare degli anni Sessanta e le avanguardie lisergiche di fine decennio).[10] Il 15 dicembre, nei locali della questura di Milano, muore cadendo da una finestra l'anarchico Giuseppe Pinelli, mentre si trova in stato di fermo illegale nel corso delle indagini sulla strage. Un anno dopo, nella notte fra il 7 e l'8 dicembre 1970 fallisce, per cause mai completamente chiarite, il tentativo di colpo di stato del principe Junio Valerio Borghese, esponente – come Anchisi – della nobiltà nera di Roma: lo rivelerà, il 17 marzo dell'anno seguente, il ministro degli Interni. Il commissario Luigi Calabresi, additato come responsabile della morte di Pinelli, subisce un vero e proprio linciaggio mediatico da parte del periodico *Lotta continua* e non solo. Il 17 maggio 1972, Calabresi verrà ucciso a sua volta: la (contestata) verità processuale, raggiunta molti anni dopo, identificherà l'omicidio in una decisione maturata proprio negli ambienti del giornale. Inutile scandire qui la cronologia degli anni che

---

9   Piero Angela, *Viaggio nel mondo del paranormale. Indagine sulla parapsicologia* (Milano: Garzanti, 1978).

10   Lorenzo Viganò, 'La discesa nell'Aldilà: l'ultimo viaggio di Dino Buzzati', in Dino Buzzati, *Poema a fumetti*, a cura di Lorenzo Viganò (Milano: Mondadori, 2017), pp. 223–50 (p. 236). La presentazione, che avrebbe dovuto essere moderata da Indro Montanelli, ovviamente saltò.

seguono, che culmineranno nel sequestro e nell'assassinio di Aldo Moro, il 9 maggio 1978 (per un altro, curioso gioco della sorte, nello stesso mese in cui l'inchiesta di Piero Angela arriva nelle librerie). Fra la bomba di Piazza Fontana e la morte di Moro si snoda l'intera parabola degli anni Settanta come anni di piombo: un decennio di enigmi e di monche verità processuali, ancora percepito come una ferita nella coscienza collettiva del paese.

Verità altrettanto parziali e incomplete – naturalmente, su tutt'altro piano – sono quelle che restano agli spettatori de *Il Segno del comando* alla fine dell'ultima puntata, sospesi nell'indecidibilità tra spiegazione razionale e soluzione soprannaturale, fra cospirazione politica e fatalità perturbante. Lo sceneggiato – nella sua forma definitiva, il risultato di un compromesso fra sceneggiatori, regista e produzione[11] – finisce, per non scontentare nessuno, per non abbandonare alcuna pista: intercettando così, senza volerlo, il clima di spaesamento che pervade la società italiana tra la fine degli anni Sessanta e l'inizio degli anni Settanta, quando la catena di eventi da Piazza Fontana alle morti di Pinelli e Calabresi favorisce l'emergere di narrazioni dal carattere più o meno velatamente complottistico, fondate sull'esitazione e l'indecidibilità tra spiegazioni contrapposte degli stessi eventi. Come nota Alan O'Leary citando Fredric Jameson, le teorie del complotto rappresentano a tutt'oggi un efficace strumento per la narrazione degli anni di piombo, nonostante esse siano – o, più probabilmente, perché sono – , il modo cognitivo che hanno i poveri per orientarsi nell'era postmoderna ('the poor person's cognitive mapping in the postmodern age').[12] E tuttavia l'accostamento tra *Il Segno del comando* e l'aprirsi della lunga stagione della lotta armata non è solo suggerito da coincidenze di carattere cronologico. Ideato alla fine di un decennio che aveva visto la nascita di una vera e propria 'occultura' nazionale, *Il Segno del comando* – primo sceneggiato esoterico ad essere trasmesso dalla televisione italiana – segna anche il momento in cui l''Italia dei misteri' delle 'Guide' Sugar e dei vagabondaggi di Buzzati e Fellini lascia il posto a 'misteri d'Italia' di natura ben diversa, sullo sfondo

---

11   Il soggetto era stato steso da Dante Guardamagna e Flaminio Bollini, a cui sarebbero in seguito subentrati Lucio Mandarà, Giuseppe D'Agata e Daniele D'Anza: la sceneggiatura sarebbe stata completata da questi ultimi due.

12   Cit. in O'Leary, *Tragedia all'italiana*, p. 48.

della Guerra Fredda e di quella che si sarebbe chiamata 'strategia della tensione'. I due piani spesso si sovrappongono – è probabile, ad esempio, che l'immagine vulgata della Loggia P2, che proprio nel 1970 passa nelle mani di Licio Gelli, sia più influenzata di quanto si pensi da stereotipi da *feuilleton* come il circolo esoterico di Anchisi –, ma non si tratta di una relazione che si consuma unicamente sul piano dell'immaginario: è la stessa mentalità del complotto a essere, intrinsecamente, esoterica, plasmata – cioè – da quella che Umberto Eco ha chiamato 'semiosi ermetica' e che proprio Eco ha esplicitamente connesso alle ossessioni degli anni di piombo ne *Il pendolo di Foucault*.

Infatti, sia il paradigma esoterico che il complottismo politico condividono come premessa l'idea di una verità celata, costantemente allusa, che resta inafferrabile perché non soggetta a prova empirica, e dunque divinabile soltanto per via congetturale. Come scrive Eco in un saggio contemporaneo al *Pendolo*, la semiosi ermetica si fonda su uno '*slittamento inarrestabile del senso*': il paradigma esoterico 'accetta qualsiasi criterio di somiglianza, e tutti insieme anche se contraddittori tra loro', e

> una volta messo in azione il meccanismo dell'interrogazione analogica, non vi è garanzia dell'arresto. [...] Ogni volta che si pensi di aver scoperto un segreto, esso sarà tale solo se rinvia a un altro segreto, in un movimento progressivo verso un segreto finale. Ma non ci può essere un segreto finale. Il segreto finale della iniziazione ermetica è che tutto è segreto.[13]

Di conseguenza, prosegue Eco,

> Cercare un segreto che non si svela mai induce a pensare che: (i) c'è chi conosce il segreto ma ordisce un complotto per negarcene il possesso, e che (ii) ogni testo, che rinvia a un segreto, sia la spia di un complotto. Questa idea, che a prima vista appare tortuosa e complicata, si presenta invece come il modo più semplice per spiegare le difficoltà dell'esistenza. Infatti l'origine della psicosi del complotto è la speculazione gnostica sulle ragioni per cui esiste il Male nel mondo [...]. Nelle cosmologie gnostiche

---

13   Umberto Eco, 'La semiosi ermetica e il "paradigma del velame"', in *L'idea deforme. Interpretazioni esoteriche di Dante*, a cura di Maria Pia Pozzato (Milano: Bompiani, 1989), pp. 9–37 (pp. 14–15).

questa origine del male assume la forma del complotto ordito, per malizia o insipienza, da Ipostasi Maligne che derivano dalla stessa natura contraddittoria della Divinità.[14]

Il pensiero ermetico si fonda su '*principi di facilità*': l'*eccesso di meraviglia*, che porta alla sopravalutazione delle coincidenze altrimenti spiegabili'; la '*falsa transitività*, per cui si assume che se A ha una relazione x con B, e B una relazione y con C, si assume che A deve avere una relazione y con C'; e, infine, 'il corto-circuito del *post hoc ergo ante hoc*: si assume una conseguenza e la si intende come la causa della propria causa'.[15] Per questo 'la semiosi ermetica, a prova della sua ipotesi, *usa notizie non documentate*, testimonianze imprecise fondate sul "si dice". Artificio che non viene avvertito come illegittimo, in un quadro mistico'[16] – né, aggiungeremo, all'interno di un paradigma vittimario, la cui finalità è dare alle vittime una 'giustizia' che coincide con una proiezione delle responsabilità su scala cosmica. Soprattutto, sostiene Eco, il paradigma esoterico è intrinsecamente paranoide:

> Si può giocare [...] e affermare che c'è un rapporto tra l'avverbio *mentre* e il sostantivo *coccodrillo* perché – e come minimo – entrambi appaiono nella frase che state leggendo. Ma la differenza tra l'interpretazione sana e l'interpretazione paranoica sta nel riconoscere che il rapporto è appunto minimo, o nel dedurre al contrario da questo minimo il massimo possibile. Il paranoico non è colui che rileva che curiosamente *mentre* e *coccodrillo* appaiono nello stesso contesto: è colui che inizia a interrogarsi sulle ragioni misteriose che mi hanno indotto ad accostare proprio queste due parole. Il paranoico vede al di sotto del mio esempio un segreto, a cui alludo, e un complotto, in base al quale certamente mi muovo (di solito ai danni suoi).[17]

La definizione clinica è interessante, perché in *Numero zero*, l'ultimo romanzo di Umberto Eco (2015) – e chiaramente un ritorno sui temi del *Pendolo* – la paranoia viene opposta all'autismo come forme di

---

14   Ibid. p. 15. Eco cita Karl Popper, secondo il quale 'la teoria sociale della cospirazione è in effetti una versione [del] teismo, della credenza, cioè, in una divinità i cui capricci o voleri reggono ogni cosa'.

15   Ibid. pp. 17–18.

16   Ibid. p. 19.

17   Ibid. pp. 11–12.

interpretazione reciprocamente contraddittorie: a un paranoico, un'interpretazione 'sana' – nei termini di Eco – apparirà come un sintomo di autismo, ma lo stesso avviene se si invertono i termini della questione. Ed è eloquente che *Numero zero* non porti ad alcuna soluzione. Può darsi che Romano Braggadocio, che nel romanzo partorisce una complessa teoria con cui si spiega ogni singolo mistero dell'Italia repubblicana, sia un paranoico; ma può darsi anche che Maia Fresia, incapace di cogliere i nessi meticolosamente ricostruiti da Braggadocio, sia autistica, o quantomeno le 'manc[hi] la capacità di mettersi dal punto di vista dell'altro, pens[i] che tutti pensino quel che pensa lei'.[18]

Numero zero è, del resto, ambientato nel 1992: l'anno di Tangentopoli e delle rivelazioni sull'organizzazione paramilitare Gladio, ma anche di uno sfortunato *remake* de *Il Segno del comando* da parte delle reti Fininvest. A partire da quell'anno, il paradigma esoterico diverrà strumento privilegiato per una contro-lettura (ormai diventata a sua volta ufficiale e conformistica) della storia dell'Italia repubblicana. All'enfasi letteraria e giornalistica sui 'misteri d'Italia' si appaieranno pellicole, all'incrocio tra storia e *fiction*, in cui sarà proprio la semiosi ermetica – il moltiplicarsi, cioè, di segni che alludono, senza mai svelarla, alla verità – a essere paradossalmente, *in sé*, un atto politico.

Torniamo al 1971. Nello stesso giorno in cui *Il Segno del comando* raggiunge la sua spettacolare, arzigogolata conclusione di fronte a quindici milioni di telespettatori – quasi il 30 per cento degli italiani – *L'Espresso*, come si accennava, pubblica una lettera aperta che chiede l'allontanamento dal servizio di Luigi Calabresi: la firmano politici, artisti, giornalisti, intellettuali.[19]

La lettera nasceva dal disagio provocato nell'opinione pubblica dalla conclusione del processo per diffamazione intentato da Calabresi contro Pio Baldelli, direttore responsabile di *Lotta continua*, ma presto mutatosi

---

18   Umberto Eco, *Numero zero* (Milano: Bompiani, 2015), p. 103.

19   La lettera – variamente ripubblicata, anche in rete, e oggetto ancor oggi di sterili polemiche per una presunta connivenza (se non corresponsabilità) fra i suoi firmatari e gli assassini di Calabresi – si può leggere oggi in appendice ad Adriano Sofri, *La notte che Pinelli* (Palermo: Sellerio, 2009), pp. 267–75.

in un dibattimento sulla morte di Giuseppe Pinelli. Ad aprile l'avvocato di Calabresi aveva ricusato il presidente del tribunale, Carlo Biotti, e a maggio la Corte d'Appello di Milano aveva accolto l'istanza di ricusazione, di fatto affossando quel processo da cui sia *Lotta continua* che la vedova di Pinelli, Licia, speravano di ottenere una verità su quanto accaduto in questura.[20] L'appello era, nei toni, molto forte: vi si introduceva un concetto che sarebbe divenuto centrale nelle narrazioni riguardo alla fine di Pinelli, quello della morte del ferroviere anarchico come il principio di uno scollamento fra opinione pubblica e istituzioni, trincerate dietro a un segreto che non avrebbe potuto che far venir meno la fiducia negli apparati dello Stato:

> Oggi come ieri [...] il nostro sdegno è di chi sente spegnersi la fiducia in una giustizia che non è più tale quando non può riconoscersi in essa la coscienza dei cittadini. Per questo, per non rinunciare a questa fiducia senza la quale morrebbe ogni possibilità di convivenza civile, noi formuliamo a nostra volta un atto di ricusazione.[21]

Come sintetizza John Foot,

> For the Italian state, Piazza Fontana was a turning point. For Bobbio, 'The degeneration of our democratic system began after Piazza Fontana'. For Marco Revelli, in 1969 'a significant part of the state apparatus passed knowingly into the camp of illegality'. Politicians, secret servicemen, army officials, policemen, journalists, and others all combined to cover up and organize the strategy of tension. The state had plotted against its own citizen, imprisoned innocents, set false trails, and manipulated evidence. This series of events, from Piazza Fontana onward, undermined fatally the faith in the institutions that had been an important part of postwar Italy after the defeat of fascism. This was not just a legitimation crisis, but the end of legitimation altogether.[22]

> [Per lo stato italiano, Piazza Fontana fu un punto di svolta. Per Bobbio, 'da Piazza Fontana è cominciata la degenerazione del nostro sistema democratico'. Per Marco Revelli, nel 1969, 'una parte consistente dell'apparato statale passò consapevolmente nell'illegalità'. Uomini politici, agenti segreti, ufficiali dell'esercito, poliziotti,

---

20 Licia Pinelli e Pietro Scaramucci, *Una storia quasi soltanto mia* (Milano: Feltrinelli, 2009), p. 99.

21 Cit. in Sofri, *La notte che Pinelli*, p. 267.

22 John Foot, *Italy's Divided Memory* (Basingstoke: Palgrave Macmillan, 2009), p. 194.

giornalisti e altri si coalizzarono per insabbiare e organizzare la strategia della tensione. Lo stato aveva complottato contro i suoi stessi cittadini, aveva imprigionato innocenti, creato piste false e manipolato e prove. Questa serie di eventi, a partire da Piazza Fontana, danneggiò mortalmente la fede nelle istituzioni che era stata una parte importante dell'Italia del dopoguerra, dopo la sconfitta del fascismo. Non era solo una crisi in termini di legittimazione, ma proprio la fine della legittimazione.]

Licia Pinelli, intervistata da Piero Scaramucci, esprime un concetto analogo, identificando nella mancata giustizia ottenuta da Pinelli la matrice originaria di un'esasperazione del conflitto che viene a identificarsi con gli anni di piombo nella loro interezza:

> Se si fosse fatta giustizia, subito, forse si sarebbero evitate altre disgrazie. Se il movimento, le sinistre che all'inizio si erano impegnate moltissimo avessero continuato si sarebbe sì arrivati alla verità. Senza rimproveri per nessuno, perché di cose ne sono successe moltissime, veramente una ne soffocava un'altra, non si faceva in tempo a piangere una persona che già ce n'erano altre da mettere nell'elenco. [...] le cose bisogna insisterle. [...] Quando si allenta la spinta tutto diventa possibile.[23]

È Adriano Sofri, tuttavia, a formulare nel modo più compiuto l'equazione fra il trauma collettivo dell'esplosione di Piazza Fontana e l'indignazione per la morte di Pinelli come i due poli fra cui si snoda un disorientamento più ampio, che mette in discussione il rapporto fra l'individuo e lo Stato nella sua interezza. Nel 1990, nel cuore del processo che lo vede imputato come mandante dell'omicidio di Calabresi, Sofri invita a considerare il clima politico degli anni 1969–1972 alla luce dei profondi e inediti sconvolgimenti che l'avevano segnato:

> La strage di Piazza Fontana aveva comunicato a noi, e soprattutto alla gran maggioranza dei militanti giovani, fervidi e puri, poche e terribili notizie: che si era disposti a distruggere la vita delle persone, anche delle persone inermi, e senza bandiera; che, se davvero la strage era la subdola reazione alle lotte di operai e studenti, all'autunno caldo – come senz'altro credevamo – era vero per conseguenza che la cura di quei morti innocenti, la giustizia per essi e la difesa delle altre vittime minacciate dalla ferocia reazionaria, ricadevano direttamente su noi. [...] Finito il gioco, la gioia, la

---

23   Pinelli e Scaramucci, *Una storia quasi soltanto mia*, p. 99.

lealtà: era iniziata l'età adulta nell'orrore e nella determinazione. [...] eravamo sbigottiti. Da dove veniva quella follia?[24]

Piazza Fontana, evento carico di 'orrore' e di 'follia', si inscrive in un paradigma di inspiegabilità, inaccessibile ai tentativi di 'addomestica[re] quell'avvenimento orrendo' attraverso 'la logica rotonda e sproporzionatamente ordinata' di letture ortodossamente marxiste: 'il fascismo, lo stato, la forza delle lotte operaie...'.[25] Ugualmente, anche quello che segue eccede il tradizionale copione – 'la pista rossa, le accuse agli anarchici, la deplorazione del disordine sociale' – per prendere derive impreviste:

> Nessuno di noi aveva sentito nominare Pinelli. D'improvviso l'intero cerchio della sua vita si aprì e si richiuse davanti a nostri occhi. [...] eravamo di quei marxisti che amavano l'anarchia come l'età poetica del socialismo e insieme come il suo futuro necessario; [...] provavamo tenerezza per quel lavoratore non più giovane, saldo e solo coi suoi ideali sociali, con la sua cara famiglia, coi suoi compagni di fede. Pinelli portato in questura sotto specie di amicizia; trattenuto illegalmente; ingannato da chi lo interrogava; e infine – Pinelli schiacciato nel cortile della questura, e di nuovo tormentato e infamato. Sua moglie che aspettava a casa trepidante con le bambine, Calabresi che aveva troppo da fare per telefonare.[26]

Lo stile prende pieghe *feuilleton*, e Sofri se ne rende conto: ma è – precisa – 'un calco del tono del tempo, e non restituisce neanche l'ombra di quella passione'.[27] Passione scatenata da una morte inspiegabile, che fa da vero spartiacque fra contestazione e anni di piombo, proiettando un'intera generazione in un clima di morte e violenza, per descrivere il quale il lessico di Sofri si fa preciso ed eloquente:

> Con la morte di Pinelli, anche il nostro cerchio si chiudeva. Pinelli era la vittima plateale e finale di quella macchinazione che aveva deposto [...] la bomba di piazza Fontana. [...] [La nostra generazione] fu impressionata da due esperienze vitali forti e opposte: il '68 (e il '69 operaio nelle grandi città del nord) da una parte, e piazza

---

24   Adriano Sofri, *Memoria* (Palermo: Sellerio, 1990), p. 113.
25   Ibid.
26   Ibid. p. 114.
27   Ibid.

Fontana, Pinelli, Valpreda dall'altra. L'allegria e la *morte*, la luminosità e il *torbido*, la confidenza e la *paura*, la cordialità e il *senso di persecuzione*.[28]

La morte di Giuseppe Pinelli assume così un significato peculiare in quanto avvolta dal mistero, finale aperto di cui ogni interpretazione è lecita: a quarant'anni di distanza, nel 2009, lo stesso Sofri concluderà il suo *La notte che Pinelli* in modo interlocutorio, verrebbe da dire *esitante* in senso pienamente todoroviano ('Che cosa pensi che sia successo, quella notte, al quarto piano della Questura? Ti rispondo. Non lo so').[29]

Tempi e luoghi non sono inessenziali. Pinelli cade dalla finestra intorno alla mezzanotte – e con la parola 'mezzanotte', termine carico di risonanze simboliche, si apre il libro scritto sul caso da Camilla Cederna, assieme all'immagine di una Milano avvolta da 'una nebbia mai vista'.[30] E c'è, naturalmente, il palazzo della questura, i cui corridoi, le scale, le finestre, divengono fin da subito gli spazi nei quali si sondano e mettono alla prova le diverse ipotesi, nessuna delle quali pienamente convincente: aveva, Pinelli, spazio sufficiente per lanciarsi dalla finestra? Calabresi era uscito o no dalla stanza, come aveva asserito – inascoltato – l'anarchico Pasquale Valitutti, che aspettava in corridoio di essere interrogato? Girolamo De Michele dichiara come Paolo Cucchiarelli – autore del libro-inchiesta *Il segreto di piazza Fontana*, fra gli ispiratori della pellicola *Romanzo di una strage* di Marco Tullio Giordana (2012) – 'fa[ccia] fare a Pinelli, Calabresi e compagnia il giro dei quattro cantoni della Questura, neanche fossero le stanze di Hogwarts, per trovare un angolo nascosto alla visuale di Valitutti'.[31] Quella di De Michele è evidentemente una battuta, ma si tratta di una battuta rivelatrice: nelle narrazioni sul caso Pinelli, il palazzo della questura viene costruito come uno spazio chiuso e carico di mistero, inaccessibile allo

---

28　Ibid. pp. 114–18 (corsivi miei).
29　Sofri, *La notte che Pinelli*, p. 227.
30　Camilla Cederna, *Pinelli. Una finestra sulla strage* (Milano: Feltrinelli, 1971), p. 7.
31　Girolamo De Michele, '"Il romanzo di una strage": un film ammiccante, menzognero, pavido, vigliacco, politicamente corretto, cialtrone', *Carmilla* (2012) <https://www.carmillaonline.com/2012/04/02/il-romanzo-di-una-strage-un-film-ammiccante-menzognero-pavido-vigliacco-politicamente-corretto-cialtrone/> [ultimo accesso 19 dicembre 2017].

sguardo, dove ha avuto luogo un qualcosa di terribile e fondativo che non si può comprendere se non per via di congettura – uno spazio compiutamente *gotico*.[32] La questura di Milano è, da questo punto di vista, un vero e proprio castello di sovversione – per usare un'espressione di Annie Le Brun – nel quale ogni norma dello stato di diritto viene, appunto, sovvertita: luogo dove l'innocenza viene perseguitata e l'arbitrio del potere resta impunito.[33] E dove si aggirano fantasmi, a partire – ovviamente – da quello di Pinelli: morto da innocente, in circostanze misteriose, Pinelli diviene in tutto e per tutto – nei complessi rituali della memoria e del lutto della sinistra extraparlamentare – un *revenant* senza pace, spettro che non cessa di istigare allo smascheramento dei 'colpevoli' e alla giustizia sociale.

È dunque possibile che prodotti culturali come *Il Segno del comando* – in cui temi come l'occulto e le sette segrete si legano ai giochi di spionaggio e controspionaggio dei servizi di *Intelligence*, con un'Italia percepita come scacchiera di un confronto fra potenze straniere – intercettino un preciso clima politico-sociale piuttosto che essere, rispetto a esso, strumenti di evasione (lo 'sfuggire a un presente tribolato e caotico' di cui, a proposito della serie, parla Curti).[34] L'innocente professor Forster, che attraversa una Roma spettrale e carica di 'vibrazioni' occulte,[35] tenta di connettere i frammenti di una verità che rimane perennemente celata allo sguardo, senza avvertire che ogni sua mossa è stata orchestrata e diretta da forze superiori – soprannaturali o assolutamente terrene che siano. L'interesse del pubblico per la serie, visto da questa angolatura, appare sì come il frutto di una fascinazione generalizzata per l'esoterismo: ma incorpora anche la perdita, e contestualmente la ricerca, di un senso, in un momento storico in cui lo scontro tra informazione e controinformazione, tra verità 'di Stato' e verità 'dal basso' determina il sorgere contemporaneo di opposte

---

32   A chiudere il cerchio, nel 2012, una guida ai *Misteri, crimini e storie insolite di Milano* del giornalista Paolo Sciortino (Roma: Newton Compton), affianca 'Il mistero dell'anarchico volante in questura' (pp. 163–65) agli spettri della vecchia Milano o a leggende urbane come quella del 'vampiro della stazione Centrale'.

33   Annie Le Brun, *Les Châteaux de la subversion* (Paris: Gallimard, 1982).

34   Curti, *Fantasmi d'amore*, p. 376.

35   D'Agata, *Il Segno del comando*, p. 95.

interpretazioni degli stessi fatti, così come di mitologie divergenti in cui si reincarna la memoria costantemente divisa del paese.[36]

Ugualmente, la Roma notturna e labirintica de *Il Segno del comando*, destinata a lasciare un segno profondo nell'immaginario collettivo degli italiani – e variamente rievocata, in seguito, da registi come Paolo Sorrentino, Marco Bellocchio e Ferzan Özpetek – inizia proprio in quegli anni ad agire da significante, e al tempo stesso da strumento diegetico, per la costruzione di una precisa immagine del potere politico come motore occulto di eventi la cui comprensione ricade al di fuori di ogni possibilità di lettura unitaria. Se nel gotico ottocentesco la casa infestata è sempre la sede di un segreto traumatico che riaffiora, inspiegato e irriducibile a completa espressione,[37] la Roma infestata di D'Anza – fatta di palazzi, viottoli in cui ci si perde, segreti del sottosuolo, vibrazioni e presenze – sta come segno della coscienza traumatica dell'inafferrabilità del reale, diffratto nella topografia frammentaria di una città stratificata e a sua volta irriducibile a una singola definizione. Al tempo stesso, come scrive Cristina Mazzoni, Roma ha sempre costituito un oggetto di rappresentazione privilegiato per indagare le tensioni del paese intero: le accuse rivolte a Roma hanno spesso finito per tradursi in critiche all'italianità *tout court*, e l'anti-centralismo romano ha preso sovente il volto di un'autocoscienza nazionale dissociata e colpevole.[38] Vista da questa angolatura, il palazzo – con la minuscola – del principe Anchisi, dove si tessono intrighi fra il farsesco e il perturbante, agisce come immagine distorta del Palazzo con la maiuscola, metafora architettonica adoperata da Pier Paolo Pasolini nel 1975 per descrivere le stanze chiuse del potere: per la stampa, scrive Pasolini,

> Solo ciò che avviene 'dentro il Palazzo' pare degno di attenzione e interesse: tutto il resto è minutaglia, brulichio, informità, seconda qualità... E naturalmente, di quanto accade 'dentro il Palazzo', ciò che veramente importa è la vita dei più potenti, di coloro che stanno ai vertici. Essere 'seri' significa, pare, occuparsi di loro. Dei loro intrighi, delle loro alleanze, delle loro congiure, delle loro fortune; e, infine, anche, del loro

---

36 Foot, *Italy's Divided Memory*, pp. 185–86.
37 Hay, *A History of the Modern British Ghost Story*, p. 2.
38 Cristina Mazzoni, 'Capital City: Rome 1870–2010', *Annali d'Italianistica*, 28 (2010), 13–29 (pp. 16–17).

modo di interpretare la realtà che sta 'fuori dal Palazzo': questa seccante realtà da cui infine tutto dipende, anche se è così poco elegante e, appunto, cosi poco 'serio' occuparsene.[39]

Più che la riattivazione anacronistica di un '*sense of wonder* improponibile nei prodotti per il grande schermo', una 'resistenza all'oggi' che recupera il gotico ottocentesco in chiave di evasione,[40] *Il Segno del comando* disseppellisce, in pieno 1971, la capacità del gotico di afferrare obliquamente le tensioni e i conflitti di una società che si percepisce sempre di più alienata rispetto al 'Palazzo'. Come sintetizza Jerrold Hogle, la narrativa gotica si fonda del resto su un 'tiro alla corda' (*tug of war*) fra paura e desiderio, e che conduce i personaggi (e con essi i lettori) a confrontarsi in modo ambiguo con quanto è rimasto represso e sepolto a livello individuale e collettivo:[41] ciò, in altre parole, che il soggetto o una cultura hanno *abietto* – nel senso che Julia Kristeva ha dato al termine *abjection* – e che pertanto desta quell'inquietante familiarità (o, come abbiamo visto, familiare estraneità) a cui Sigmund Freud si riferiva parlando di perturbante.[42] Il gotico intercetta dunque il terrore, e al tempo stesso il desiderio, per tutti quei fenomeni che si situano nella dimensione della deviazione rispetto a una norma data: oscillazioni di genere sessuale, commistione razziale, mobilità di classe, persistenza di pulsioni infantili nel soggetto adulto, temporalità alternative o – più semplicemente – la rivoluzione.[43] È del marchese de Sade la celebre definizione del gotico come 'frutto indispensabile delle scosse rivoluzionarie che si facevano sentire in tutta Europa',[44] capace di

39   Pier Paolo Pasolini, 'Fuori dal Palazzo', in Pasolini, *Saggi sulla politica e sulla società*, pp. 618–23 (p. 619).

40   Curti, *Fantasmi d'amore*, p. 376.

41   Jerrold E. Hogle, 'Introduction: the Gothic in Western Culture', in *The Cambridge Companion to Gothic Fiction*, a cura di Jerrold E. Hogle (Cambridge: Cambridge University Press, 2002), pp. 1–20 (p. 3).

42   Ibid. p. 7.

43   Ibid. p. 12.

44   Louis Alphonse Donatien de Sade, 'Idée sur les romans', in *Œuvres complètes du Marquis de Sade*, a cura di Annie Le Brun e Jean-Jacques Pauvert, 15 voll. (Paris: Jean-Jacques Pauvert, 1986–1991), vol. X, pp. 61–80 (p. 73).

ricollocare nel reame dell'immaginazione la contestazione dell'ordine costituito sperimentata – almeno in Francia – a livello sin troppo reale. Sin dagli esordi, il gotico incorpora dunque il conflitto perennemente sussistente tra il soggetto e il potere, fra la detenzione del sapere (e degli strumenti di coercizione) su cui il potere si fonda e la deresponsabilizzazione ignara del suddito: come scrive O'Leary,

> the danger of the 'paranoid' or conspiracy mode is that it removes agency not only from the victims of the conspiracy but also from those (implicitly doomed to failure) who seek justice and proper commemoration. Inasmuch as it catalyses a fantasy of omnipotence, and invests agency only in the conspirators, the conspiracy mode asserts that the authors of the conspiracy are all-powerful and unreachable by the hand of justice [...].[45]

> [il pericolo della modalità 'paranoide' o complottistica sta nel privare di un ruolo attivo non solo le vittime del complotto, ma anche coloro che, implicitamente condannati a fallire, inseguono la giustizia e un'adeguata commemorazione. Catalizzando fantasie di onnipotenza e assegnando un ruolo attivo ai soli cospiratori, la modalità complottistica dichiara gli autori del complotto onnipotenti e inafferrabili dalle mani della giustizia]

Le parole-chiave del passaggio di Sofri sopra citato vanno in questa direzione – 'la morte', 'il torbido', 'la paura', 'il senso di persecuzione' come sentimenti diffusi fra coloro che cercano giustizia per le vittime di piazza Fontana e per Pinelli – rinforzando un paradigma vittimario in cui la contrapposizione fra vittime e carnefici riproduce l'appropriazione violenta nelle narrative del gotico classico.[46] Appare allora meno un caso che l'oggetto che tutti inseguono, nello sceneggiato di Daniele D'Anza, si chiami proprio 'il Segno del Comando': ciò che è in gioco è – sempre – una questione di potere.

Secondo John Foot, alla disponibilità di documenti e fonti relativi agli anni di piombo a partire dagli anni Novanta non sarebbe corrisposto un'eguale interesse da parte del pubblico:

---

45 O'Leary, *Tragedia all'italiana*, p. 51.
46 Emma J. Clery, 'The Genesis of "Gothic" Fiction', in Jerrold E. Hogle, *The Cambridge Companion to Gothic Fiction*, pp. 21–39.

> By the 1990s, the truth concerning the dark side of the state was available for all to
> see, laid bare by documents, documentaries, inquests, confessions, and trials. Yet
> nobody was listening any more. The link between 'justice', 'truth', and memory had
> been broken.[47]

[Per gli anni Novanta, la verità sul lato oscuro dello stato era disponibile alla vista
di tutti, messa nero su bianco in documenti, documentari, inchieste, confessioni e
processi. Ma nessuno ascoltava più. La connessione fra 'giustizia', 'verità' e memoria
si era spezzata.]

E tuttavia – e forse proprio per questo – è proprio in quel decennio che
gli anni di piombo, da Piazza Fontana al delitto Moro, entrano come presenza spettrale nel cinema e nella letteratura di finzione: tema che esula
completamente, per ovvie ragioni, da quello di questo libro, ma con il quale
mi piace concludere.

'Spettrale' va qui inteso in due sensi. Da un lato, è stato ampiamente
notato come il cinema più recente degli anni di piombo adotti spesso e
volentieri soluzioni estetiche di carattere perturbante, se non addirittura
dichiaratamente gotiche o *horror*. È il caso di Aldo Moro, figura che forse
più di ogni altra continua a infestare come un *revenant* la cultura italiana,[48]
che appare come spettro ne *Il Divo* di Paolo Sorrentino (2008) e che in
Buongiorno notte di Marco Bellocchio (2003) è protagonista di una conclusione di taglio fantastico e indecidibile; o di Giulio Andreotti, il quale,
sempre ne *Il Divo*, viene rappresentato come una figura grottesca e diabolica
che porta con sé – fra l'altro – la memoria visiva del *Nosferatu* di Murnau. Ma
è la stessa struttura della narrazione degli anni di piombo, come si è detto,
a essere intrinsecamente gotica, anche senza rimandi espliciti al repertorio
tematico del genere: palazzi del potere deserti, segreti inconfessabili, morti
misteriose, 'Grandi Vecchi' che controllano ogni cosa, città corrusche e notturne, complotti e sette segrete, banditi e figure di innocenza perseguitata
sono tutti *tópoi* del gotico che non abbisognano dei castelli diroccati della
tradizione per dispiegare il loro potenziale simbolico.

---

47   Foot, *Italy's Divided Memory*, p. 194.
48   O'Leary, *Tragedia all'italiana*, p. 45.

Da questo punto di vista, sembra allora che la narrazione relativa agli anni di piombo non tragga il proprio potere evocativo dalla sua fondatezza *storica*, ma, all'opposto, dalla sua natura finzionale, cioè gotica: e dal suo mettere in scena non tanto dei fantasmi, ma – nei termini di Jerrold Hogle – delle *contraffazioni spettrali* (*ghosts of counterfeits*)[49] che si riferiscono ufficialmente al passato, ma che in realtà parlano al (e *del*) presente. Come nota Hogle,

> Like the ghosts of counterfeits it employs, [...] the Gothic is inherently connected to an exploitation of the emptied-out past to symbolize and disguise present concerns [...]. It has thus been an ideal vehicle throughout its history in which [...] 'the middle class displaces the hidden violence of present social structures, conjures them up again as past, and promptly falls under their spell'. The Gothic and its ghosts of the [...] counterfeit can serve this cultural purpose *first* because the exploited relics from the past are emptied of much former content but *also* because such figures are unusually betwixt and between, like 'Gothic' itself; they look back to a past existence which can never be recovered and so can be reconceived, yet they also look ahead to marketable recastings of old remnants in modern technologies (from Walpole's printing press at Strawberry Hill to the computer systems and software of today) in which what is already counterfeited can be transformed into a simulation among other simulations directed at a newer purpose and market.[50]

> [Come le contraffazioni spettrali che adopera, il gotico è intrinsecamente legato allo sfruttamento di un passato svuotato per simbolizzare e nascondere ansie contemporanee [...]. Nel corso della sua storia esso è sempre stato, dunque, il mezzo ideale sul quale [...] 'la borghesia trasferisce la violenza nascosta delle strutture sociali del presente, le rievoca come passate e subito cade preda del loro incantesimo'. Il gotico e le sue contraffazioni spettrali possono svolgere questo compito culturale *in primo luogo* perché i reperti del passato che vengono sfruttati sono svuotati di gran parte del loro contenuto originario, ma *anche* perché tali figure sono stranamente liminali, proprio come il gotico: guardano indietro verso un'esistenza passata che non può essere recuperata e che può dunque essere ripensata, e al tempo stesso guardano avanti rimodellando a fini commerciali i ricordi del passato con mezzi moderni (dalla stamperia di Walpole a Strawberry Hill ai sistemi informatici e al software di oggi), attraverso i quali ciò che già era contraffatto può trasformarsi in simulazione tra le simulazioni, diretta a un nuovo fine e a un nuovo mercato.]

49 Hogle, 'Introduction: the Gothic in Western Culture', p. 15.
50 Ibid. p. 16.

È anche in questo senso, allora, che dovremo intendere il ritorno spettrale degli anni di piombo nella contemporaneità – a partire da quel 1992 in cui il documentario della BBC *Operation Gladio* porta le ipotesi di complotto, fino a quel momento confinate in giri affini alla controcultura, nelle case di tutti. Da quel momento in poi, gli anni di piombo prenderanno saldamente il proprio, spettrale posto nella coscienza inquieta del presente: ma sempre con il sospetto che non di spettri si tratti, ma di *contraffazioni spettrali*, che nel riproporre un passato tragico e irripetibile, magari nella forma di una filologia accurata, lo svuotano in realtà di senso. All'uscita del film *Romanzo di una strage* di Giordana, dedicato all'attentato di Piazza Fontana e alla morte di Pinelli, non pochi commentatori rimarcarono come la pellicola elidesse, e intenzionalmente, lo sfondo di lotta sociale in cui gli eventi erano maturati: il film (assieme ad altri di Giordana) raffigurava, nelle parole di Girolamo De Michele, 'un decennio depurato del contesto sociale, delle lotte, delle ragioni del conflitto di classe';[51] 'la città, la società,' rimarcava Corrado Stajano, 'nel film di Giordana, sono assenti, come le atmosfere di allora. Non c'è traccia del conflitto tra innocentisti e colpevolisti, profondo, e neppure dei tentativi appassionati dell'altra Italia alla ricerca della verità, diversa da quella ufficiale';[52] e il film, in fondo, non faceva che veicolare 'quella che oggi è una specie di rappresentazione egemone: l'idea che le lotte di quegli anni con tutti i loro estremismi fossero dovuti in parte a dei traumi personali, psicologici.'[53]

Tutto ciò può solo limitatamente stupire: come ammoniva Jacques Derrida già nel 1993, ciò che si teme dello spettro non è tanto il suo ritorno, quanto l'ingiunzione che esso porta con sé: 'si accetta il *ritorno*,' insomma, 'purché non ritorni la *rivolta*.'[54] Tesa fra il dovere della memoria

---

51　　De Michele, '"Il romanzo di una strage"'.

52　　Corrado Stajano, 'Giochi rischiosi fra realtà e finzione. Su "Romanzo di una strage" di Marco Tullio Giordana', *Corriere della Sera* (28 marzo 2012).

53　　Christian Raimo, 'Nuovo cinema paraculo. Romanzo di uno strascico', Minima & Moralia (2012) <http://www.minimaetmoralia.it/wp/nuovo-cinema-parac ulo-romanzo-di-uno-strascico/> [ultimo accesso 19 dicembre 2017].

54　　Jacques Derrida, *Spettri di Marx. Stato del debito, lavoro del lutto e nuova Internazionale*, trad. di Gaetano Chiurazzi (Milano: Raffaello Cortina, 1994), p. 44.

e l'imperativo all'oblio di quanto in essa è più destabilizzante e traumatico, la narrazione oggi egemone di quegli anni è in tutto e per tutto una contraffazione spettrale – il ritorno, cioè, svuotato di senso, di un passato mai vissuto, che lacerti decontestualizzati (suoni, immagini di repertorio, stili di moda) rivendono come esperienza. Ma quel che il gotico dovrebbe averci insegnato è che è proprio quando si parla del passato che si parla, e nei termini più crudi, del presente: quell'assenza, quel vuoto, non ci dice niente sugli anni di piombo, ma ci dice moltissimo su di noi.

Bibliografia

Agamben, Giorgio, *Homo sacer. Il potere sovrano e la nuda vita* (Torino: Einaudi, 1995).
_____, *Il tempo che resta. Un commento alla 'Lettera ai romani'* (Torino: Bollati Boringhieri, 2000).
Alberti, Paola, Giovanna Franci e Rosella Mangaroni (a cura di), *Dossier Manzoni* (Bologna: Cappelli, 1977).
Alessandri, Ferruccio (a cura di), *L'Enciclopedia della Paura: Il Diavolo dall'A alla Zeta* (Milano: Sergio Bonelli Editore, 1988).
Alleau, René (a cura di), *Guide de la France mystérieuse* (Paris: Tchou, 1964).
Andri, Emilia, *Il giovane De Martino* (Massa: Transeuropa, 2014).
Angela, Piero, *Viaggio nel mondo del paranormale. Indagine sulla parapsicologia* (Milano: Garzanti, 1978).
Angelini, Pietro, 'Introduzione', in Cocchiara, *Il diavolo nella tradizione popolare italiana*, pp. 7–17.
Anile, Alberto, e Maria Gabriella Giannice, *Operazione Gattopardo. Come Visconti trasformò un romanzo di 'destra' in un successo di 'sinistra'* (Milano: Feltrinelli, 2014).
Anon., 'Arrestato il "Dracula milanese" dopo un'altra tentata aggressione', *La Stampa* (6 novembre 1959), 3.
Anon., 'Political Vampyres', *The Gentleman's Magazine, or, Monthly Intelligencer*, II (May 1732), 750–52.
Antonello, Pierpaolo, *Dimenticare Pasolini. Intellettuali e impegno nell'Italia contemporanea* (Milano e Udine: Mimesis, 2012).
Antonello, Pierpaolo, e Florian Mussgnug (a cura di), *Postmodern Impegno. Ethics and Commitment in Contemporary Italian Culture* (Oxford: Peter Lang, 2009).
Argento, Dario, *Paura*, a cura di Marco Peano (Torino: Einaudi, 2014).
Ariès, Philippe, *Storia della morte in Occidente dal Medioevo ai giorni nostri*, trad. di Simona Vigezzi (Milano: Rizzoli, 1994) [*Essais sur l'histoire de la mort en Occident du Moyen Âge à nos jours* (Paris: Seuil, 1975)].
Aroldi, Edmondo (a cura di), *Romanzi e racconti neri* (Milano: Sugar, 1962).
Arona, Danilo, 'In viaggio con Emilio', in De Rossignoli, *Io credo nei vampiri* (2009), pp. 7–18.
Arona, Danilo, e Gian Mario Panizza, *Satana ti vuole* (Milano: Corbaccio, 1995).

_____, e Massimo Soumaré, 'Tra *horror japanesque* e J-horror: l'evoluzione del terrore nella pelle del Reale', in *Onryo, avatar di morte*, a cura di Danilo Arona e Massimo Soumaré (Milano: Mondadori, 2011), pp. 9–14.

Bak, John S., 'Introduction', in *Post/Modern Dracula. From Victorian Themes to Postmodern Praxis*, a cura di John S. Bak (Cambridge: Cambridge Scholars, 2007), pp. xi–xxiv.

Baldini, Eraldo, e Giuseppe Bellosi, *Tenebroso Natale: il lato oscuro della grande festa* (Bari: Laterza, 2012).

Balducci, Corrado, *Gli indemoniati* (Roma: Coletti, 1959).

_____, *La possessione diabolica* (Roma: Edizioni Mediterranee, 1976).

Baltrušaitis, Jurgis, *Le Moyen Âge fantastique: antiquités et exotismes dans l'art gothique* (Paris: Armand Colin, 1955).

Barbareschi Fino, Maria Antonietta, *Incontro al mistero* (Milano: Campironi, 1970).

Barolini, Teodolinda, *La 'Commedia' senza Dio. Dante e la creazione di una realtà virtuale* (Milano: Feltrinelli, 2013) [*The Undivine Comedy. Detheologizing Dante* (Princeton, NJ: Princeton University Press, 1992)].

Batini, Giorgio, *L'antiquario* (Firenze: Vallecchi, 1961).

_____, *Italia a mezzanotte. Storie di fantasmi, castelli e tesori* (Firenze: Vallecchi, 1968).

_____, *La passione del tarlo. Come si comprano gli oggetti antichi* (Firenze: Vallecchi, 1963).

Battisti, Giuseppina, e Eugenio Battisti, *La civiltà delle streghe* (Milano: Lerici, 1964).

Bazzocchi, Marco Antonio, *L'Italia vista dalla luna. Un paese in divenire tra letteratura e cinema* (Milano: Bruno Mondadori, 2012).

Becce, Nicolangelo, *Apparizioni spiritiche e fantasmi letterari. Il 'Modern Spiritualism' e lo sviluppo della 'ghost story'* (Napoli: La scuola di Pitagora, 2016).

Belpoliti, Marco, *Settanta* (Torino: Einaudi, 2001).

Benjamin, Walter, *I 'passages' di Parigi*, a cura di Rolf Tiedemann, 2 voll. (Torino: Einaudi, 2000).

Bernhard, Ernst, *Mitobiografia*, a cura di Hélène Erba-Tissot, trad. di Gabriella Bemporad (Milano: Adelphi, 2007).

Berni, Simone, *Dracula di Bram Stoker. Il mistero delle prime edizioni* (Macerata: Biblohaus, 2014).

Bertino, Serge, *Guida alle Alpi misteriose e fantastiche* (Milano: Sugar, 1972).

Betti, Liliana, Ornella Volta e Bernardino Zapponi (a cura di), *Tre passi nel deliro di F. Fellini, L. Malle, R. Vadim* (Bologna: Cappelli, 1968).

Bibbò, Antonio, 'Dracula's Italian Hosts: the Manipulation of Bram Stoker's Novel in Early Italian Editions', *Perspectives. Studies in Translation Theory and Practice*, 26, 1 (2018), 1–14.

Bissoli, Sergio, *Autobiografia di scrittore. Novembre 2012* (stampato in proprio, 2012).

_____, *Conferenze Letteratura 2012* (stampato in proprio, 2012).

_____, 'Io, la provincia italiana e l'arrivo dei "Racconti di Dracula"', in Bissoli e Cozzi, *La storia dei 'Racconti di Dracula'*, pp. 25–71.

_____, *Spiritismo 2012* (stampato in proprio, 2012).

_____, 'Vita di scrittore', in *Il paese stregato*, a cura di Giuseppe Lippi (Milano: Edizioni Hypnos, 2012), pp. 255–369.

Bissoli, Sergio, e Luigi Cozzi (a cura di), *La storia dei 'Racconti di Dracula'* (Roma: Profondo Rosso, 2013).

Blatty, William Peter, *L'esorcista*, trad. di Maria Basaglia (Milano: Mondadori, 1971) [*The Exorcist* (New York: Bantam Books, 1971)].

Bollati, Giulio, 'Note su fotografia e storia', in *L'immagine fotografica 1845–1945*, a cura di Carlo Bertelli e Giulio Bollati, 2 voll. (Torino: Einaudi, 1979), vol. I, pp. 3–55.

Bondanella, Peter, *The Eternal City. Roman Images in the Modern World* (Chapel Hill: University of North Carolina Press, 1987).

Boschini, Massimiliano, Fabio Camilletti e Anna Preianò (a cura di), *L'uomo che credeva nei Vampiri* (Roma: Profondo Rosso, 2018).

Botting, Fred, 'In Gothic Darkly: Heterotopia, History, Culture', in Punter, *A New Companion to the Gothic*, pp. 13–24.

Bouisson, Maurice, *La magia: riti e storia*, trad. di Donatella Pini (Milano: Sugar, 1964) [*La Magie. Ses grands rites, son histoire* (Paris: Debresse, 1958)].

Bozzano, Ernesto, *Gli enigmi della psicometria* (Roma: Casa Editrice Luce e Ombra, 1921).

_____, *Letteratura d'oltretomba* (Milano: Bompiani, 1947).

Braccini, Tommaso, *Prima di Dracula. Archeologia del vampiro* (Bologna: Il Mulino, 2011).

Bricchi, Mariarosa, '"Come una magnifica veste gittata sopra un manichino manierato e logoro": i *Promessi sposi*, il gusto gotico e Ann Radcliffe', *Autografo*, XII, 31 (ottobre 1995), 29–70.

Briggs, Julia, 'The Ghost Story', in Punter, *A New Companion to the Gothic*, pp. 176–85.

_____, *Visitatori notturni. Fantasmi, incubi, ossessioni nella letteratura inglese*, trad. di Marina Bianchi (Milano: Bompiani, 1988) [*Night visitors: The Rise and Fall of the English Ghost Story* (London: Faber and Faber, 1977)].

Bringhenti, Marianna, 'Antonio Fogazzaro presidente della Società di Studi Psichici: un documento inedito sul rapporto tra spiritismo, religione, scienza', *Atti dell'Accademia roveretana degli Agiati*, 255, VIII, V (2005), 153–71.

Britzolakis, Christina, 'Phantasmagoria: Walter Benjamin and the Poetics of Urban Modernism', in *Ghosts. Deconstruction, Psychoanalysis, History*, a cura di Peter Buse e Andrew Stott (Basingstoke: Macmillan, 1999), pp. 72–91.

Brizi, Franco, e Maurizio Becker, *The Beatles in Italy. Come li raccontava la stampa dell'epoca* (Roma: Arcana, 2012).

Buchanan, Joseph Rhodes, *Manual of Psychometry: The Dawn of a New Civilization* (Boston, MA: Holma Brothers Press, 1885).

_____, 'Psychometry', *Buchanan's Journal of Man*, I, 2 (1849), 49–62.

Buzzati, Dino, 'Il caso Mastorna', *Pianeta*, 10 (dicembre 1965–febbraio 1966), 135–43.

_____, *Le cronache fantastiche. Fantasmi*, a cura di Lorenzo Viganò (Milano: Mondadori, 2003).

_____, *I misteri d'Italia* (Milano: Mondadori, 1978).

_____, 'Prefazione', in Montague R. James, *Cuori strappati* (Milano: Bompiani, 1967), pp. vii–xi.

C. M., 'Per i brutti voti si uccide con il tubo del gas in bocca', *La Stampa* (20 giugno 1959), 7.

Caillois, Roger, *Nel cuore del fantastico*, trad. di Laura Guarino (Milano: Abscondita, 2004) [*Au cœur du fantastique* (Paris: Gallimard, 1965)].

Calvino, Italo, *Fiabe italiane. Raccolte dalla tradizione popolare durante gli ultimi cento anni e trascritte in lingua dai vari dialetti* (Milano: Mondadori, 1993).

Camilletti, Fabio, 'Il giallo all'italiana e la parapsicologia', *Biancoenero*, 587 (2017), 66–75.

_____, *Leopardi's Nymphs: Grace, Melancholy, and the Uncanny* (Oxford: Legenda, 2013).

_____, 'Present Perfect. Time and the Uncanny in American Science and Horror Fiction of the 1970s (Finney, Matheson, King)', *Image and Narrative*, 11, 3 (2010), 25–41.

_____, 'The Purloined De Rossignoli', *Mattatoio n. 5* (2 novembre 2014), <http://www.mattatoio5.com/64-the-purloined-de-rossignoli/item> [ultimo accesso 19 dicembre 2017].

Camporesi, Piero, *Il pane selvaggio* (Milano: Il Saggiatore, 2016).

Canzio, Decio (a cura di), *Il Diavolo. Incarnazione, metamorfosi, storia, quando appare, dove cercarlo* (Milano: Editoriale Milanese, 1969).

Capaci, Bruno, 'Salotto', in *Luoghi della letteratura italiana*, a cura di Gian Mario Anselmi e Gino Ruozzi (Milano: Bruno Mondadori, 2003), pp. 319–29.

Capuana, Luigi, *Spiritismo?* (Catania: Giannotta, 1884).

Carpi, Pier, *La magia* (Milano: Gino Sansoni, 1970).

_____, *I Mercanti dell'Occulto* (Milano: Armenia, 1973).

_____, *Un'ombra nell'ombra* (Milano: Editrice Nord, 1974).

_____, (a cura di) *Racconti neri* (Milano: Gino Sansoni, 1963).

Carrer, Alessandra, 'Lapidi volanti nel cimitero di Lanzago' (2011) <https://www.cicap.org/new/files/raccolta_abstract_11-11-11.pdf> [ultimo accesso 19 dicembre 2017].

Cases, Cesare, 'Introduzione', in De Martino, *Il mondo magico*, pp. vii–lii.

Cassoli, Piero, *Lettere a un parapsicologo*, a cura di Brunilde Cassoli (Firenze: Corrado Tedeschi Editore, 1974).

Cavanna, Roberto (a cura di), *Aspetti scientifici della parapsicologia* (Torino: Boringhieri, 1973).

Cavazzoni, Ermanno, 'Purgatori del secolo XX', in Fellini, *Il viaggio di G. Mastorna*, pp. 207–29.

Cavenaghi, Manuel, *Cripte e incubi: dizionario dei film horror italiani* (Milano: Bloodbuster, 2014).

Cecchini, Leonardo, 'L'esperienza della notte: La pietra lunare', in *Parlare per le notti. Il fantastico nell'opera di Tommaso Landolfi* (Copenhagen: Museum Tusculanum Press, 2001), pp. 74–83.

Cederna, Camilla, *Pinelli. Una finestra sulla strage* (Milano: Feltrinelli, 1971).

Certeau, Michel de, *L'Écriture de l'histoire* (Paris: Gallimard, 1975).

Ceserani, Remo, *Il fantastico* (Bologna: Il Mulino, 1996).

_____, *Raccontare il postmoderno* (Torino: Bollati Boringhieri, 1997).

Ciardi, Marco, *Il mistero degli antichi astronauti* (Roma: Carocci, 2017).

Ciarletta, Antonio, 'Italian Occult Psychedelia', *Blow Up*, 164 (gennaio 2012), 56–63.

_____, 'I nuovi occulti', *Blow Up*, 191 (aprile 2014), 22–29.

Cigliana, Simona, *La seduta spiritica: dove si racconta come e perché i fantasmi hanno invaso la modernità* (Roma: Fazi, 2007).

Clarke, Arthur C., *Profiles of the Future* (London: Victor Gollancz, 1962).

Clarke, Peter B., 'The Occult and Newly Religious in Modern Society', *Religion Today*, 7, 2 (Spring 1992), 1–3.

Clery, Emma J., 'The Genesis of "Gothic" Fiction', in Hogle, *The Cambridge Companion to Gothic Fiction*, pp. 21–39.

Cocchiara, Giuseppe, *Il diavolo nella tradizione popolare italiana*, a cura di Pietro Angelini (Roma: Editori Riuniti, 2004).

Congar, Yves, 'Le Purgatoire', in Aimon Marie Roguet *et al.*, *Le Mystère de la mort et sa célébration. Vanves, 27–29 Avril 1949* (Paris: Éditions du Cerf, 1956), pp. 279–336.

Contri, Giacomo B. (a cura di), *Lacan in Italia 1953–1978 En Italie Lacan* (Milano: La Salamandra, 1978).

Cozzi, Luigi, 'I miei tre incontri con Emilio De Rossignoli', in Boschini, Camilletti e Preianò, *L'uomo che credeva nei Vampiri*, pp. 301–09.

_____, 'Il vagabondo di mezzanotte. Intervista con Keith Richard [sic]', *Horror*, 9 (settembre 1970), 31–32.

_____, (a cura di), *Incubi sul Tevere. KKK – I classici dell'orrore* (Roma: Profondo Rosso, 2013).

Crainz, Guido, *Storia del miracolo italiano. Culture, identità, trasformazioni fra anni cinquanta e sessanta* (Roma: Donzelli, 2005).

Croce, Benedetto, 'Recensione al *Mondo magico*', in De Martino, *Il mondo magico*, pp. 240–41.

Cuchet, Guillaume, *Le Crépuscule du purgatoire* (Paris: Armand Colin, 2005).

Curti, Roberto, *Fantasmi d'amore. Il gotico italiano tra cinema, letteratura e tv* (Torino: Lindau, 2011).

_____, 'La guerra di Pier', *Blow Up*, 223 (dicembre 2016), 160–69.

_____, *Italian Gothic Horror Films, 1957–1969* (Jefferson, NC: MacFarland & Co., 2015).

D'Agata, Giuseppe, *Il Segno del comando* (Milano: Rusconi, 1987).

Daniele, Antonio (a cura di), *Vampiriana. Novelle italiane di Vampiri* (Mercogliano: Keres, 2011).

Daniélou, Jean, *Il Purgatorio mistero profondo* (Milano: Edizioni Paoline, 1959) [*Le Purgatoire profond mystère* (Paris: Fayard, 1957)].

Darnton, Robert, *Il mesmerismo e il tramonto dei Lumi*, trad. di Roberto Carretta e Renato Viola (Milano: Medusa, 2005) [*Mesmerism and the End of the Enlightenment in France* (Cambridge, MA: Harvard University Press, 1968)].

David, Michel, *La psicoanalisi nella cultura italiana* (Torino: Bollati Boringhieri, 1970).

De Martino, Ernesto, *Il mondo magico: Prolegomeni a una storia del magismo* (Torino: Einaudi, 1948).

_____, *Il mondo magico: Prolegomeni a una storia del magismo* (Torino: Bollati Boringhieri, 2007).

De Michele, Girolamo, '"Il romanzo di una strage": un film ammiccante, menzognero, pavido, vigliacco, politicamente corretto, cialtrone', *Carmilla* (2012) <https://www.carmillaonline.com/2012/04/02/il-romanzo-di-una-strage-un-film-ammiccante-menzognero-pavido-vigliacco-politicamente-corretto-cialtrone/> [ultimo accesso 19 dicembre 2017].

De Rossignoli, Emilio, 'Il cocchiere della morte', *Horror*, 22 (novembre 1971), 84.

_____, *Concerto per una bambola* (Milano: Sonzogno, 1981).

_____, *La donna di ghiaccio* (Milano: Sonzogno, 1982).

_____, *Gli efferati: dallo sventratore alla saponificatrice* (Milano: Il formichiere, 1978).

_____, *H come Milano* (Milano: Longanesi, 1965).

_____, *Io credo nei vampiri* (Milano: Luciano Ferriani Editore, 1961).

_____, *Io credo nei vampiri* (Roma: Gargoyle, 2009).

_____, *Lager dolce lager* (Milano: Ennio Ciscato Editore, 1977).

_____, (come Jarma Lewis) *Il mio letto è una bara* (Milano: Franco Signori, 1962).

_____, (come Martin Brown), *Nuda per il lupo* (Milano: Franco Signori, 1959).

_____, 'Presentazione', in Richard Matheson, *I vampiri*, trad. di Lucia Milani (Milano: De Carlo, 1972), pp. 5–12.

_____, 'Satana è morto', prefazione a Pier Carpi, *La magia*, pp. 7–14.

_____, *Strega alla moda* (Milano: Sonzogno, 1981).

De Wolanski, Federico, 'Nel cimitero dei fantasmi ora crescono gli ortaggi', *La Tribuna di Treviso* (22 agosto 2016) <http://tribunatreviso.gelocal.it/treviso/cronaca/2016/08/22/news/nel-cimitero-dei-fantasmi-ora-crescono-gli-or taggi-1.13996065> [ultimo accesso 19 dicembre 2017].

Defoe, Daniel, *Racconti di fantasmi*, trad. e cura di Fabrizio Bagatti (Firenze: Edizioni Clichy, 2016).

Del Pilar Blanco, María, e Esther Peeren (a cura di), *The Spectralities Reader. Ghosts and Haunting in Contemporary Cultural Theory* (London: Bloomsbury, 2013).

Della Casa, Steve, e Marco Giusti, *Gotico italiano. Il cinema orrorifico 1956–1979* (Roma: Centro sperimentale di cinematografia, 2014).

Demaix, Georges J., *Gli schiavi del diavolo*, trad. di Marinella Venegoni (Torino: Dellavalle, 1971) [*Les Esclaves du diable* (Paris: Albin Michel, 1970)].

Demeulenaere, Alex, 'An Uncanny Thinker: Michel de Certeau', *Image & Narrative*, 5 (January 2003) <http://www.imageandnarrative.be/inarchive/uncanny/alex demeulenaere.htm> [ultimo accesso 19 dicembre 2017].

Derrida, Jacques, *Spettri di Marx. Stato del debito, lavoro del lutto e nuova Internazionale*, trad. di Gaetano Chiurazzi (Milano: Raffaello Cortina, 1994) [*Spectres de Marx* (Paris: Galilée, 1993)].

Dèttore, Ugo, *L'altro Regno. Enciclopedia di metapsichica, di parapsicologia e di spiritismo* (Milano: Bompiani, 1973).

_____, (a cura di), *L'uomo e l'ignoto: enciclopedia di parapsicologia e dell'insolito* (Milano: Armenia, 1979).

Di Giacomo, Vittorio, *Leggende del Diavolo* (Bologna: Cappelli, 1957).

Di Nola, Alfonso M., *Inchiesta sul diavolo* (Bari: Laterza, 1978).

Diazzi, Alessandra, 'La lista impensabile', *Enthymema*, 8 (2013), 354–66.

Dickey, Colin, *Ghostland. An American History in Haunted Places* (New York: Viking, 2016).

Dolfi, Anna, *Leopardi e il Novecento: sul leopardismo dei poeti* (Firenze: Le Lettere, 2009).

Douglas-Fairhurst, Robert, *Victorian Afterlives. The Shaping of Influence in Nineteenth-Century Literature* (Oxford: Oxford University Press, 2002).

Eco, Umberto, *Numero zero* (Milano: Bompiani, 2015).

_____, *Il pendolo di Foucault* (Milano: Bompiani, 1988).

_____, 'Pianeta pericoloso, ovvero la reazione "pour dames"', in Umberto Eco, *Il costume di casa. Evidenze e misteri dell'ideologia italiana negli anni Sessanta* (Milano: Bompiani, 2012), pp. 235–42.

_____, 'Pitigrilli: l'uomo che fece arrossire la mamma', in Umberto Eco, *Il superuomo di massa. Retorica e ideologia nel romanzo popolare* (Milano: Bompiani, 2001), pp. 115–43.

_____, 'La semiosi ermetica e il "paradigma del velame"', in *L'idea deforme. Interpretazioni esoteriche di Dante,* a cura di Maria Pia Pozzato (Milano: Bompiani, 1989), pp. 9–37.

_____, *Sette anni di desiderio. Cronache 1977–1983* (Milano: Bompiani, 1983).

Faggin, Giuseppe, *Le streghe* (Milano: Longanesi, 1959).

Fedi, Remo, 'Prefazione', in Bram Stoker, *Dracula,* trad. di Riccardo Selvi (Milano: Fratelli Bocca, 1945), pp. v–vii.

Fellini, Federico, *Giulietta degli spiriti,* a cura di Tullio Kezich (Bologna: Cappelli, 1965).

_____, *Il viaggio di G. Mastorna,* a cura di Ermanno Cavazzoni (Macerata: Quodlibet, 2008).

Finney, Jack, 'I'm Scared', *Collier's Weekly* (15 September 1951), 24–25.

Finzi, Gilberto (a cura di), *Fogazzaro e il soprannaturale* (Milano: San Paolo, 1996).

Flanagan, Kevin M., 'Rethinking Fellini's Poe: Nonplaces, Media Industries, and the Manic Celebrity', in Perry e Sederholm, *Adapting Poe,* pp. 59–69.

Foni, Fabrizio, *Alla fiera dei mostri. Racconti 'pulp', orrori e arcane fantasticherie nelle riviste italiane, 1899–1932* (Latina: Tunué, 2007).

_____, *Piccoli mostri crescono. Nero, fantastico e bizzarrie varie nella prima annata de 'La Domenica del Corriere' (1899)* (Ozzano dell'Emilia: Gruppo Perdisa Editore, 2010).

_____, 'Lo scrittore e/è il medium. Appunti su Capuana spiritista', *Atti dell'Accademia Roveretana degli Agiati,* 257, VIII, VII (2007), 397–416.

_____, (a cura di), *Il gran ballo dei tavolini. Sette racconti fantastici da 'La Domenica del Corriere'* (Cuneo: Nerosubianco, 2008).

Foot, John, *Italy's Divided Memory* (Basingstoke: Palgrave Macmillan, 2009).

_____, *Milano dopo il miracolo. Biografia di una città* (Milano: Feltrinelli, 2003) [*Milan since the Miracle. City, Culture and Identity* (Oxford: Berg, 2001)].

_____, *La 'Repubblica dei Matti'. Franco Basaglia e la psichiatria radicale in Italia, 1961–1978,* trad. di Enrico Basaglia (Milano: Feltrinelli, 2014) [*The Man Who Closed the Asylums: Franco Basaglia and the Revolution in Mental Health Care* (London: Verso, 2015)].

Forgacs, David, *Italy's Margins. Social Exclusion and Nation Formation since 1861* (Cambridge: Cambridge University Press, 2014).

Forgacs, David, e Stephen Gundle, *Cultura di massa e società italiana (1936–1954)*, trad. di Maria Luisa Bassi (Bologna: Il Mulino, 2007) [*Mass Culture and Italian Society from Fascism to the Cold War* (Bloomington and Indianapolis: Indiana University Press, 2007)].

Fort, Charles, *Il libro dei dannati*, trad. di Antonio Bellomi (Milano: Armenia, 1973) [*The Book of the Damned* (New York: Boni and Liveright, 1919)].

Freedland, Nat, *The Occult Explosion* (London: Michael Joseph, 1972).

Freud, Sigmund, 'Il perturbante', trad. di Silvano Daniele, in Sigmund Freud, *Opere 1917–1923: L'Io e l'Es e altri scritti*, a cura di Cesare Musatti (Torino: Boringhieri, 1977), pp. 76–118 ['Das Unheimliche', *Imago*, 5–6 (1919), 297–324].

Frugoni, Arsenio, 'I temi della Morte nell'affresco della Chiesa dei disciplini a Clusone', *Bullettino dell'Istituto Storico Italiano per il Medio Evo e Archivio Muratoriano*, LXIX (1957), 175–212.

Fruttero, Carlo, *Mutandine di chiffon. Memorie retribuite* (Milano: Mondadori, 2011).

——, 'Prefazione', in Fruttero e Lucentini, *Storie di fantasmi*, pp. v–xv.

——, (a cura di), *Storie di fantasmi. Antologia di racconti anglosassoni del soprannaturale* (Torino: Einaudi, 1960).

Fruttero, Carlo, e Franco Lucentini (a cura di), *Incontri coi fantaspiriti* (Milano: Mondadori, 1978).

Fusaro, Diego, *Bentornato Marx! Rinascita di un pensiero rivoluzionario* (Milano: Bompiani, 2009).

Gianfranceschi, Luciano, e Gabriele La Porta, *Itinerari magici d'Italia. Una guida alternativa. Centro* (Roma: Edizioni Mediterranee, 1980).

Gibson, Matthew, *Dracula and the Eastern Question. British and French Vampire Narratives of Nineteenth-Century Near East* (Basingstoke: Palgrave Macmillan, 2006).

Gilardi, Costantino, 'L'altro Purgatorio: dalla pena e dall'espiazione al desiderio e al fuochoso amore', *Psiche*, 2 (2003), 128–34.

Ginzburg, Carlo, *I benandanti. Stregoneria e culti agrari tra Cinquecento e Seicento* (Torino: Einaudi, 2002).

——, *Il formaggio e i vermi. Il cosmo di un mugnaio del '500* (Torino: Einaudi, 1976).

——, *Storia notturna. Una decifrazione del sabba* (Torino: Einaudi, 2008).

Giovannini, Fabio, 'La carriera di Lord Ruthwen', in Charles Nodier, *Lord Ruthwen il Vampiro* (Roma: Stampa Alternativa, 2010), pp. 184–95.

——, 'Ricordi di un vampirologo', in Boschini, Camilletti e Preianò, *L'uomo che credeva nei Vampiri*, pp. 277–78.

Giovannoli, Renato, *Il vampiro innominato. Il 'caso Manzoni-Dracula' e altri casi di vampirismo letterario* (Milano: Medusa, 2008).

Giovetti, Paola, *Arte medianica. Pitture e disegni dei sensitivi* (Roma: Edizioni Mediterranee, 1982).

Glynn, Ruth, Giancarlo Lombardi e Alan O'Leary, *Terrorism Italian Style: Representations of Political Violence in Contemporary Italian Cinema* (London: Institute
   of Germanic & Romance Studies, 2012).
Gordon, Robert S. C., *Scolpitelo nei cuori. L'Olocausto nella cultura italiana (1944–
   2010)*, trad. di Giuliana Olivero (Torino: Bollati Boringhieri, 2012) [*The Holocaust
   in Italian Culture, 1944–2010* (Stanford, CA: Stanford University Press, 2012)].
Gozzano, Guido, *Poesie*, a cura di Edoardo Sanguineti (Torino: Einaudi, 1973).
_____, *Tutte le poesie*, a cura di Andrea Rocca (Milano: Mondadori, 1980).
Gragnolati, Manuele, 'Corporeità e identità : a proposito degli abbracci nella Comme-
   dia di Dante', in *Il corpo glorioso. Il riscatto dell'uomo nelle teologie e nelle rappre-
   sentazioni della resurrezione*, a cura di Claudio Bernardi, Carla Bino e Manuele
   Gragnolati (Pisa: Giardini, 2006), pp. 71–81.
Gragnolati, Manuele, e Christoph Holzhey, 'Dolore come gioia. Trasformarsi nel
   Purgatorio di Dante', *Psiche*, 2 (2003), 111–26.
Greenblatt, Stephen, *Hamlet in Purgatory* (Princeton, NJ: Princeton University
   Press, 2013).
Guardini, Romano, *Le cose ultime. La dottrina cristiana sulla morte, la purificazione
   dopo la morte, la resurrezione, il giudizio e l'eternità*, trad. di Gabriella de' Grandi
   (Milano: Vita e Pensiero, 1997) [*Die letzten Dinge. Die christliche Lehre vom Tode,
   der Laüterung nach dem Tode, Auferstehung, Gericht und Ewigkeit* (Würzburg:
   Werkbund-Verlag, 1940)].
Handley, Sasha, *Visions of an Unseen World: Ghost Beliefs and Ghost Stories in
   Eighteenth-century England* (London: Pickering & Chatto, 2007).
Harvey, John, *Fotografare gli spiriti. Il paranormale nell'epoca della sua riproducibilità
   tecnica*, trad. di Natascia Pennacchietti (Torino: Bollati Boringhieri, 2010) [*Pho-
   tography and Spirit* (London: Reaktion Books, 2007)].
Hay, Simon, *A History of the Modern British Ghost Story* (Basingstoke: Palgrave Mac-
   millan, 2011).
Hogle, Jerrold E., 'The Ghost of the Counterfeit in the Genesis of the Gothic', in
   Gothick Origins and Innovations, a cura di Allan Lloyd Smith e Victor Sage
   (Amsterdam: Rodopi, 1994), pp. 23–33.
_____, 'Introduction: the Gothic in Western Culture', in Hogle, *The Cambridge
   Companion to Gothic Fiction*, pp. 1–20.
_____, (a cura di), *The Cambridge Companion to Gothic Fiction* (Cambridge: Cam-
   bridge University Press, 2002).
Holdaway, Dom, e Filippo Trentin, 'Introduction', in *Rome: Postmodern Narratives
   of a Cityscape*, a cura di Dom Holdaway e Filippo Trentin (London: Pickering
   & Chatto, 2013), 1–18.

Il Delatore, prima serie, 4 numeri (1958–1959) e seconda serie, 5 numeri (1964–1965) (Milano: Edizioni La Cartaccia).

Il Giornale dei Misteri, 1 (aprile 1971).

Il Segno del comando, scheda (2010) <http://www.rai.it/dl/PortaliRai/Programmi/ ContentItem-ea3ae8ad-d9cf-4fe2-a6e4-e9c78bcaa687.html> [ultimo accesso 19 dicembre 2017].

Inardi, Massimo, *Dimensioni sconosciute. Viaggio attraverso il mondo dei più noti veggenti, medium e guaritori italiani* (Milano: SugarCo, 1975).

_____, *L'ignoto in noi. La realtà attuale dei fenomeni della parapsicologia* (Milano: SugarCo, 1973).

_____, *Il romanzo della parapsicologia. Le idee, i personaggi, i fenomeni di una delle più affascinanti avventure del pensiero umano* (Milano: SugarCo, 1974).

Jaffé, Aniela, *Sogni, profezie e apparizioni. Fantasmi, precognizioni, sogni e miti: una interpretazione psicologica*, trad. di Paola Giovetti (Roma: Edizioni Mediterranee, 1987) [*Geistererscheinungen und Vorzeichen. Eine psychologische Deutung* (Zürich: Rascher, 1958)].

Jori, Giacomo, 'Addio agli spettri', in Mario Soldati, *Storie di spettri* (Milano: Mondadori, 2010), pp. v–xvi.

King, Stephen, *Danse macabre*, a cura di Giovanni Arduino, trad. di Edoardo Nesi (Roma: Frassinelli, 2016) [*Danse macabre* (New York: Everest House, 1981)].

Kittler, Friedrich, 'Draculas Vermächtnis', in *Draculas Vermächtnis. Technische Schriften* (Leipzig: Reclam, 1993), pp. 11–57.

Kolosimo, Peter, *Non è terrestre* (Milano: Sugar, 1968).

Kovács, Steven, 'Fellini's "Toby Dammit": A Study of Characteristic Themes and Techniques', *Journal of Aesthetics and Art Criticism*, 31, 2 (1972), 255–61.

Kripal, Jeffrey J., *Authors of the Impossible. The Paranormal and the Sacred* (Chicago, IL and London: The University of Chicago Press, 2010).

Lancia, Enrico, e Roberto Poppi (a cura di), *Fantascienza, fantasy, horror: tutti i film italiani dal 1930 al 2000* (Roma: Gremese, 2004).

Landolfi, Tommaso, *Rien va* (Milano: Adelphi, 1998).

Lanna, Luciano, 'Esoterici e futuristi', *Il Foglio* (23 giugno 2012).

Laura, Ernesto G., 'Riscoperta dell'insolito', *Horror*, 11 (ottobre 1970), 44.

Lazzarin, Stefano, Felice Italo Beneduce, Eleonora Conti, Fabrizio Foni, Rita Fresu e Claudia Zudini, *Il fantastico italiano. Bilancio critico e bibliografia commentata (dal 1980 a oggi)* (Firenze: Le Monnier, 2016).

Le Brun, Annie, *Les Châteaux de la subversion* (Paris: Gallimard, 1982).

Le Goff, Jacques, *La nascita del Purgatorio*, trad. di Elena De Angeli (Torino: Einaudi, 2014) [*La Naissance du Purgatoire* (Paris: Gallimard, 1981)].

Leopardi, Giacomo, *Zibaldone di pensieri*, a cura di Giuseppe Pacella, 3 voll. (Milano: Garzanti, 1991).

Lévi-Strauss, Claude, *Il crudo e il cotto*, trad. di Andrea Bonomi (Milano: Il Saggiatore, 1966) [*Le Cru et le cuit* (Paris: Plon, 1964)].

Lino, Mirko, *L'apocalisse postmoderna tra letteratura e cinema. Catastrofi, oggetti, metropoli, corpi* (Firenze: Le Lettere, 2014).

Lipperini, Loredana, 'Bruciare le stoppie', in De Rossignoli, *Io credo nei vampiri* (2009), pp. 365–74.

Lippi, Giuseppe, 'Al di là. Ornella Volta alla ricerca del fantastico', *Robot*, 52 (2007), 101–08.

_____, 'Carlo Fruttero "el noster martianitt"', *Robot*, 65 (2012), 86–89.

Lovecraft, H. P., *I mostri all'angolo della strada*, a cura di Carlo Fruttero e Franco Lucentini (Milano: Mondadori, 1966).

Lucarelli, Carlo, 'Lettera a Giorgio Scerbanenco' <http://www.sitocomunista.it/ros soegiallo/autori/scerbanenco.html> (1999) [ultimo accesso 19 dicembre 2017].

Luciani, Luciano, 'Giorgio Scerbanenco e la "scuola dei duri" all'italiana', *LibereRecensioni* (15 aprile 2009) <http://recensione.blogspot.co.uk/2009/04/giorgio-scer banenco-e-la-scuola-dei.html> [ultimo accesso 19 dicembre 2017].

Luckhurst, Roger, 'The contemporary London Gothic and the limits of the "spectral turn"', *Textual Practice*, 16, 3 (2002), 527–46.

_____, 'Hammer's *Dracula*', in *It Came From the 1950s! Popular Culture, Popular Anxieties*, a cura di Darryl Jones, Elizabeth McCarthy e Bernice M. Murphy (Basingstoke: Palgrave Macmillan, 2011), pp. 108–34.

_____, *The Mummy's Curse. The True History of a Dark Fantasy* (Oxford: Oxford University Press, 2014).

Lumley, Robert, e John Foot, *Italian Cityscapes: Culture and Urban Change in Contemporary Italy* (Exeter: University of Exeter Press, 2004).

Lupi, Gordiano, *Storia del cinema horror italiano da Mario Bava a Stefano Simone. Vol. 1: Il Gotico* (Piombino: Il Foglio, 2011).

Magrì, Enzo, *Un italiano vero: Pitigrilli* (Milano: Baldini&Castoldi, 1999).

Maltese, Paolo (a cura di), *Arcana. Il meraviglioso, l'erotica, il surreale, il nero, l'insolito nelle letterature di tutti i tempi e paesi* (Milano: Sugar, 1969).

Maltese, Paolo, e Massimo Pini (a cura di), *Arcana. Il meraviglioso, l'erotica, il surreale, il nero, l'insolito nelle arti figurative e plastiche e nei mass media di tutti i tempi e paesi* (Milano: Sugar, 1970).

Manfredi, Gianfranco, *Magia Rossa* (Milano: Feltrinelli, 1989).

Manganelli, Giorgio, 'Così noti così clandestini', in Giorgio Manganelli, *Il rumore sottile della prosa*, a cura di Paola Italia (Milano: Adelphi, 1994), pp. 83–84.

_____, 'Letteratura fantastica', in Giorgio Manganelli, *La letteratura come menzogna* (Milano: Adelphi, 2005), pp. 54–62.

_____, 'La letteratura come menzogna', in Manganelli, *La letteratura come menzogna* (Milano: Adelphi, 2005), pp. 215–23.

Manzoli, Giacomo, *Da Ercole a Fantozzi. Cinema popolare e società italiana dal boom economico alla neotelevisione* (Roma: Carocci, 2012).

Manzoni, Alessandro, *I promessi sposi. Storia milanese del secolo XVII scoperta e rifatta da Alessandro Manzoni. Storia della colonna infame* (Milano: Guglielmini e Redaelli, 1840).

Marmori, Giancarlo, *Le vergini funeste. La donna fin de siècle* (Milano: Sugar, 1966).

Marra, Ezio, 'Diavol-mente. Un sondaggio su alcune credenze degli italiani alla fine degli anni Ottanta', in *Diavolo, diavoli. Torino e altrove*, a cura di Filippo Barbano (Milano: Bompiani, 1988), pp. 15–49.

Marshall, Peter, *Beliefs and the Dead in Reformation England* (Oxford: Oxford University Press, 2002).

Martinengo, Libia B., *Oltre il limite. La straordinaria avventura del soldato John* (Torino: Associazione Pitagorica, s.d.).

Marx, Karl, *Il Capitale. Libro primo*, trad. di Delio Cantimori (Roma: Editori Riuniti, 1968) [*Das Kapital* (Hamburg: Otto Meissner, 1867)].

Mazzoni, Cristina, 'Capital City: Rome 1870–2010', *Annali d'Italianistica*, 28 (2010), 13–29.

Meikle, Denis, *A History of Horrors: The Rise and Fall of the House of Hammer* (Plymouth: Scarecrow Press, 2009).

Mereu, Italo, *Storia dell'intolleranza in Europa* (Milano: Bompiani, 1988).

Milani, Mino, *Fantasma d'amore* (Milano: Mondadori, 1977).

Miller, D. A., 'Toby Dammit', *Film Quarterly*, 64, 3 (2011), 12–17.

Minghelli, Giuliana, 'Icons of Remorse: Photography, Anthropology and the Erasure of History in 1950s Italy', *Modern Italy*, 21, 4 (2016), 383–407.

Minuz, Andrea, *Viaggio al termine dell'Italia. Fellini politico* (Soveria Mannelli: Rubbettino, 2012).

Mistrali, Franco, *Il vampiro: storia vera*, a cura di Antonio Daniele (Mercogliano: Keres, 2011).

Mora, Teo, *Storia del cinema dell'orrore*, 2 voll. (Roma: Fanucci, 1978).

Moretti, Franco, 'The Dialectic of Fear', *New Left Review*, 136 (November–December 1982), 67–85.

Muller, John P., e William J. Richardson (a cura di), *The Purloined Poe. Lacan, Derrida, and Psychoanalytic Reading* (Baltimore, MD: The Johns Hopkins University Press, 1987).

Muraro, Luisa, *La Signora del gioco. Episodi della caccia alle streghe* (Milano: Feltrinelli, 1976).

O'Leary, Alan, *Fenomenologia del cinepanettone* (Soveria Mannelli: Rubbettino, 2013).

_____, *Tragedia all'italiana. Italian Cinema and Italian Terrorism, 1970–2010* (Oxford: Peter Lang, 2009).

Orlando, Francesco, *Gli oggetti desueti nelle immagini della letteratura: rovine, reliquie, rarità, robaccia, luoghi inabitati e tesori nascosti* (Torino: Einaudi, 1993).

Orlando, Mirko, *Fotografia post mortem* (Roma: Castelvecchi, 2013).

Ormrod, Joan, 'In the Best Possible Tastes: Rhetoric and Taste in AIP's Promotion of Roger Corman's Poe Cycle', in Perry e Sederholm, *Adapting Poe*, pp. 145–63.

Pagnimauri, 'Le location esatte di *Profondo Rosso*', *Il Davinotti* (22 dicembre 2008) <http://www.davinotti.com/index.php?option=com_content&task=view&id=243> [ultimo accesso 19 dicembre 2017].

Paolo VI, udienza generale del 15 novembre 197 <http://w2.vatican.va/content/paul-vi/it/audiences/1972/documents/hf_p-vi_aud_19721115.html> [ultimo accesso 19 dicembre 2017].

Paraschas, Sotirios, 'The Vampire as a Metaphor for Authorship from Polidori to Charles Nodier', in *Trans-National Gothic*, a cura di Fabio Camilletti, *Compar(a)son*, 1–2 (2015), 83–97.

Parinetto, Luciano, *Magia e ragione. Una polemica sulle streghe in Italia intorno al 1750* (Firenze: La Nuova Italia, 1974).

Parise, Goffredo, 'Premessa', in Zapponi, *Gobal*, pp. 9–13.

Partridge, Christopher, *The Re-Enchantment of the West: Alternative Spiritualities, Sacralization, Popular Culture, and Occulture* (London: T&T Clark, 2004).

Pasolini, Pier Paolo, 'Fuori dal Palazzo', in Pasolini, *Saggi sulla politica e sulla società*, pp. 618–23.

_____, *Saggi sulla politica e sulla società*, a cura di Walter Siti e Silvia De Laude (Milano: Mondadori, 1999).

Pauwels, Louis, e Jacques Bergier, *Il mattino dei maghi. Introduzione al realismo fantastico*, trad. di Pietro Lazzaro (Milano: Mondadori, 1971) [*Le Matin des magiciens. Introduction au réalisme fantastique* (Paris: Gallimard, 1960)].

Pergolari, Andrea, e Guido Vitiello, *Ha visto il montaggio analogico? Ovvero dieci capolavori misconosciuti del cinema italiano minore scelti per la rieducazione del cinefilo snob* (S. Angelo in Formis: Lavieri, 2011).

Perry, Dennis R., e Carl H. Sederholm (a cura di), *Adapting Poe. Re-imaginings in Popular Culture* (Basingstoke: Palgrave Macmillan, 2012).

Pezzini, Franco, 'Cinquanta sfumature di occulto. Magia & segreto nell'immaginario di genere contemporaneo', in Danilo Arona *et al.*, *Il pensiero magico. Mito, storia e scienza* (Torino: Yume, 2017), pp. 47–65.

_____, *Victoriana. Maschere e miti, demoni e dei del mondo vittoriano* (Bologna: Odoya, 2016).

Pezzini, Franco, e Angelica Tintori, *The Dark Screen. Il mito di Dracula sul grande e piccolo schermo* (Roma: Gargoyle, 2008).

Pieri, Giuliana, 'Letteratura gialla e noir degli anni Novanta e impegno', in Antonello e Mussgnug, *Postmodern Impegno*, pp. 289–304.

Pinelli, Licia, e Pietro Scaramucci, *Una storia quasi soltanto mia* (Milano: Feltrinelli, 2009).

Pitigrilli, *Gusto per il mistero* (Milano: Sonzogno, 1954).

_____, *Pitigrilli parla di Pitigrilli* (Milano: Sonzogno, 1949).

Poo, Mu-chou, 'Introduction', in *Rethinking Ghosts in World Religions*, a cura di Mu-chou Poo (Leiden: Brill, 2009), pp. 1–21.

Portoghesi, Paolo, *Roma barocca. Storia di una civiltà architettonica* (Roma: Carlo Bestetti, 1966).

Prati, Giovanni, *Opere edite e inedite*, 4 voll. (Milano: Casa Editrice Italiana, 1862).

Praz, Mario, *La carne, la morte e il diavolo nella letteratura romantica* (Firenze: Sansoni, 1996).

Puharich, Adrija, *Uri Geller* (Milano: Armenia, 1975) [*Uri: A Journal of the Mystery of Uri Geller* (New York: Doubleday, 1974)].

Punter, David, 'Introduction: The Ghost of a History', in *A New Companion to the Gothic*, pp. 1–9.

_____, *Storia della letteratura del terrore. Il 'gotico' dal Settecento ad oggi* (Roma: Editori Riuniti, 2006) [*The Literature of Terror. A History of Gothic Fictions from 1765 to the Present Day*, 2 vols (London: Longman, 1996)].

_____, (a cura di), *A New Companion to the Gothic* (Oxford: Blackwell, 2012).

Quarta, Roberto, *Roma, esoterismo e mistero. Magia, alchimia e cabala nella Città Eterna fra inquietanti presenze e strane apparizioni* (Sesto Fiorentino: Editoriale Olimpia, 2007).

Raimo, Christian, 'Nuovo cinema paraculo. Romanzo di uno strascico', *Minima & Moralia* (2012) <http://www.minimaetmoralia.it/wp/nuovo-cinema-paraculo-romanzo-di-uno-strascico/> [ultimo accesso 19 dicembre 2017].

Reynolds, Simon, *Retromania. Musica, cultura pop e la nostra ossessione per il passato*, trad. di Michele Piumini (Milano: ISBN Edizioni, 2011) [*Retromania: Pop Culture's Addiction to its Own Past* (New York: Farrar, Straus & Giroux, 2010)].

Rhodes, H. T. F., *La messa nera*, trad. di Donatella Pini (Milano: Sugar, 1960) [*The Satanic Mass. A Sociological and Criminological Study* (London: Rider, 1954)].

Rosso, Davide, 'I racconti di Dracula dagli abissi dei Sessanta e Settanta', *La zona morta* <http://www.lazonamorta.it/lazonamorta2/?p=13730> [ultimo accesso 19 dicembre 2017].

Roudinesco, Elisabeth, *La Bataille de cent ans. Histoire de la psychanalyse en France*, 2 voll. (Paris: Seuil, 1986).

Sade, Louis Alphonse Donatien de, 'Idée sur les romans', in *Œuvres complètes du Marquis de Sade*, a cura di Annie Le Brun e Jean-Jacques Pauvert, 15 voll. (Paris: Jean-Jacques Pauvert, 1986–1991), vol. X, pp. 61–80.

Said, Edward, *Cultura e imperialismo. Letteratura e consenso nel progetto coloniale dell'Occidente*, trad. di Stefano Chiarini e Anna Tagliavini (Roma: Gamberetti, 1998) [*Culture and Imperialism* (New York: Vintage Books, 1993)].

Samale, Libero, *Psicologia medica* (Milano: Wassermann, 1956).

Sanguineti, Edoardo, '"Torino d'altri tempi"', in *Guido Gozzano. Indagini e letture* (Torino: Einaudi, 1973), pp. 13–26.

Santovincenzo, Leopoldo, Carlo Modesti Pauer e Marcello Rossi, *Fantasceneggiati. Sci-Fi e giallo magico nelle produzioni RAI 1954–1987* (Bologna: Elara, 2016).

Sciortino, Paolo, *Misteri, crimini e storie insolite di Milano. Enigmi insoluti, misteri oscuri e delitti irrisolti di una città che nasconde ancora molto* (Roma: Newton Compton, 2012).

Scovell, Adam, *Folk Horror. Hours Dreadful and Things Strange* (Leighton Buzzard: Auteur, 2017).

Scoville, William Bleecher, e Brenda Milner, 'Loss of Recent Memory After Bilateral Hippocampal Lesions', *The Journal of Neurology, Neurosurgery and Psychiatry*, 20 (1957), 11–21.

Servadio, Emilio, *La psicologia dell'attualità* (Milano: Longanesi, 1961).

——, 'Il vampiro e i film dell'orrore. Vaneggiamenti primordiali nel mondo d'oggi', *La Stampa* (2 giugno 1959), 3.

Sforza Tarabochia, Alvise, *Psychiatry, Subjectivity, Community. Franco Basaglia and Biopolitics* (Oxford: Peter Lang, 2013).

Società di Letterati Italiani, *Manuale di spiriti folletti, ossia le Apparizioni, le Visioni spaventose, le Streghe, la Magia, i Terremoti ed i Fenomeni più ragguardevoli della Natura, ecc. ecc.* (Asti: Natale Giuseppe, 1858).

Sofri, Adriano, *Memoria* (Palermo: Sellerio, 1990).

——, *La notte che Pinelli* (Palermo: Sellerio, 2009).

Soldati, Mario, *Storie di spettri* (Milano: Mondadori, 1962).

Solmi, Sergio, 'Prefazione', in Pauwels e Bergier, *Il mattino dei maghi*, pp. 5–16.

Solmi, Sergio, e Carlo Fruttero (a cura di), *Le meraviglie del possibile. Antologia della fantascienza* (Torino: Einaudi, 1959).

Spagnol, Mario, e Giovenale Santi, *Guida all'Italia leggendaria misteriosa insolita fantastica*, 2 voll. (Milano: Sugar, 1966–1967).

——, (a cura di), *Guida alla Lombardia misteriosa* (Milano: Sugar, 1968).

——, (a cura di), *Guida ai misteri e segreti di Milano* (Milano: Sugar, 1967).

_____, (a cura di), *Guida ai misteri e segreti di Roma* (Milano: SugarCo, 1977).

Spagnol, Mario, e Luciano Zeppegno (a cura di), *Guida ai misteri e segreti della Brianza* (Milano: Sugar, 1970).

_____, (a cura di), *Guida ai misteri e segreti di Firenze e della Toscana* (Milano: Sugar, 1970).

_____, (a cura di), *Guida ai misteri e segreti del Lazio* (Milano: Sugar, 1969).

_____, (a cura di), *Guida ai misteri e segreti di Napoli e della Campania* (Milano: Sugar 1969).

_____, (a cura di), *Guida ai misteri e segreti di Torino e del Piemonte* (Milano: Sugar, 1970).

_____ (a cura di), *Guida ai misteri e segreti di Venezia e del Veneto* (Milano: Sugar, 1970).

Stajano, Corrado, 'Giochi rischiosi fra realtà e finzione. Su "Romanzo di una strage" di Marco Tullio Giordana', *Corriere della Sera* (28 marzo 2012).

Stäuble, Antonio, *Sincerità e artificio in Gozzano* (Ravenna: Longo, 1972).

Steinmeyer, Jim, *Charles Fort. The Man Who Invented the Supernatural* (New York: Penguin, 2007).

Stoker, Bram, *Dracula*, trad. di Riccardo Selvi (Milano: Fratelli Bocca, 1945).

_____, *Dracula il vampiro*, trad. di Adriana Pellegrini (Milano: Longanesi, 1966) [*Dracula* (London: Constable, 1897)].

_____, *Dracula. L'uomo della notte*, trad. di Angelo Nessi (Firenze: Sonzogno, 1922).

Stuart, Roxana, *Stage Blood: Vampires of the 19th Century Stage* (Bowling Green, OH: Bowling Green State University Popular Press, 1994).

Talamonti, Leo, *Gente di frontiera. Storie di creature 'diverse', in anticipo sull'evoluzione: sensitivi, veggenti, medium* (Milano: Mondadori, 1975).

_____, *La mente senza frontiere. Oltre le limitazioni del senso comune e le barriere dell'Io* (Milano: Sugar, 1974).

_____, *Parapsicologia della vita quotidiana. Avventurarsi razionalmente nelle dimensioni sconosciute della realtà* (Milano: Rizzoli, 1975).

_____, *Universo proibito* (Milano: Club Italiano del Lettori, 1976).

Tardiola, Giuseppe, *Il vampiro nella letteratura italiana* (Anzio: De Rubeis, 1991).

Tasso, Bruno (a cura di), *Incontri con Satana. Antologia di racconti demoniaci* (Milano: Sugar, 1961).

_____, 'Introduzione', in *Un secolo di terrore. 17 racconti del terrore*, a cura di Bruno Tasso (Milano: Sugar, 1960), pp. i–vi.

Tavernier, Bertrand, e Jacques Prayer, 'Entretien avec Terence Fisher', *Midi-minuit fantastique*, 7 (septembre 1963), 9–12.

Timpanaro, Sebastiano, *Antileopardiani e neomoderati nella sinistra italiana* (Pisa: ETS, 1982).

Todorov, Tzvetan, *La letteratura fantastica*, trad. di Elina Klersy Imberciadori (Milano: Garzanti, 1977) [*Introduction à la littérature fantastique* (Paris: Seuil, 1970)].

Tomatis, Mariano, *La magia della mente. Poteri, suggestioni, illusioni* (Milano: Sugarco, 2009).

_____, *Rol. Realtà o leggenda?* (Roma: Avverbi, 2003).

Truffaut, François, *Il cinema secondo Hitchcock*, trad. di Giuseppe Ferrari e Francesco Pititto (Milano: Il Saggiatore, 2009) [*Hitchcock/Truffaut* (Paris: Robert Laffont, 1966)].

Vassallo, Luigi Arnaldo, *Nel mondo degli invisibili* (Roma: Edizioni del Gattopardo, 1972).

Vattimo, Gianni, 'Irrazionalismo, storicismo, egemonia', in Norberto Bobbio *et al.*, *La cultura filosofica italiana dal 1945 al 1980* (Napoli: Guida, 1982), 263–83.

Venturini, Simone, *Horror italiano* (Roma: Donzelli, 2014).

Viganò, Lorenzo, 'La discesa nell'Aldilà: l'ultimo viaggio di Dino Buzzati', in Dino Buzzati, *Poema a fumetti*, a cura di Lorenzo Viganò (Milano: Mondadori, 2017), pp. 223–50.

Vogliolo, Luciano (a cura di), *Guida alle Langhe misteriose* (Milano: Sugar, 1972).

Volta, Ornella, *Diario di Parigi. Movimento studentesco, agitazioni popolari, crisi della sinistra intellettuale nei fatti di Francia dal 1956 al 1968* (Milano: Longanesi, 1969).

_____, 'Per un'Italia lunare', *Horror*, 5 (aprile 1970), 21–22.

_____, *Le Vampire. La mort, le sang, la peur* (Paris: Jean-Jacques Pauvert, 1962).

_____, *Il vampiro* (Milano: Sugar, 1964).

_____, (a cura di), *Frankenstein & Company. Prontuario di teratologia filmica* (Milano: Sugar, 1965).

Volta, Ornella, e Valerio Riva (a cura di), *I vampiri tra noi. 37 storie vampiriche* (Milano: Feltrinelli, 1960).

Voltaire, 'Vampires', in *Questions sur l'Encyclopédie par des amateurs, neuvième partie* (s.l. 1772), pp. 310–17.

Vovelle, Gaby, e Michel Vovelle, *Vision de la mort et de l'au-delà en Provence d'après les autels des âmes du purgatoire, XVe–XXe siècles* (Paris: Librairie Armand Colin, 1970).

Weinstock, Jeffrey Andrew, 'Edgar Allan Poe and the Undeath of the Author', in Perry e Sederholm, *Adapting Poe*, pp. 13–29.

Wharton, Edith, 'Seme di melograno', in Edith Wharton, *Storie di fantasmi*, a cura di Gianni Pilo e Sebastiano Fusco, trad. di Gianni Pilo (Roma: Newton Compton, 1994), pp. 211–38 ['Pomegranate Seed', in Edith Wharton, *Ghosts* (New York: Appleton-Century, 1937), pp. 321–67].

Wilson, Colin, e Roy Stemman, *Mysterious Powers/Spirits and Spirit Worlds* (London: Aldus Books, 1975).

Winter, Jay, *Il lutto e la memoria. La Grande Guerra nella storia culturale europea* (Bologna: Il Mulino, 1998) [*Sites of Memory, Sites of Mourning. The Great War in European Cultural History* (Cambridge: Cambridge University Press, 1995)].

Wu Ming, *New Italian Epic. Letteratura, sguardo obliquo, ritorno al futuro* (Torino: Einaudi, 2009).

Zapponi, Bernardino, *Gobal* (Milano: Longanesi, 1967).

_____, *Nostra Signora dello Spasimo. L'Inquisizione e i sistemi inquisitori* (Milano: Sugar, 1963).

Zeppegno, Luciano (a cura di), *Guida ai misteri e segreti del Trentino-Alto Adige e del Friuli-Venezia Giulia* (Milano: Sugar, 1972).

Žižek, Slavoj, *Che cos'è l'immaginario*, trad. di Gabriele Illarietti e Marco Senaldi (Milano: il Saggiatore, 2016) [*The Plague of Fantasies* (London: Verso, 2008)].

Indice dei nomi

Sono riportati i nomi propri e i titoli delle opere letterarie e cinematografiche menzionate nel testo; le opere di saggistica sono riportate solo quando oggetto di specifica analisi all'interno del libro. I titoli delle opere non italiane sono riportati in originale o in traduzione a seconda della forma in cui sono riportati nel testo.

ITALIAN MODERNITIES

Edited by
Pierpaolo Antonello and Robert Gordon,
University of Cambridge

The series aims to publish innovative research on the written, material and visual cultures and intellectual history of modern Italy, from the 19th century to the present day. It is open to a wide variety of different approaches and methodologies, disciplines and interdisciplinary fields: from literary criticism and comparative literature to archival history, from cultural studies to material culture, from film and media studies to art history. It is especially interested in work which articulates aspects of Italy's particular, and in many respects, peculiar, interactions with notions of modernity and postmodernity, broadly understood. It also aims to encourage critical dialogue between new developments in scholarship in Italy and in the English-speaking world.

Proposals are welcome for either single-author monographs or edited collections (in English and/or Italian). Please provide a detailed outline, a sample chapter, and a CV. For further information, contact the series editors, Pierpaolo Antonello (paa25@cam.ac.uk) and Robert Gordon (rscg1@cam.ac.uk).

—